儒宗正脉论

高西有 著

东南大学出版社
SOUTHEAST UNIVERSITY PRESS
·南京·

内容提要

宗指心，以心为脉通贯诸经，为儒宗正脉。本书上篇以"心法"修证为纲，通过具体案例阐释了儒家的思想体系，包括了儒家王道思想的心法总纲、国学的教育纲领、国学的致用之道等内容，并对儒家思想的核心概念如礼、仁等进行了全面阐释。下篇则系统地整理了《论语》的国学修证纲要。

在儒家修证方法失传的情况下，本书从思想体系和修证纲要两个方面完整地再现了儒家学问的面貌。

本书适用于一切国学爱好者，也方便专业研究者快速把握儒家的国学思想体系。"心地"法门是深入学习其他国学经典的"钥匙"，故本书也可以作为国学培训教材使用。

图书在版编目(CIP)数据

儒宗正脉论 / 高西有著. —南京：东南大学出版社,2024.3

ISBN 978-7-5766-1078-9

Ⅰ. ①儒… Ⅱ. ①高… Ⅲ. ①儒家-哲学思想-研究 Ⅳ. ①B222.05

中国国家版本馆 CIP 数据核字(2023)第 253477 号

责任编辑：张绍来　责任校对：子雪莲　封面设计：顾晓阳　责任印制：周荣虎

儒宗正脉论
RUZONG ZHENGMAI LUN

著　者：	高西有
出版发行：	东南大学出版社
社　址：	南京市四牌楼 2 号　　邮编：210096
出 版 人：	白云飞
网　址：	http://www.seupress.com
经　销：	全国各地新华书店
印　刷：	广东虎彩云印刷有限公司
开　本：	710 mm×1000 mm　1/16
印　张：	14.75
字　数：	300 千字
版　次：	2024 年 3 月第 1 版
印　次：	2024 年 3 月第 1 次印刷
书　号：	ISBN 978-7-5766-1078-9
定　价：	39.00 元

本社图书若有印装质量问题，请直接与营销部联系。电话(传真)：025-83791830

前言

　　人的一举一动、一言一行都离不开意识的引导，而意识源于自心。文明熏陶的种子在自心凝练成某种观念，这种观念又反过来引导自心做出种种选择，表现为语言或行动。内心树立某种价值观，就会选择某种道德生活；内心学习了某种知识，就可能会从事某种专业工作。个人如果没有主动接受文明的熏陶，心意识就会被动地吸纳、混杂种种生活的习惯、习俗、习气。这些习惯、习俗、习气将理性和情感、爱的给予和自私的攫取、有意识的合理选择和不自觉的随波逐流混为一体，从而影响个人事业的选择、人生目标的确定、家庭的建立等等。一个人的人生要有价值、要得到幸福、要取得成功，他内心首先要明确什么是人生的价值、什么是幸福、什么是成功。学习国学就是了解自己的内心，解决这些问题。中国的国学文明已经延续了数千年，滋养了一代又一代。中华文明也是世界上唯一延续至今的系统完整的古文明，认真地去了解它、学习它，内心就会得到有价值的熏陶。

　　国学给人的印象似乎是十分专业而高大上的学问，一般人士难以认知。这是大大的误解！孔子生活的时代或者更早的时代，生产力远不如现代发达，人们将文字刻在龟甲、兽骨上，后来刻在削好的竹片上。所以，彼时即使一个人学富五车，这些工具也承载不了多少文字。文字传达的是观念，观念靠人心来传承，否则就难以理解古人在印刷术不发达的情况下是如何创造了如此灿烂的文明的。国学的生活就是内心当下的善良和理智。如果在生活中时时反观自心，用孔子的话说就是"反身而诚"，做到内心当下的善良和真诚，就是学习国学的过程。如果将这种善良和智慧运用到生活的方方面面，就是仁爱和智慧的扩充。长此以往，一个人的性格就会变得柔软并充满爱心、理智而待人宽厚。从生活开始学习国学、从意识的当下去选择，随着内心的明朗，渐渐就会理解、明白国学典籍的道理，进一步就会融会贯通。本书将关于国学的近三百个事例按儒家的国学体系进行编排并辅以简短的解说，以使读者不必研究艰涩的文言文，而是按白话解说，反身而诚地对照自己,当下即可得到受用。

孔门有博喻之说,言此而喻彼,言此而指彼,言此而意在彼;言有征而少言;言有微而著,隐而显。内容的表述有以事代理、以一代类,有启发、有暗示、有预而不讲、有以行代言。前后文又有先总后分、先分后总、分而总再分等行文风格。不同文章之间又有内容上互相统摄的关系,同一文章或语句在文章的不同地方又有表理、表言、表行等的差别。孔子对具体事件(可以称为"案例")的伦理讲解,主要是通过诱导、暗示、隐喻等完成的,其目的是使人"反身而诚"地去观察自心,修证自我。儒家学问所欲表达的道德观念和价值选择很少有直接的陈述。孔子的教学风格是"不愤不启,不悱不发,举一隅不以三隅反,则不复也"。儒家在学说表达上的上述特点导致人们很难理解、掌握其学问的整个体系和内在的"逻辑"。如果一部完整的儒家著述由不同的"故事"和片段论述组成,且每一个"故事"或者片段仅仅表达学说体系某方面的内容,那么对这样的著述进行寻章摘句式地研究就会只见树木不见森林,也就难以掌握儒家学问的体系。

但是,如果把整个著述的所有"故事"和片段论述所表达的观念前后汇总在一起,那么儒家学说的整体和内在"逻辑"就显明了。本书即采用这样的体例。不同的"故事"和具体的论述按内容汇总成篇,整本书的篇章合在一起又完整地呈现了儒家国学的体系和"逻辑"。书中的资料来源于《十三经注疏》等儒家经典,也包括《史记》等著作,没有注明出处的引自《孔子家语》。为了保持文脉的连贯,部分《孔子家语》的文章资料仍保留原文的完整性,但是按照儒家学说的体系重新编排成篇。儒家学说的体系虽然复杂,但并非难以理解,如果遵照"以儒解儒"的方式去理解就容易掌握。由于儒家学说的精髓或者说中国的伦理秩序可以用"孝道"来总括,附录将《孝经》按照"以儒解儒"的内在"逻辑"重新划分了篇章。流行本《孝经》的篇章划分是以文解文,不便于理解或者"遮"止了《孝经》的很多意义,本书就将其废弃了。

本书没有采取文献考证、文字训诂以及哲学的"理论"研究方法,而是从儒家"心学"的修证入手,通过案例"以儒解儒"地梳理了国学的学说体系。"以儒解儒"地理解国学是从事社会科学与国学交叉研究的前提,也是深入研究儒家经典的前提和"钥匙",这也是笔者著述本书的初心。

本书取名为《儒宗正脉论》,宗指心,以此心脉通贯诸经,是为儒宗正脉。以儒家心法通贯教理,能够帮助读者快速掌握儒家学问的大体。本书仅采用孔子的言行,并非否认或者忽略其他儒圣先贤,而是以此为正脉之意。《论语》是孔子关于个人道德修证体系最完备的论述,但历史上对《论语》的讲解一直是依文解义,片段分析。本书按照心法修证的思想路线,系统地整理出《论语》的国学修证纲要,其过程耗时十多年。本书上篇阐述儒家的国学思想体系,下篇阐述儒家的国学修证纲要,这样关于儒家思想内容的研究就完备了。

　　理解了儒家的国学思想体系和修证纲要,不仅儒家六经及其他儒家思想可譬类而解,而且这也是儒家思想与现代社会科学跨学科研究的基础。希望每个读到此书的人都能从自心认识到国学的真价值。

上篇

儒家的国学思想体系

第一章

导　论

第一节　从"心"开始研究国学

一、国学研究须超越文字

国学有多种研究法。自民国以来,西学东渐,各种研究方法蔚为大观。如文字训诂法,考证名物、鸟兽虫鱼之名、文字读音及意涵流变、历史上名家注解、当代诸家等,有原文一个字而考证文字达十万之多的;又如文献研究、版本考证等法,考证文章历史演变、版本精劣、用墨及纸张等。虽然这些研究方法对国学经典的理解都有一定的参考价值,但是要真正地理解和掌握国家,仅仅满足于对文字的理解是不够的。佛家有一譬喻:

> 如人以手,指月示人。彼人因指,当应看月。若复观指以为月体,此人岂唯亡失月轮,亦亡其指。何以故。以所标指为明月故。岂唯亡指。亦复不识明之与暗。何以故。即以指体,为月明性。明暗二性,无所了故。(《楞严经》)

如果用手指头来比喻一切儒家典籍的文字及版本,月亮比喻典籍所讲的道理。一切儒家典籍所记载的文字内容,都是为了指示读者明白先贤所要人明白的道理。假如读者执着文字不放,不仅不能明白先贤讲述的道理,连对文字自身的理解也会糊涂。如果把文字理解为道理自身了,文字和道理就会一并丧失。这又好比研究经济学,假如研究者不去研究经济学理论,而去考察经济学书籍中的标点用法、作者出生年代及生平、父母年龄、籍贯何处、行文是否高妙、文字的繁体与简体、著作的出版年代,这自然是无益于经济学理论的发展的。

依古而论,儒家经典有了义的究竟说,有不了义的方便说,对于经典真实意趣的理解取决于读者按圣贤所说的方法加以实行和体悟。对同一问题,不同说法的文献是很难放在一起进行比较的,如果仅仅满足于对文字的理解,就很难真正理解和掌握国学。又譬如一个人生而目盲,没有见过太阳,上午时问人:"太阳在哪里?"人答:"在东边。"于是盲人见人就说太阳在东边。后又有人向其指出,太阳初出在东,实际落在西。此后,盲人见人即说,日从东面出,从西面落。然而盲人终未见太阳在何处。今有群盲,都有被人指认太阳的经历,群盲同聚,议论太阳的所在,个个根据自己所知道的,聚论不已。忽然有人问:"现在太阳在哪里?"盲人们只知道别人对自己曾经的提示,而现在茫然不知太阳的所在,也不知去何处寻找。而一个目不盲的人从此经过,听到大家讨论太阳的所在,不盲者抬头看看天,转身离开。如果学习国学,仅仅执着于文字,而不是按照经典指示的方法去加以实行,就很难理解和掌握国学的真意,对国学的理解很容易如群盲论日。

二、国学研究,从"心"开始

抛开各种国学研究方法先入为主的影响,从国学原典出发,认真分析先贤创制典籍的本心,并与现代学术进行比较分析,就会发现国学是提升人类自身道德和智慧的学问,使人类在提升自身道德和智慧的过程中加深对世界的认知。国学追求的最终目标是人类自身的提升。

认真研究儒家原典就会发现,道德和智慧自我提升的学问路线并非如现在的学术研究,即先进行文献和思想的比较启发再按逻辑展开得出结论的研究范式。它需要研究者"自我"按照先贤的指示去"反身而诚"地检讨自己的思想、言论和行为,提升道德和智慧。随着道德和智慧的提升,研究者自身对世界和自我的认知就会改变。这种"反身而诚"的学术研究法,就是"心学"的修证路线。本研究就是按照"心学"之道,认真地按照孔子论述的儒家思想,"反身而诚"地去认识内心,去挖掘儒家思想学问的本来意义,逐渐理解其思想脉络和体系,最后系统地掌握儒家学问的整体。

所以,本书就从"心"开始研究儒家国学思想。

第二节　国学思想体系的概念起点

一、动物世界与人类文明

生活中很多简单的现象,如果要加以解释,就变得复杂起来,这是由人类思想的多变、多疑造成的。人类文明进入现代,知识的生产能力日益变得强大,人们面对浩瀚的知识海洋,连处理简单的问题,也不再相信自己的判断,往往需要理论的推导和现实的证据。这是时代的进步,也是人类的悲哀。因为,一方面人类在历史上从没有像现代这样对外在世界拥有如此"广博"的知识,而另一方面人类的思想也从没有像现代这样变得如此复杂,从而使人类更加难以"认识自己"。

"认识自己"是另外一门学问,这门学问已经被认识世界的学问所掩盖。将人心譬喻为镜子的话,镜子如果被涂得五彩斑斓,漂亮是更漂亮了,却失去了镜子的功能。色彩即知识,镜子的功能就是对自我的观照。国学即这样一门简单的学问,人人可以理解,人人离不开,而很多人却不知其为何物。各种讲解众说纷纭、高深莫测、莫衷一是,使人们更加摸不着头脑了。国学既然是一门简单的学问,那么就从简单的地方开始去认识它。

如果人们将目光投向非洲大草原。坦桑尼亚西北部与肯尼亚西南部的地区是广阔的塞伦盖蒂大草原,它占地面积约 3 万平方千米,约 70 多种大型哺乳类动物在此生活。每天都有动物在这里相互厮杀,相互吞食。

设想狮子捕杀牛崽喂养幼狮这件事。狮子保护和喂养幼狮,这是狮子的慈爱之心,而狮子捕杀牛崽的当下却是残忍之心。但不能说狮子失去了慈爱之心,因为它有保护和喂养幼狮的心。它没有将自己对幼狮的慈爱将心比心地普及于其他的动物,这是它缺乏智慧的表现。假如狮子的理智能够体会母牛作为母亲失去儿女的痛苦,那么狮子的慈爱之心就扩大了;假如它从而停止捕杀牛崽,那它就是一只有智慧的狮子。所以,理智因慈爱而提升,慈爱因智慧而扩充。狮子如果能这样做的话,这只狮子就变成了有道德的狮子。假如动物们能相互学习慈悲与智慧的道理,非洲大草原就会呈现出一派和谐友爱的动物大集会场面。可是,动物的智慧不足以了解这个道理,动物的生存环境也不会出现"圣者"狮子去教育它们。不仅狮子是这样,所有的动物都如此,人类从来没有发现一群动物在"学校"上学的情形。

人类的慈爱能普及他人,使人们能相互关爱;智慧又使人类能对自己的行为进行抉择,不仅会选择对自己有利同时对别人无害的事,甚至会选择帮助并关爱他人的事。所以,人类与动物的区别就是,人类拥有慈爱与理智,并拥有能提升慈爱与理智的文明。慈爱和理智的选择使人类过着和动物完全不同的生活。

慈爱与理智这两个概念无论在东方还是西方,都有相似的表述。在古希腊语中 philosophia(哲学),是由两个词构成的,philo 是爱,sophia 是智慧。由于哲学家的聪明,很多人认为"爱"是动词,philosophia 是"爱智慧"的意思。了解了文明的本意,就理解哲学是"爱与智慧"的意思,"爱"即"智慧"。先师孔子及其同时代的其他智者的著作中表述为"仁"和"知","仁者爱人","知"即智,根本智慧。佛教常常用慈悲、平等的概念,西方人常常用爱的概念。笔者认为这只是一个翻译问题。

在一个人类生活的区域,创建一种提升慈爱与理智的文明,守护并传承这种文明,这就是国家。"建国君民,教学为先",关于提升慈爱与理智,建立国家的理念和学问就是国学。

世界上任何一个国家的建立都有该国家自己的理念和文化传统,都有自己的"国学"。然而,很多民族的文明几经变迁,很多地方居住的民族几经更替。世界上只有中国在同一块土地上一直保持同一种文明,同一个民族在历史上一直保持同一种文明。

二、慈悲与平等、爱与理性、自由与无为

人类的慈悲（或者用仁爱这个词也可以）是可以由理智而不断扩充的，而慈悲和仁爱的扩充也同时是理智的提升。凡夫的慈爱是有限度的，比如恋人之间的爱既包括了相互关爱的利他之心，同时也包括了异性之间的爱恋之心。恋人的自私和无私浑然一体，难以区分，所以评判两个人的爱情就变得十分复杂。而纯粹的慈爱之心是完全地利他的，纯粹的理智也是完全的慈爱，没有慈爱就会失去理智。这时就发现慈爱和理智只是同一件事情的不同表述。灯的光明是理智，灯照亮万物是慈爱，有光明才能照万物，照万物是光明的作用。

然而，凡夫爱的扩充和理智的提升是在不断地牺牲自我的贪欲、放下自我的执着中完成的。牺牲自我的贪欲、放下自我的执着，使心情变得轻松，人心不再执着，慈爱就会扩充，别人和自己就变得没有差别，这就达到了平等的境界。这时可以说平等就是理智。当一个人达到完全纯粹的慈爱之境，就是完全的平等之境，这个人就是"圣人"。

圣人的心在平等性上达到了什么境界呢？如中国的王者，"溥天之下，莫非王土；率土之滨，莫非王臣"。普天之下的土地都是传播文明的地方，王者的慈爱之心，达于大地上生活的每一个人。慈爱遍及天下，这样的人才是王者。西方人特别尊重动物的权利，似乎爱心已经达于动物。圣人何尝不是这样，孔子在指导人的葬礼时，也特别关注了狗、马等动物的安葬之法。圣人的爱心不仅达于动物，也达于来世。而不同的圣者，在开展教化时，各有侧重，这与他们的愿力和所处的社会历史条件有关，并非他们的心有差别。儒家深深地关注人类社会，而释迦牟尼世尊就深深地关注众生的解脱，"如来说微尘，即非微尘"，在他的心里，每一粒微尘都是平等的。

圣人除了仁爱之心，心中再也没有别的追求了。然而，圣者常怀利他之心，随顺他人而行利他的事业，这种随顺的选择就是"无为"。无为是一种唯道是从的选择，"是道则进，非道则退"。正确的事就去做，不正确的事就坚决不做。"用之则行，舍之则藏"，有事就做，没事就休息。这是一种心的"自由"，无为的自由中包含了一心为善的选择。

而凡夫的"自由"是什么呢？凡夫的"自由"是为善的自由，一个人选择做一个什么样的人，这是他的自我选择，是他的"自由"。但实际上凡夫并没有真正的"自由"。因为，一个人如果不选择扩充慈爱和提升理智的文明之路，他就会随顺自己的爱恨，必然在道德上走向堕落。能不能强制凡夫选择慈爱之道呢？这几乎是不可能的，因为为善之道是心的选择，要通过自己的理智来决定，靠自我的发心。既然不能强制凡夫选择为善之道，那么国学的传播和教育就显得非常重要了。

个人为善是自我的选择，这是凡夫的"自由"，如果"国学"的道德律法不能保证

个人的为善选择,则教法日益教条化,变成人们思想和人身的桎梏,从而失去意义。如果一个国家不再是成立之初确立的道德准则的守护者和传承者,当政者沉溺于自己的私心、私欲,使国法失去慈爱和平等,甚至变得残暴、酷烈,那么国家就会走向衰落。

第二章

认 识 王 道

第一节 "内圣"之德：究竟的仁爱与平等

讨论"外王"之道，必须从"内圣"开始。因为，只有修为达到"王者"的人，才可以行"外王"之道，传播文明、教化百姓并守护文明。但是，一个人的内圣品德是经过长期的修证达到的，所以讨论内圣要从儒家的心法修证开始。

一、儒学的心法传承

"内圣"是个人的道德修证，这属于内在方面。由于历史的久远，"心法"传承之类的渐渐就成了传说或者干脆就在历史文化中消失了，后人不知道这是怎么回事了。本质上来讲，"心法"并没有传承，只是一种认可或者指示，凡夫由凡入圣，道德高尚、内心清净了，由曾经的过来人加以指示或印可。这个与在传统国学、道家修行以及佛教修行里的认可或者指示都是一样的，甚至与西方宗教也没有差别。道是天下大道，哪里有分别？小麦做成馒头或者做成面包都是为了人类的生存，作用是相同的。

《论语》第十篇《乡党》记载了孔子指示子路悟道的事。

> 色斯举矣，翔而后集。曰："山梁雌雉，时哉！时哉！"子路共之，三嗅而作。

雉，大概是野鸡一类的鸟，羽毛是彩色的，长得非常漂亮。彩色的鸟飞起来了，飞了一阵又集中在一起，落在山梁上，好比人的妄念、妄心表现在礼仪上，达到了无为的境界。这时心清净了，盛德充满心中，真正的智慧和没有概念、没有分别的平等之心展现了出来。孔子马上指点子路"时哉！时哉！"，意为就是现在，就是当下，就是此时，等等。人们现在也很难知道子路和孔子当时的语言环境是什么样。到此时，子路悟道了。悟道了怎么样呢？子路无话可说，鼻子吸了三下空气，说不出来。实在是稀松平常，无话可说。

所以，内圣之德的指示或者认可，无论是儒、是道、是佛都没有差别。

是不是得了儒家心法的指示或者老师的印证就成了圣人了呢？事实并非如

此！一个人得到了关于修证心法的指示或者印证，仅仅是他个人明白了修证的方法和道路，真正成为圣人还需要付出艰苦的努力去修证。在明道之后，经过艰苦的努力修证才能成为真正的圣人，而圣人的修证程度也不同，只有内心的智慧和仁爱彻底达到平等，心才能够成为"心王"，达到自由。

二、"王者"的内圣之德

那么"王者"的"内圣"之学达到了什么程度呢？仁爱和平等或者慈悲和理智总摄人类文明的一切法门。圣人的心已经达到纯粹的"仁爱"，没有任何私欲，平等之心覆盖世界所有的人类、所有的生命。甚至是每一粒微尘，在他们心里都是平等的，没有任何的分别。比如历史上有周文王德及枯骨的记载。文王在野外看见枯骨，命人埋葬，随行官员说这是没有亲属认领的枯骨，不必埋葬。文王认为自己作为国家的国王，自己就是尸骨的主人。《吕氏春秋·孟冬纪·异用》载："文王贤矣，泽及髊骨，又况于人乎！"髊骨，解释为腐烂的骨头。《资治通鉴外纪》记载："文王尝行于野，见枯骨，命吏瘗之。吏曰：'此无主矣！'王曰：'有天下者，天下之主；有一国者，一国之主。我固其主矣！'葬之。天下闻之，曰：'西伯之泽，及于枯骨，况于人乎？'"《幼学琼林》赞叹："泽及枯骨，西伯之深仁。"

孔子的狗死了，孔子也讲述了安葬的方法，这是德及禽兽了。《孔子家语》记载："孔子之守狗死，谓子贡曰：'路马死，则藏之以帷，狗则藏之以盖'。"

具备了内圣之德，就具有了"王者"的品格。但是，有"王者"品格的人，不一定都成为王者。如果一个人的修为达到了"王者"，但他并没有出来治理国家，这样的人也许就是孟子所讲的"天民"吧。"天民"就是达道的圣者，因无"王"者的位置，称其为民。所以王还有另外一个意思，就是"自由""自在""无为"。修行达到"王者"的人，心已经"自由"了，如果他不愿意出来做"王者"的工作，他干什么都很快乐，都可以利益他人，因为他没有私利。《孟子》载："天民者，达可行于天下而后行之者也。"

如果说现在已经没有"王者"，那么孔子是中国的最后一位"王者"。那后人怎么办呢？那就是认真学习和传承王者精神的经典。

第二节 外王之道：以信为本，仁爱、平等为心，公正为则

与"内圣"的"心法"传承相比，"王道"的传承就不一样了，实际上要复杂一些。在古代一个道德修为很高的人出来做事，他必然要依据一定的道德准则。因为他要统领大众，他自己既是大众的老师，又是国家的领袖，也是一切家庭的"天父"，这

个要求太高了。他怎么取得人的信任？做事有什么准则？当然，这些在今天都可以形成公共制度，而在古时就全靠个人的修为了。

供后世学习"王者"精神的书是《尚书》，"尚"就是"上"的意思。古代"书"就指《尚书》。而"典"专指《尚书》里的《尧典》和《舜典》，尧和舜是古代的"王者"，《尚书》其他文章是没有资格称典的。对"王道"最简美、通俗的述说是《孝经》。《论语》最后一章《尧曰》又专门以文字表达了心法的传承。孔子是最后一位"王者"，"王道"在人与人之间的心法传承中断了，而文字保存下来了，后世还可以学习。"虽不能至，心向往之。"

提到帝王"心法"传承之类，很多人都是讳莫如深的。因为凡夫对权势的贪欲，大家都认为有什么不可告人的阴谋或者手段。道是天下人的公道，其实并没有什么秘密。

但王者的内圣之学的确需要传承。古代科技文化不发达，国家的原则和精神无法随时写出来传给个人，行政原则完全靠当政者的理解，个人的道德修证就非常重要。

一、尧帝和舜帝的"王道"传承

前文讨论了儒家的道法传承，比如子路悟道。但是，作为修证之路，悟道之后是修道，达到"王者"的道德高度是需要很长时间来修证的。一个人的修证是否达到了"王者"只能由另一位"王者"来印证。一个道德达到"王者"高度的人出来为大众服务，上一任的"王者"也会对他进行道法的印可和指示，这就是"王道"的传承。儒家道法的传承在孔子时还没有断，但"王道"的传承到了孔子就中断了。孔子的弟子宰予曾经问孔子"五帝德"，从文献来看，孔子的回答只谈及"五帝"的生平，没有谈"五帝"的修证。孔子有一句话是"予也非其人也"，也就是说宰予不是能听闻这个道理的人。

> 孔子曰："予！大者如天，小者如言，民悦至矣。予也非其人也。"宰我曰："予也不足以戒敬承矣。"他日，宰我以语子贡，子贡以复孔子。子曰："吾欲以颜状取人也，则于灭明改之矣；吾欲以辞言取人也，则于宰我改之矣；吾欲以容貌取人也，则于子张改之矣。"宰我闻之惧，弗敢见焉。

司马迁也认为，"五帝"的"王道"传承，儒家没有传下来。太史公曰：学者多称五帝，尚矣。然《尚书》独载尧以来，而百家言黄帝，其文不雅驯，荐绅先生难言之。孔子所传《宰予问五帝德》及《帝系姓》，儒者或不传。

虽然通行的说法认为，儒者的"王道"心法没有传承下来，孔子的弟子没有修证到"王者"的高度，也没有称帝的。但是典籍还是有其他关于"王道"传承的记载的。类似传法的公案，在儒学典籍里早就出现了。

下面是帝尧的心法传承。

> 尧曰："咨！尔舜！天之历数在尔躬。允执其中。四海困穷，天禄永终。"

从文字意思来看，允就是信，中就是中道而行。中道就是仁爱、平等的天下大道。

下面是帝舜的道法传承。

> 舜亦以命禹。曰："予小子履，敢用玄牡，敢昭告于皇皇后帝：有罪不敢赦。帝臣不蔽，简在帝心。朕躬有罪，无以万方；万方有罪，罪在朕躬。"周有大赉，善人是富。"虽有周亲，不如仁人。百姓有过，在予一人。"谨权量，审法度，修废官，四方之政行焉。兴灭国，继绝世，举逸民，天下之民归心焉。所重：民、食、丧、祭。宽则得众，信则民任焉，敏则有功，公则说。

这一段包括了以下五方面的含义：

一是以信为本。简在帝心，就是心寂然不动，取信于民。二是以仁爱、平等为执政目标。"百姓有过，在予一人"，百姓有过，是我的仁爱未流于天下吗？博爱、平等达到了极点。"帝心"可解释为国家政策。三是以平等之法行四方之政，就是公正。"谨权量，审法度，修废官，四方之政行焉。"法度、权量，就是平等之道的标准，有公平的标准则废官可用，政令无所不通。四是以仁爱和平等大道处理国际关系。天下就是世界，并不是一个国家、一个民族。"兴灭国，继绝世，举逸民，天下之民归心焉。"平等地对待每一个国家，保护每一个国家的文明，最后达到世界人心的统一、文化的"大一统"。五是以财养民，以德教民。"所重：民、食、丧、祭。""王道"政治的结果，就是取得了百姓信任，成就利于百姓的功业。

孔子是中国最后的"王"。既然如此，就可以把孔子的言行看成"王者"的传承。孔子之后既无"王者"，关于儒家的"王道"，就不必理解为具体的个人道德。虽然有人格化的因素，但是在本质上，现在可以看作是组织机关的行为准则，企业、事业、社会组织都可以，不必指具体的个人。"王道"也可以理解为国家的政治精神，或者是国家的政治纲领。但是三王不同"礼"，"礼"随时代变迁，在精神层面"王道"的实质指古代国家的宪法精神。《尚书》有《洪范》篇，洪就是大的意思，范就是法的意思，古代国家的根本大法不就是古代的《宪法》吗？

二、以信为本，仁爱、平等、公正

关于"王道"，总结文献，可以得出一些共性的原则。

(一)"王道"的"王"必须是圣人

仁爱和平等是基础。圣人才能做到无私欲，才能抱持仁爱、平等的心，为大众做事。

（二）作为外显之德，"信"非常重要

这个"信"字的意义非常重大。古人处理国际关系、治理国家、社会交往、个人行持，全靠这个"信"字。"信"就是取"信"于人。从道法上来讲，就是你的心是不变的、坚定的、不受妄念干扰的、不受私欲困惑的，那么别人会相信你。这是个人的道德操守。往大的方面说，涉及社会、国家、天下，那就是文化认同，就是"大一统"。

要取信，"王道"的国学教育就非常重要。"民可，使由之；不可，使知之。"

> 孔子为鲁大司寇，有父子讼者，夫子同狴执之，三月不别，其父请止。夫子赦之焉。季孙闻之，不悦曰："司寇欺余，囊告余曰，国家必先以孝，余今戮一不孝以教民孝，不亦可乎？而又赦，何哉？"冉有以告孔子。
>
> 子喟然叹曰："呜呼！上失其道，而杀其下，非理也。不教以孝，而听其狱，是杀不辜。三军大败，不可斩也。狱犴不治，不可刑也。何者？上教之不行，罪不在民故也。夫慢令谨诛，贼也。征敛无时，暴也。不试责成，虐也。政无此三者，然后刑可即也。《书》云：'义刑义杀，勿庸以即汝心，惟曰未有慎事，言必教而后刑也。'既陈道德以先服之；而犹不可，尚贤以劝之；又不可，即废之；又不可，而后以威惮之，若是三年，而百姓正矣。其有邪民不从化者，然后待之以刑，则民咸知罪矣。《诗》云：'天子是毗，俾民不迷。'是以威厉而不试，刑错而不用。今世则不然，乱其教，繁其刑，使民迷惑而陷焉，又从而制之，故刑弥繁，而盗不胜也。夫三尺之限，空车不能登者，何哉？峻故也。百仞之山，重载陟焉，何哉？陵迟故也。今世俗之陵迟久矣，虽有刑法，民能勿逾乎？"

从全世界来看，古代中国的"大一统"是全世界文化认同的概念。文化统一是实现世界民族、世界国家平等，"协和万邦"的前提。当然，当今世界国家民族林立，文化形式多种多样，要实现共同的价值认同非常困难。不是每一个人都有"王者"的领导能力和胸怀，也不是每一个人都能理解国学文化的共同价值，那就只能求同存异了。

（三）秉持仁爱、平等，公正的准则

公正和平等有什么分别呢？儒学作为自我观照的道德体系，平等就是"心"的平等，那么公正就是实现平等的具体选择。公正是一个具体的选择问题，既然是具体的问题，实际上是"当下"的问题，是具体事件当下的"良心"所秉持的仁爱和平等问题。怎么选择呢，按照"信"来选择，就是社会共同认可的价值规范，或者称为社会伦理体系，或者称为"礼"。

作为"王者"利益众生的行为准则——以信为本，仁爱、平等、公正。这也是"外王"之道的心法，或者是内圣之德的外显。为了使公正的选择更加客观，更加具有"信用"，儒家特别强调具体的公正标准的制定，比如关于度、量、衡的标准制定，这对现在复杂的社会经济治理也有一定的参考作用。

第三节 以孝德和礼乐为社会文化的根本

有了"外王"之道的心法准则,作为国家,它的主要职能就是传播、守护文明。孔子周游列国,看到卫国人口众多,他的弟子冉有问怎么办,孔子说使他们富裕起来。冉有又问富裕起来之后呢,孔子说,推行教育。所以,物质是养生的基础,养生的目的是以文化滋养道德,提高人们仁爱和平等的心。《论语》记载:"子适卫,冉有仆。子曰:'庶矣哉!'冉有曰:'既庶矣,又何加焉?'曰:'富之。'曰:'既富矣,又何加焉?'曰:'教之。'"

在儒家的国学文明中,开发人类仁爱和平等的方法就是孝道。

一、以"孝道"为道德的根本

慈悲和理智,或者称仁爱和平等合而为一的教法就是"孝道"。一方面,孝道滋养仁爱。而孝就是爱。"孝悌也者,岂为仁之本欤。"而将慈爱推己及人,由近及远,就实现平等,平等的爱就是大爱,纯粹而无分别、无私心。《尚书·尧典》载:"钦明文思安安,允恭克让,光被四表,格于上下。克明俊德,以亲九族。九族既睦,平章百姓。百姓昭明,协和万邦。"这段话的中心思想就是推己及人,由近及远,最后是实现全世界的和谐、团结。从个人修证上来理解"学而时习之,不亦说乎? 有朋自远方来,不亦乐乎?",就是近者悦,而远者来,靠近自己的亲人很欢愉,远处的人佩服自己的德行来亲附,最后达到"人不知而不愠,不亦君子乎"的境界,实现内心的平等。

从道法上来看,"孝道"是一切人类文明的总摄教法,无论一个国家的文明是否承认这一点,它的文明必须实现这一点,否则它就不能称为文明,而一切宗教也是这样。所以,高尚如释迦牟尼,也曾说过,诸佛不出世,父母即佛。

由于孝道教法的总摄性,有了孝道,中国人就可以以"孝"体道,直接进入"道"的层面了。

"孝"出于"易",道理十分深邃。《孝经》篇幅短小、文字通俗,但内容十分广博、深邃而伟大。个人立身从"孝"开始,由凡入圣,直至社会和谐、国家昌盛、世界和平。

《孝经》上半部是孝德教学纲领,包括每一个人"素位而行",尽好本职责任的"无为"之道,其中论述了天子、诸侯、卿大夫、士和庶人的道德行持。然后就是以孝顺之德,实现内心的"和",天下和同,社会安定。《孝经》下半部,从个人对父母的诚敬开始,推己及人达到博爱,最后因道德的提升达到"悟道",实现心的"清明"。心的"清明"是社会和谐的基础,厚德载物,达到国家、社会和整个世界的清净和谐。根据《孝经》的内容可以看到,它包含了"王道"的所有精神。

《孔子家语》记载,孔子曰:"夫道者,所以明德也。德者,所以尊道也。是以非德道不尊,非道德不明。虽有国之良马,不以其道服乘之,不可以道里。虽有博地众民,不以其道治之,不可以致霸王。""孝道"一词,"道""德"兼备,文广义丰。

二、以"礼乐"为社会道德的伦理秩序

"外王"之道的国家文明,包括了三部分:一是"内圣"的道德根本;二是社会运行的秩序;三是治理内政及协和国际的基本准则。这三者都通过"礼"来实现。而"礼"就是"理",即人的"理性",也是世界运行的"天理"。"礼"的制定要循天理,一方面要摒除人的私欲,以存天理;另一方面又要顺应人伦正常的私欲,保证"礼"的执行,要体现人民"自由"选择的"道德自觉"。如果仅存天理,而不顾正常的"人欲",则"礼"成为道德的桎梏。"存天理,灭人欲",是宋儒理解的偏差。所以,"礼"是人道德自觉的"自主选择"。

(一)"礼"对个人修身的作用

任何个人的道德提升都不可能没有行为准则。对宗教而言,这就是宗教禁律。社会文明也是如此,人之所以称为人,也有关于"人"的禁律和准则,这种禁律和准则就是人类秩序的"礼"。中国文化"礼"的制定以道德为本。道德是内化的,是"心",而外化的人的行为,一举一动、一颦一笑等合于道德就是"礼"。"礼"对个人修身的作用,主要体现在两个方面:一是扩充人的仁爱之心。"缘人情而制礼","人情",就是君臣、父母、兄弟、朋友、妻子之间的仁爱。二是提升人的智慧。"依人性而作仪","人性"就是贪欲等,礼要摒除人的贪欲等不符合道德的一面。

所以,合情合理的"礼"同时包括了提升人的仁爱和智慧。人通过"礼",可以实现由因至果,由"有为"至"无为"的修行。这就是中国文化的"人身五伦心法大道",其心法就是"诚、敬"。诚即无妄、真,敬即无我、谦。诚敬的极致就是悟道,从而达到"仁智"双运,再上升进而成为圣人。

(二)"礼"即社会文明和秩序

对社会来讲,"礼"就是社会文明和秩序。高尚的道德情操只有通过"礼"才能表现出来,而合情合理的"礼"又可以促进人类道德文明的提升。

孔子曰:"丘闻之民之所以生者,礼为大。非礼则无以节事天地之神焉;非礼则无以辩君臣上下长幼之位焉;非礼则无以别男女父子兄弟婚姻亲族疏数之交焉;是故君子此之为尊敬,然后以其所能教顺百姓,不废其会节。既有成事,而后治其文章黼黻,以别尊卑上下之等。其顺之也,而后言其丧祭之纪,宗庙之序,品其牺牲,设其豕腊,修其岁时,以敬其祭祀,别其亲疏,序其昭穆,而后宗族会

宴,即安其居,以缀恩义。卑其宫室,节其服御,车不雕玑,器不彤镂,食不二味,心不淫志,以与万民同利,古之明王行礼也如此。"

"礼"是个人行为准则,乐以辅"礼",乐可以正人心,行为和人心合而为一,就实现"礼"与德合了。这是一个道法问题。关于音乐对正人心所起的作用,《黄帝内经》有深入的论述,合适的音乐还具有促进人体健康的作用。

(三)"礼乐"是"王道"的"体"

王道的根本是仁爱,但仁爱的内心通过礼来表达。孔子曰:"上敬老则下益孝,上尊齿则下益悌,上乐施则下益宽,上亲贤则下择友,上好德则下不隐,上恶贪则下耻争,上廉让则下耻节,此之谓七教。"这是明王教化的根本,明王就是明德之王,悟道的圣人。这七教将孝德和"礼"合而为一,实现社会的"大孝",天下和顺,最后达到"至礼无让、至赏无费、至乐无声",礼与德合,德与道合,从而实现垂拱而治的理想社会。所以,"礼"治的社会理想追求十分高远。

是故昔者明王内修七教,外行三至。七教修然后可以守,三至行然后可以征。明王之道,其守也则必折冲千里之外,其征也则必还师衽席之上。故曰内修七教而上不劳;外行三至而财不费。此之谓明王之道也。

曾子曰:"不劳不费之谓明王,可得闻乎?"孔子曰:"昔者帝舜左禹而右皋陶,不下席而天下治。夫如此,何上之劳乎。政之不平,君之患也,令之不行,臣之罪也。若乃十一而税,用民之力,岁不过三日,入山泽以其时而无征,关讥市廛皆不收赋,此则生财之路,而明王节之,何财之费乎?"

曾子曰:"敢问何谓七教?"孔子曰:"上敬老则下益孝,上尊齿则下益悌,上乐施则下益宽,上亲贤则下择友,上好德则下不隐,上恶贪则下耻争,上廉让则下耻节,此之谓七教。七教者,治民之本也。政教定,则本正也。凡上者,民之表也,表正则何物不正。是故人君先立仁于己,然后大夫忠而士信,民敦俗璞,男悫而女贞,六者,教之致也。布诸天下四方而不怨,纳诸寻常之室而不塞,等之以礼,立之以义,行之以顺,则民之弃恶,如汤之灌雪焉。"

曾子曰:"道则至矣,弟子不足以明之。"孔子曰:"参以为姑止乎?又有焉。昔者明王之治民也,法必裂地以封之,分属以理之,然后贤民无所隐,暴民无所伏。使有司日省而时考之,进用贤良,退贬不肖,然则贤者悦而不肖者惧。哀鳏寡、养孤独、恤贫穷、诱孝悌、选才能。

此七者修,则四海之内无刑民矣。上之亲下也,如手足之于腹心。下之亲上也,如幼子之于慈母矣。上下相亲如此,故令则从,施则行,民怀其德,近者悦服,远者来附,政之致也。夫布指知寸,布手知尺,舒肘知寻,斯不远之则也。周制三百步为里,千步为井,三井而埒,埒三而矩,五十里而都,封百里而有国,乃为福积资求焉,临行者有亡。是以蛮夷诸夏,虽衣冠不同,言语不合,莫不来宾。故曰无市而民不乏,无刑而民不乱。田猎罼弋,非以盈宫室也。征敛百姓,非以盈府库也。惨怛以补不足,礼节以损有余,多信而寡貌。其礼可守,其言可覆,其迹可履。如饥而食,如渴而饮,民之信之,如寒暑之必验。故视远若迩,非道迩也,见明德也。是故兵革不动而威,用利不施而亲,万民怀其惠,此之谓明王之守,折冲千里之外者也。"

曾子曰:"敢问何谓三至?"孔子曰:"至礼不让而天下治,至赏不费而天下士悦,至乐无声而天下民和。明王笃行三至,故天下之君可得而知,天下之士可得而臣,天下之民可得而用。"曾子曰:"敢问此义何谓?"孔子曰:"古者明王必尽知天下良士之名,既知其名,又知其实,又知其数及其所在焉。然后因天下之爵以尊之,此之谓至礼不让而天下治。因天下之禄以富天下之士,此之谓至赏不费而天下之士悦。如此则天下之民,名誉兴焉,此之谓至乐无声而天下之民和。故曰:'所谓天下之至仁者,能合天下之至亲也。所谓天下之至明者,能举天下之至贤者也。'此三者咸通,然后可以征。是故仁者莫大乎爱人,智者莫大乎知贤,贤政者莫大乎官能。有土之君修此三者,则四海之内供命而已矣。夫明王之所征,必道之所废者也,是故诛其君而改其政,吊其民而不夺其财。故明王之政,犹时雨之降,降至则民悦矣。是故行施弥博,得亲弥众,此之谓还师衽席之上。"

第四节　以婚姻为社会伦理秩序的基础

社会道德以孝为本,社会秩序以家庭和婚姻为基础。

一、安土敦乎仁

道教龙门派认为修行必选佳地,佳地能使人心安稳,然后气息才能调柔,十分利于修行。对凡夫来讲,安其土、乐其业、亲其亲,十分利于家庭和谐,社会安定。

二、正婚姻使人知亲,知亲方能知爱

婚姻是人类延续的基础,生生之谓"易",如果婚姻基础稳固,家庭就会和谐,亲族就会团结,社会才能安定。所以,婚姻是社会伦理的基础。人类文明的建立以婚姻为基础,有了婚姻的家庭基础,以孝道为核心的伦理体系才能建立。这是合于"易"道的。动物无法产生如"孝"之类的文明。"鸦有反哺之义",这是动物具备产生文明的可能条件之一,但它并没有产生。中国人实现人猿揖别,是中华民族的始祖伏羲教人建立婚姻制度开始的,婚姻教人知亲,知亲才能知爱。文明的目的就是培养人的爱心。孔子认为,"古之政爱人为大。所以治爱人,礼为大。所以治礼,敬为大。敬之至矣,大婚为大"。大婚是指国君的婚礼,国君以大婚示范夫妻敬爱之道。婚礼是人道的根本。养生送死之礼,从婚姻之礼开始。

> 孔子侍坐于哀公。公问曰:"敢问人道孰为大?"孔子愀然作色而对曰:"君及此言也,百姓之惠也,固臣敢无辞而对。人道政为大。夫政者,正也。君为正,则百姓从而正矣。君之所为,百姓之所从。君不为正,百姓何所从乎!"公曰:"敢问为政如之何?"孔子对曰:"夫妇别、男女亲、君臣信,三者正,则庶物从之。"公曰:"寡人虽无能也,愿知所以行三者之道,可得闻乎?"孔子对曰:"古之政爱人为大。所以治爱人,礼为大。所以治礼,敬为大。敬之至矣,大婚为大。大婚至矣,冕而亲迎,亲迎者,敬之也。是故君子兴敬为亲,舍敬则是遗亲也。弗亲弗敬,弗尊也。爱与敬,其政之本与。"公曰:"寡人愿有言也。然冕而亲迎,不已重乎?"孔子愀然作色而对曰:"合二姓之好,以继先圣之后,以为天下宗庙社稷之主,君何谓已重焉"?公曰:"寡人实固,不固安得闻此言乎!寡人欲问,不能为辞,请少进。"孔子曰:"天地不合,万物不生,大婚,万世之嗣也,君何谓已重焉?"孔子遂言曰:"内以治宗庙之礼,足以配天地之神,出以治直言之礼,以立上下之敬,物耻则足以振之,国耻足以兴之,故为政先乎礼,礼其政之本与。"

三、知爱才能知善,知善才能知敬,知敬才能与道相合

有人说,不是"平等"大爱吗?平等是圣人的修证,凡夫的私心和执着是做不到绝对平等的,要从知亲、知爱开始。所以,孔子说"不爱其亲而爱他人者,谓之悖德。不敬其亲而敬他人者,谓之悖礼"。有了家庭亲人爱的培养,将自己的爱推己及人就是德行的扩充和提升。人知亲才能知爱,知爱才能利他,利他即知善,知善知恶才能敬人。能敬人才能知诚,做到诚、敬就与道合一了。如果社会上婚礼没有了,夫妻亲情也会受影响。如果夫妻亲情没有了,相应的亲戚关系也就疏远了。同样,如果社会上丧礼没有了,人也就不知恩德了。一个没有婚礼和葬礼的社会,人情就凉薄了。所以,"安土敦乎仁",人口减少流动,家庭才能稳定,家庭稳定又促进"安土敦乎仁",社会才能和谐。"王道"治理的目标可用一个"安"字来概括,安身、安心、家庭和睦、社会和谐、国家安定,而这一切都从婚姻开始。

> 孔子遂言曰:"昔三代明王,必敬妻子也,盖有道焉。妻也者,亲之主也;子也者,亲之后也,敢不敬与?是故君子无不敬,敬也者,敬身为大。身也者,亲之支也,敢不敬与。不敬其身,是伤其亲。伤其亲,是伤本也。伤其本,则支从之而亡。三者,百姓之象也。身以及身,子以及子,妃以及妃,君以修此三者,则大化忾乎天下矣。昔太王之道也,如此国家顺矣。"公曰:"敢问何谓敬身?"

孔子对曰："君子过言则民作辞,过行则民作则,言不过辞,动不过则,百姓恭敬以从命,若是则可谓能敬其身,则能成其亲矣。"公曰："何谓成其亲?"孔子对曰："君子者也,人之成名也,百姓与名,谓之君子,则是成其亲。为君而为其子也。"孔子遂言曰："爱政而不能爱人,则不能成其身。不能成其身,则不能安其土。不能安其土,则不能乐天。"公曰："敢问何能成身?"孔子对曰："夫其行已不过乎物,谓之成身,不过乎,合天道也。"公曰："君子何贵乎天道也?"孔子曰："贵其不已也。如日月东西相从而不已也,是天道也。不闭而能久,是天道也。无为而物成,是天道也。已成而明之,是天道也。"公曰："寡人且愚冥,幸烦子之于心。"孔子蹴然避席而对曰："仁人不过乎物,孝子不过乎亲。是故仁人之事亲也如事天,事天如事亲,此谓孝子成身。"公曰："寡人既闻如此言,无如后罪何?"孔子对曰："君子及此言,是臣之福也。"

第五节　以"道"统帅一切文明

社会文明的整体是非常复杂的,包括了大千世界的方方面面,中国文明最根本的特质可以用"道"来表达。德源自道,最后要达到道的要求。"礼"的制定要合情合理,要与德合一,与道合一。而社会文化一切方面的表现都是"道"的变化,这就是"易"理。周文王整理的部分称《周易》,殷商所尊的易称《连山易》,夏朝所尊《归藏易》,这是通行的说法。但另外一层意思就是周易、连山、归藏都是譬喻,周易就是周遍一切,无所不包的意思;连山就是如云出岫,连绵不绝的意思;而道本身却包含了一切,宇宙万象无论如何变化都是道本身,道是不变的,这就是归藏,是不变的意思。这就是"三易"的道理。有人说《连山易》和《归藏易》都失传了,其实《周易》就是连山和归藏。明白了"三易"的道理,就知道中国文明外在学问和内在学问是统一的,实际上学问没有外在、内在的分别,都是"道"的变化,也都是"心"的变化。

中华文明的这个特质的表现就是以"道"统帅一切文明,也就是"易"是一切学问的基础。比如医学以《黄帝内经》《神农本草》为本,不仅讲述了医理,还包括了音乐、绘画色彩、气候、天象等等文化的根本道理。其他技术如木工,传统的鲁班木工也包括"道"的法术。中国武术也以"易道"为理论基础,典型的如太极拳、八卦掌、八极拳等等。

就军事来讲,《孙子兵法》就是易学的军事运用。《三十六计》就是易卦的变化,三十六只是概括说法,其实何止三十六,六十四也可以。

饮食养生也循"易"理,五味调和,依金、木、水、火、土五行及六气变化。

文学以孔子整理的《诗经》为正宗,孔子以"王道"的伦理道德要求进行整理,使文学合于伦理,从而合于道德,才称其为《诗经》。

"声之文者为音,合于伦理为乐",音乐也合于道。《乐经》已经失传,《史记》还存有《乐书》一篇可以参考。

其他如书法、绘画、服饰等等无不如此,皆合于"王道"。

国学的文化建设,可以从《诗经》的序得到启发。《诗序》据说是孔子传于子夏的。使文学合于道德,这是孔子的伟大贡献。以下是《诗序》的内容,供参考。

《关雎》,后妃之德也,《风》之始也,所以风天下而正夫妇也。故用之乡人焉,用之邦国焉。《风》,风也,教也,风以动之,教以化之。诗者,志之所之也,在心为志,发言为诗,情动于中而形于言,言之不足,故嗟叹之,嗟叹之不足,故永歌之,永歌之不足,不知手之舞之,足之蹈之也。

情发于声,声成文谓之音,治世之音安以乐,其政和;乱世之音怨以怒,其政乖;亡国之音哀以思,其民困。故正得失,动天地,感鬼神,莫近于诗。先王以是经夫妇,成孝敬,厚人伦,美教化,移风俗。

故诗有六义焉:一曰风,二曰赋,三曰比,四曰兴,五曰雅,六曰颂。上以风化下,下以风刺上,主文而谲谏,言之者无罪,闻之者足以戒,故曰风。至于王道衰,礼义废,政教失,国异政,家殊俗,而变风、变雅作矣。

国史明乎得失之迹,伤人伦之废,哀刑政之苛,吟咏情性,以风其上,达于事变,而怀其旧俗也。故变风发乎情,止乎礼义。发乎情,民之性也;止乎礼义,先王之泽也。是以一国之事,系一人之本,谓之风;言天下之事,形四方之风,谓之雅。雅者,正也,言王政之所由废兴也。政有大小,故有小雅焉,有大雅焉。颂者,美盛德之形容,以其成功告于神明者也。是谓四始,诗之至也。

然则《关雎》《麟趾》之化,王者之风,故系之周公。南,言化自北而南也。《鹊巢》《驺虞》之德,诸侯之风也,先王之所以教,故系之召公。《周南》《召南》,正始之道,王化之基。是以《关雎》乐得淑女以配君子,忧在进贤,不淫其色。哀窈窕,思贤才,而无伤善之心焉。是《关雎》之义也。

第六节 以大同世界为社会的最高理想

从个人安心至世界和平,如果社会依"王道"的理念来治理,最后实现天下为公,这就是大同世界。将"大同"作为儒家社会治理的最高理想是后人的事。对孔子而言,他认为夏、商、周及以前的三皇五帝时代,就是公天下的"大同"社会。孔子生活的春秋时代,文明已经衰落,孔子想通过推行"王道"的"德治"将社会治理恢复到三代以前的理想状态。

> 昔者仲尼与于蜡宾,事毕,出游于观之上,喟然而叹。仲尼之叹,盖叹鲁也。言偃在侧,曰:"君子何叹?"孔子曰:"大道之行也,与三代之英,丘未之逮也,而有志焉。

> "大道之行也,天下为公。选贤与能,讲信修睦,故人不独亲其亲,不独子其子,使老有所终,壮有所用,幼有所长,矜、寡、孤、独、废疾者皆有所养。男有分,女有归。货恶其弃于地也,不必藏于己;力恶其不出于身也,不必为己。是故谋闭而不兴,盗窃乱贼而不作,故外户而不闭,是谓大同。"

第七节 观政识王道,国家政治观察

一个国家的文明程度,可以通过多方面的观察来判断。以下是儒门观政之法,不做过多解释,仅供参考。

一、"王道"的价值具有世界性

《孔子家语》记载:

> 孔子初仕为中都宰,制为养生送死之节,长幼异食、强弱异任、男女别涂、路无拾遗、器不雕伪。为四寸之棺,五寸之椁,因丘陵为坟,不封、不树。行之一年,而西方之诸侯则焉。定公谓孔子曰:"学子此法,以治鲁国何如?"孔子对曰:"虽天下可乎,何但鲁国而已哉。"

二、个人行为和道德体现国家文明

《礼记》记载:

> 孔子曰:"入其国,其教可知也。其为人也温柔敦厚,诗教也;疏通知远,书教也;广博易良,乐教也;洁静精微,易教也;恭俭庄敬,礼教也;属辞比事,春秋教也。故诗之失,愚;书之失,诬;乐之失,奢;易之失,贼;礼之失,烦;春秋之失,乱。"

三、礼正代表国正

礼是制度,礼制正,则国正;礼制的变迁即是国运的变迁,礼运即是国运。

《礼记》记载：

> 孔子曰：礼之于正国也，犹衡之于轻重也，绳墨之于曲直也，规矩之于方圆。故衡诚县，不可欺以轻重；绳墨诚陈，不可欺以曲直；规矩诚设，不可欺以方圆；君子审礼，不可诬以奸诈。是故隆礼由礼，谓之有方之士。不隆礼不由礼，谓之无方之民。敬让之道也，故以奉宗庙则敬，以入朝廷则贵贱有位，以处室家则父子亲、兄弟和，以处乡里则长幼有序。孔子曰："安上治民，莫善于礼。"此之谓也。

四、文化代表人心

《史记·吴太伯世家》记载：

> 四年，吴使季札聘于鲁，请观周乐。
>
> 为歌周南、召南。曰："美哉，始基之矣，犹未也。然勤而不怨。"
>
> 歌邶、鄘、卫。曰："美哉，渊乎，忧而不困者也。吾闻卫康叔、武公之德如是，是其卫风乎？"
>
> 歌王。曰："美哉，思而不惧，其周之东乎？"
>
> 歌郑。曰："其细已甚，民不堪也，是其先亡乎？"
>
> 歌齐。曰："美哉，泱泱乎大风也哉。表东海者，其太公乎？国未可量也。"
>
> 歌豳。曰："美哉，荡荡乎，乐而不淫，其周公之东乎？"
>
> 歌秦。曰："此之谓夏声。夫能夏则大，大之至也，其周之旧乎？"
>
> 歌魏。曰："美哉，沨沨乎，大而宽，俭而易，行以德辅，此则盟主也。"
>
> 歌唐。曰："思深哉，其有陶唐氏之遗风乎？不然，何忧之远也？非令德之后，谁能若是！"
>
> 歌陈。曰："国无主，其能久乎？"自郐以下，无讥焉。
>
> 歌小雅。曰："美哉，思而不贰，怨而不言，其周德之衰乎？犹有先王之遗民也。"
>
> 歌大雅。曰："广哉，熙熙乎，曲而有直体，其文王之德乎？"
>
> 歌颂。曰："至矣哉，直而不倨，曲而不诎，近而不逼，远而不携，迁而不淫，复而不厌，哀而不愁，乐而不荒，用而不匮，广而不宣，施而不费，取而不贪，处而不底，行而不流。五声和，八风平，节有度，守有序，盛德之所同也。"
>
> 见舞象箾、南籥者，曰："美哉，犹有感。"
>
> 见舞大武，曰："美哉，周之盛也其若此乎？"
>
> 见舞韶护者，曰："圣人之弘也，犹有惭德，圣人之难也！"
>
> 见舞大夏，曰："美哉，勤而不德！非禹其谁能及之？"
>
> 见舞招箾，曰："德至矣哉，大矣，如天之无不焘也，如地之无不载也，虽

甚盛德，无以加矣。观止矣，若有他乐，吾不敢观。"

五、教育是"正德"的前提

《孔子家语》记载：

初，鲁之贩羊有沈犹氏者，常朝饮其羊以诈市人。有公慎氏者，妻淫不制。有慎溃氏，奢侈踰法。鲁之鬻六畜者，饰之以储价。及孔子之为政也，则沈犹氏不敢朝饮其羊。公慎氏出其妻。慎溃氏越境而徙。三月，则鬻牛马者不储价，卖羊豚者不加饰。男女行者，别其涂，道不拾遗。男尚忠信，女尚贞顺。四方客至于邑，不求有司，皆如归焉。

·············

孔子为鲁大司寇，有父子讼者，夫子同狴执之，三月不别，其父请止。夫子赦之焉。季孙闻之，不悦曰："司寇欺余，曩告余曰，国家必先以孝，余今戮一不孝以教民孝，不亦可乎？而又赦，何哉？"冉有以告孔子，子喟然叹曰："呜呼！上失其道而杀其下，非理也。不教以孝而听其狱，是杀不辜。三军大败，不可斩也。狱犴不治，不可刑也。何者？上教之不行，罪不在民故也。夫慢令谨诛，贼也。征敛无时，暴也。不试责成，虐也。政无此三者，然后刑可即也。书云：'义刑义杀，勿庸以即汝心，惟曰未有慎事，言必教而后刑也。'既陈道德以先服之，而犹不可，尚贤以劝之，又不可，即废之，又不可，而后以威惮之，若是三年，而百姓正矣。其有邪民不从化者，然后待之以刑，则民咸知罪矣。诗云：'天子是毗，俾民不迷。'是以威厉而不试，刑错而不用。今世则不然，乱其教，繁其刑，使民迷惑而陷焉，又从而制之，故刑弥繁，而盗不胜也。夫三尺之限，空车不能登者，何哉？峻故也。百仞之山，重载陟焉，何哉？陵迟故也。今世俗之陵迟久矣，虽有刑法，民能勿逾乎？"

六、去邪方能显正

《孔子家语》记载：

孔子为鲁司寇，摄行相事，有喜色。仲由问曰："由闻君子祸至不惧，福至不喜，今夫子得位而喜，何也？"孔子曰："然，有是言也。不曰乐以贵下人乎？"于是朝政，七日而诛乱政大夫少正卯，戮之于两观之下，尸于朝三日。子贡进曰："夫少正卯，鲁之闻人也，今夫子为政，而始诛之，或者为失乎？"孔子曰："居，吾语汝以其故。天下有大恶者五，而窃盗不与焉。一曰心逆而险，二曰行僻而坚，三曰言伪而辩，四曰记丑而博，五曰顺非而泽，此五者有一于人，则不免君子之诛，而少正卯皆兼有之。其居处足以撮徒成党，其谈说足以饰褒荣众,其强御足以反是独立,此乃人之奸雄者也,不可以不除。夫殷汤诛尹谐、文王诛潘正、周公诛管蔡、太公诛华士、管仲诛付乙、子产诛史何,是此七子,皆异世而同诛者,以七子异世而同恶,故不可赦也。诗云:'忧心悄悄,愠于群小,小人成群,斯足忧矣'。"

第三章

学习国学的发心

第一节　儒学与教育

人们首先要对作为一个人该具有什么样的文化这个问题达到统一的认识,然后才可以对文化教育问题进行讨论。人类文明之所以称为文明就在于它可以扩充人的仁爱,提高人的理性。要达到提高仁爱和理性的目的,就要安身、安心。安身就是养生,这是文明发展的物质基础。有了物质就可以发展文化教育。

第二节　儒者的高尚品格:儒行

儒以德为尊,行以显德,敢问儒行? 盛德内充,符应于外,所谓卷之则退藏于密,放之则弥六合。无处、无时、无一行非礼。德与道合、礼与德合,内圣而外王,这是儒者的追求。

孔子在卫,冉求言于季孙曰:"国有圣人而不能用,欲以求治,是犹却步而欲求及前人,不可得已。今孔子在卫,卫将用之。己有才而以资邻国,难以言智也,请以重币迎之。"季孙以告哀公,公从之。孔子既至,舍哀公馆焉。公自阼阶,孔子宾阶升堂立侍。公曰:"夫子之服,其儒服与?"孔子对曰:"丘少居鲁,衣逢掖之衣。长居宋,冠章甫之冠。丘闻之,君子之学也博,其服以乡,丘未知其为儒服也。"

公曰:"敢问儒行?"孔子曰:"略言之则不能终其物,悉数之则留仆未可以对。"

哀公命席,孔子侍坐曰:"儒有席上之珍以待聘,夙夜强学以待问,怀忠信以待举,力行以待取,其自立有如此者。

儒有衣冠中,动作顺,其大让如慢,小让如伪,大则如威,小则如愧,难进而易退，粥粥若无能也，其容貌有如此者。

儒有居处齐难，其起坐恭敬，言必诚信，行必忠正，道涂不争险易之利，冬夏不争阴阳之和；爱其死以有待也，养其身以有为也，其备预有如此者。

儒有不宝金玉，而忠信以为宝，不祈土地，而仁义以为土地；不求多积多文以为富；难得而易禄也，易禄而难畜也；非时不见，不亦难得乎？非义不合，不亦难畜乎？先劳而后禄，不亦易禄乎？其近人情，有如此者。

儒有委之以财货而不贪，淹之以乐好而不淫，劫之以众而不惧，阻之以兵而不慑；见利不亏其义，见死不更其守；往者不悔，来者不豫；过言不再，流言不极；不断其威，不习其谋；其特立有如此者。

儒有可亲而不可劫，可近而不可迫，可杀而不可辱；其居处不过，其饮食不溽；其过失可征辩，而不可面数也；其刚毅有如此者。

儒有忠信以为甲胄，礼义以为干橹；戴仁而行，抱德而处；虽有暴政，不更其所；其自立有如此者。

儒有一亩之宫，环堵之室，荜门圭窬，蓬户瓮牖，易衣而出，并日而食；上答之，不敢以疑，上不答之，不敢以谄；其为士有如此者。

儒有今人以居，古人以稽，今世行之，后世以为楷，若不逢世，上所不受，下所不推；诡谄之民，有比党而危之，身可危也，其志不可夺也；虽危起居，犹竟信其志，乃不忘百姓之病也。其忧思有如此者。

儒有博学而不穷，笃行而不倦，幽居而不淫，上通而不困；礼必以和，优游以法；慕贤而容众，毁方而瓦合；其宽裕有如此者。

儒有内称不避亲，外举不避怨；程功积事，不求厚禄，推贤达能，不望其报；君得其志，民赖其德，苟利国家，不求富贵；其举贤援能，有如此者。

儒有澡身浴德，陈言而伏；静言而正之，而上下不知也；默而翘之，又不急为也；不临深而为高，不加少而为多；世治不轻，世乱不沮；同己不与，异己不非；其特立独行，有如此者。

儒有上不臣天子，下不事诸侯，慎静尚宽，底厉廉隅，强毅以与人，博学以知服；虽以分国，视之如锱铢，弗肯臣仕；其规为有如此者。

儒有合志同方，营道同术，并立则乐，相下不厌；久别则闻，流言不信，义同而进，不同而退，其交有如此者。

夫温良者，仁之本也；慎敬者，仁之地也；宽裕者，仁之作也；逊接者，仁之能也；礼节者，仁之貌也；言谈者，仁之文也；歌乐者，仁之和也；分散者，仁之施也；儒皆兼此而有之，犹且不敢言仁也，其尊让有如此者。

儒有不陨获于贫贱，不充诎于富贵；不溷君王，不累长上，不闵有司，故曰儒。今人之名儒也，妄常以儒相诟疾。"

哀公既得闻此言也，言加信，行加敬。曰："终殁吾世，弗敢复以儒为戏矣。"

第三节 劝　　学

一、君子不可以不学

《礼记·学记》记载：

> 玉不琢，不成器；人不学，不知道。是故古之王者建国君民，教学为先。《兑命》曰："念终始典于学"，其此之谓乎！

> 虽有嘉肴，弗食，不知其旨也；虽有至道，弗学，不知其善也。是故学然后知不足，教然后知困。知不足，然后能自反也；知困，然后能自强也，故曰：教学相长也。《兑命》曰："学学半"，其此之谓乎！

《孔子家语》记载：

> 子曰："夫人君无谏臣则失正，士无教友则失听；御狂马不释策，操弓不反檠；木受绳则直，人受谏则圣；受学重问，孰不顺哉；毁仁恶仕，必近于刑。君子不可不学。"子路曰："南山有竹，不柔自直，斩而用之，达于犀革。以此言之，何学之有？"子曰："括而羽之，镞而砺之，其入之不亦深乎？"子路拜曰："敬而受教！"

二、尊师兴教

《礼记·学记》记载：

> 古之教者，家有塾，党有庠，术有序，国有学。

> 凡学之道，严师为难。师严然后道尊，道尊然后民知敬学。

> 大学之礼，虽诏于天子，无北面，所以尊师也。

> 记问之学，不足以为人师，必也听语乎！……

> 君子知至学之难易，而知其美恶，然后能博喻；能博喻然后能为师。……

> 大学之法，禁于未发之谓豫，当其可之谓时，不陵节而施之谓孙，相观而善之谓摩。此四者，教之所由兴也。

发然后禁,则捍格而不胜;时过然后学,则勤苦而难成;杂施而不孙,则坏乱而不脩;独学而无友,则孤陋而寡闻;燕朋逆其师;燕辟废其学。此六者,教之所由废也。

君子之教喻也,道而弗牵,强而弗抑,开而弗达。道而弗牵则和,强而弗抑则易,开而弗达则思。

三、大学之道

《礼记·学记》记载:

君子曰:大德不官,大道不器,大信不约,大时不齐。察于此四者,可以有志于学矣。

《礼记·学记》记载:

九年知类通达,强立而不反,谓之大成。夫然后足以化民易俗,近者说服,而远者怀之,此大学之道也。

《学苑·贵德》记载:

子曰:"君子以忠为质,以仁为卫,不出环堵之内,而闻千里之外。"

孔子曾说:"野哉!君子不可以不学,见人不可以不饰。""吾尝终日而思矣,不如须臾之所学也。""弗知,可无忧与? 知而不学,可无忧与? 学而不行,可无忧与?""不学而好思,虽知不广矣;学而慢其身,虽学不尊矣;不以诚立,虽立不久矣;诚未着而好言,虽言不信矣。"

《说苑·建本》记载:

子路曰:"请释古之学,而行由之意,可乎?"子曰:"不可。"

"苍梧之弟,娶妻而美好,请与兄易。忠则忠矣,然非礼也。今子欲释古之学,而行子之意,庸知子用非为是,用是为非乎?"

四、学无止境

孔子燕居,子贡摄齐而前曰:"弟子事夫子有年矣,才竭而智罢,振于学问,不敢复进,请一休焉。"孔子曰:"赐也,欲焉休乎?"曰:"赐欲休于事君。"孔子曰:"《诗》云:'夙夜匪懈,以事一人。'为之若此,其不易也,若之何其休也!"曰:"赐欲休于事父母。"孔子曰:"《诗》云:'孝子不匮,永锡尔类。'为之若此,其不易也,如之何其休也!"曰:"赐欲休于事兄弟。"孔子曰:"《诗》云:'妻子好合,如鼓瑟琴。兄弟既翕,和乐且耽。'为之若此,其不易也,如之何其休也!"曰:"赐欲休于耕田。"孔子曰:"《诗》云:'昼尔于茅,宵尔索绹,亟其乘屋,其始播百谷。'为之若此,其不易也,若之何其休也!"子贡曰:"君子亦有休乎?"孔子曰:"阖棺兮乃止播兮,不知其时之易迁兮。此之谓君子所休也。"

五、锲而不舍

《孔子家语》记载:

> 孔子曰:"君子有三思,不可不察也。少而不学,长无能也;老而不教,死无思也;有而不施,穷莫之救也。故君子少思其长则务学,老思其死则务教,有思其穷则务施。"

《荀子·劝学》记载:

> 积土成山,风雨兴焉;积水成渊,蛟龙生焉;积善成德,神明自得,圣心备焉。故不积跬步,无以至千里;不积小流,无以成江海。

第四节 自我的发心

《论语》有"南容三复白圭,孔子以其兄之子妻之"的记载。南容是孔子的弟子,他反复地读《诗经》里"白圭之玷,尚可磨也;斯言之玷,不可为也"这首诗,孔子就把自己的侄女嫁给了他。"三复",三就是个大概数字,或者是文学描写的数字,是反复吟诵的意思。圭是玉器,玷是瑕疵,白圭之玷就是玉上的瑕疵吧。

一个人一旦发心学道,就可以称为君子。孔子评价南容说"邦有道,不废;邦无道,免于刑戮"。本书把南容发心学道的诗录在下面,如果感兴趣,也可以反复吟诵,做一个"邦有道,不废;邦无道,免于刑戮"的君子。

大雅·抑

侠 名

抑抑威仪,维德之隅。人亦有言:靡哲不愚。

庶人之愚,亦职维疾。哲人之愚,亦维斯戾。

无竞维人,四方其训之。有觉德行,四国顺之。

讦谟定命,远犹辰告。敬慎威仪,维民之则。

其在于今,兴迷乱于政。颠覆厥德,荒湛于酒。

女虽湛乐从,弗念厥绍。罔敷求先王,克共明刑。

肆皇天弗尚,如彼泉流,无沦胥以亡。

夙兴夜寐,洒扫庭内,维民之章。

修尔车马，弓矢戎兵，用戒戎作，用逿蛮方。

质尔人民，谨尔侯度，用戒不虞。

慎尔出话，敬尔威仪，无不柔嘉。

白圭之玷，尚可磨也；斯言之玷，不可为也！

无易由言，无曰苟矣，莫扪朕舌，言不可逝矣。

无言不仇，无德不报。惠于朋友，庶民小子。

子孙绳绳，万民靡不承。

视尔友君子，辑柔尔颜，不遐有愆。

相在尔室，尚不愧于屋漏。

无曰不显，莫予云觏。神之格思，不可度思，矧可射思！

辟尔为德，俾臧俾嘉。淑慎尔止，不愆于仪。

不僭不贼，鲜不为则。

投我以桃，报之以李。彼童而角，实虹小子。

荏染柔木，言缗之丝。温温恭人，维德之基。

其维哲人，告之话言，顺德之行。

其维愚人，覆谓我僭。民各有心。

于乎小子，未知臧否。匪手携之，言示之事。

匪面命之，言提其耳。

借曰未知，亦既抱子。民之靡盈，谁夙知而莫成？

昊天孔昭，我生靡乐。

视尔梦梦，我心惨惨。诲尔谆谆，听我藐藐。

匪用为教，覆用为虐。借曰未知，亦聿既耄。

于乎小子，告尔旧止。听用我谋，庶无大悔。

天方艰难，曰丧厥国。取譬不远，昊天不忒。

回遹其德，俾民大棘。

第四章

国学的教育纲领

第一节　释　礼

　　阐述儒学如果仅用经典翻译的方法，古人行文和今人不同，很难整理出学问的脉络。如果纯粹自己论述，绝对离开文言那又完全是不可能的。若要深入地理解儒家一定得深入原文。孔子关于道法的讲解用了很多譬喻、暗示及隐喻，这种高超的文学智慧是后人很难普遍掌握的，所以关于内容的理解常常有"仰之弥高，钻之弥坚，瞻之在前，忽焉在后"的感觉。

　　所以后文关于国学的系统论述，采取按儒家体系的脉络来展开，对具体的经典内容按笔者自己的理解进行简述。这既非翻译，也非离开经典的自我阐述。简述之后，再把原文摘录在下面，供有兴趣的人深入研修。

一、"礼"的道德根本

　　"礼"包括的范围很广，从个人行为、家庭生活、社会秩序到国家制度等，如《周礼》就是国家制度，其他如冠礼、婚礼、葬礼等等，所指甚广。总之，"与天地合其德，与明合其明，与四时合其序"，一切道德的目标都包含在"礼"中。礼以布德，德以礼显，行必据礼，教纲之始，当然由"礼"开始。非天子不制礼，所以解释"礼"要从"正"开始。这个正字的意义十分广博，可理解为"正"，也可以理解为"政"，政治的"政"。因为"礼"是国家制定的，要从国家立国精神的"王道"政治去理解。同时，"礼"是德的显现，德正就是心正，要从"正心"去理解。

（一）正（政）论"礼"的道德根本

　　"礼"法是国家制定的，就国家来讲，"礼"就是国家制度和国家礼仪，就社会来讲就是社会秩序，就个人来讲就是人的行为，如果这些"与天地合德、与四时同序"就成为"礼"。简言之，任何高尚的道德都需要具体的形式，体现在行动上，这种把道德和行动合而为一的规范就是"礼"。比如儿女给父母倒开水，孝敬父母这件事，倒开水的初心就是关爱的孝心，是利他的仁爱之心，具体倒水的行动如果遵循一定的规范就是"礼",如果做到了敬,就是"礼"与德合一了。如果儿女对父母的爱敬之心恭顺、持久,久而久之就达到了"诚"的境界,无分别的真心呈现,人与我不分了,他就达到与道合一了。当然,这是贤者或圣者的修为,普通人虽然不能达到圣贤的修为,但久久行持,他的仁爱和智慧就提升了。这就是"礼"的道德根本。这就是"礼"正心的一面。有人认为,正心就行了,还要规范干什么呢?《论语》曰:"礼之用,和为贵。""知和而和,不以礼节之,亦不可行也。"孔子曰:"恭而无礼则劳,慎而无礼则葸,勇而无礼则乱,直而无礼则绞。"葸就是拘谨、畏惧的意思。绞就是说话尖刻、出口伤人的意思。所以,只有正心还是不够的,礼的规范是不可少的。

从"王道"政治来讲,按孔子的说法,依据一定的规则去敬事天地鬼神、建立国家不同的管理层级、处理家庭的伦理秩序、区分人的亲疏远近从而建立社会秩序。尊礼就是尊秩序的意思,社会秩序顺畅了,如果其诚敬之心达到与德合一的境界,整个社会就和顺、安定了。礼法的制定,始于道,礼法的运用使天地位、百姓顺、与道合。天、地位是道的概念。外在的天、地秩序要遵守,而内在的天地就是心,心要清净。《周礼》述国家制度,用天、地、人、春、夏、秋、冬的概念,礼也包括了自然秩序的概念。"入山泽以其时。""礼"制的发展观认为人和自然的发展是合二为一的。

哀公问于孔子曰:"大礼何如?子之言礼,何其尊也。"孔子对曰:"丘也鄙人,不足以知大礼也。"公曰:"吾子言焉。"孔子曰:"丘闻之,民之所以生者,礼为大。非礼则无以节事天地之神焉;非礼则无以辩君臣上下长幼之位焉;非礼则无以别男女父子兄弟婚姻亲族疏数之交焉;是故君子此之为尊敬,然后以其所能教顺百姓,不废其会节。既有成事,而后治其文章黼黻,以别尊卑上下之等。其顺之也,而后言其丧祭之纪,宗庙之序,品其牺牲,设其豕腊,修其岁时,以敬其祭祀,别其亲疏,序其昭穆,而后宗族会宴,即安其居,以缀恩义。卑其宫室,节其服御,车不雕玑,器不彤镂,食不二味,心不淫志,以与万民同利,古之明王行礼也如此。"

公曰:"今之君子,胡莫之行也。"孔子对曰:"今之君子,好利无厌,淫行不倦,荒怠慢游,固民是尽,以逞其心,以怨其政,忤其众以伐有道。求得当欲不以其所,虐杀刑诛,不以其治。夫昔之用民者由前,今之用民者由后,是即今之君子,莫能为礼也。"言偃问曰:"夫子之极言礼也,可得而闻乎?"孔子言:"我欲观夏,是故之杞,而不足征也,吾得夏时焉;我欲观殷道,是故之宋,而不足征也,吾得乾坤焉;乾坤之义,夏时之等,吾以此观之。夫礼,初也始于饮食,太古之时,燔黍擘豚,污樽杯饮,蒉桴土鼓,犹可以致敬鬼神,及其死也,升屋而号告曰,'高,某复',然后饭腥苴熟,形体则降,魂气则上,是谓天望而地藏也。故生者南向,死者北首,皆从其初也。昔之王者,未有宫室,冬则居营窟,夏则居橧巢;未有火化,食草木之实,鸟兽之肉,饮其血,茹其毛,未有丝麻,衣其羽皮。

后圣有作,然后修火之利,范金合土,以为宫室户牖;以炮以燔,以烹以炙,以为醴酪;治其丝麻,以为布帛,以养生送死,以事鬼神。故玄酒在室,醴盏在户,粢醍在堂,澄酒在下,陈其牺牲,备其鼎俎,列其琴瑟,管磬钟鼓,以降上神,与其先祖,以正君臣,以笃父子,以睦兄弟,以齐上下,夫妇有所,是谓承天之祐。作其祝号,玄酒以祭,荐其血毛,腥其俎,熟其殽,越席以坐。疏布以羃,衣其浣帛,醴盏以献,荐其燔炙,君与夫人,交献以嘉魂魄,然后退而合烹,体其犬豕牛羊,实其簠簋,笾豆铏羹,祝以孝告,嘏以慈告,是为大祥,此礼之大成也。"

(二)"曲礼"论"礼"的道德根本

曲就是细,从小处着手,这个小,不是大小的小,可理解为从当下来看,从事实入手。

1. 孔子事君以忠,行必据礼

先从政治开始,看一看孔子从政的行持。孔子是事君以忠,行必据礼的。忠就是德,君子之道就是德和礼。孔子从政之时,主持了鲁定公与齐国国君的会晤,孔子以诸侯之"礼"取得了一场外交的胜利,使齐国归还了侵占鲁国的土地。齐国国君责备属下"鲁以君子道辅其君,而子独以夷狄道教寡人,使得罪",看来国君也需要进行礼法的教育,齐侯原来并不了解礼法。

> 定公与齐侯会于夹谷,孔子摄相事,曰:"臣闻有文事者,必有武备;有武事者,必有文备。古者诸侯并出疆,必具官以从,请具左右司马。"定公从之。至会所,为坛位土阶三等,以遇礼相见,揖让而登。献酢既毕,齐使莱人以兵鼓譟劫定公。孔子历阶而进,以公退曰:"士以兵之,吾两君为好,裔夷之俘,敢以兵乱之,非齐君所以命诸侯也,裔不谋夏、夷不乱华、俘不干盟、兵不偪好、于神为不祥、于德为愆义、于人为失礼,君必不然。"齐侯心怍,麾而避之。有顷,齐奏宫中之乐,俳优侏儒戏于前。孔子趋进,历阶而上,不尽一等,曰:"匹夫荧侮诸侯者,罪应诛,请右司马速刑焉。"于是斩侏儒,手足异处。齐侯惧,有惭色。将盟,齐人加载书曰:"齐师出境,而不以兵车三百乘从我者,有如此盟。"孔子使兹无还对曰:"而不返我汶阳之田,吾以供命者,亦如之。"齐侯将设享礼,孔子谓梁丘据曰:"齐鲁之故,吾子何不闻焉?"事既成矣,而又享之,是勤执事,且牺象不出门,嘉乐不野合,享而既具是弃礼,若其不具,是用秕稗,用秕稗君辱,弃礼名恶,子盍图之。夫享,所以昭德也,不昭,不如其已。"乃不果享。齐侯归,责其群臣曰:"鲁以君子道辅其君,而子独以夷狄道教寡人,使得罪。"于是乃归所侵鲁之四邑及汶阳之田。

2. 孔子强公弱私,尊君卑臣

孔子从政时,还做了一件非常大的事,就是摧毁三桓,即鲁国公族季孙氏、叔孙氏、孟孙氏的私邑,郈、费、郕三座城池。因为按照周礼,封地不能有超过百雉的城墙。有学者认为百雉是指面积。现代人可能难以理解,实际上如果地方政府的防卫标准或力量超过中央,国家就不稳定了,中央当然要采取措施。季氏他们仅仅是大夫,实际代表着私人力量。如果私人的力量强过了政府的实力,政府也就不稳定了,所以孔子才想毁了三个城池。历史上这件事似乎并没有做彻底,但从孔子的初心来看,他是依国家"礼"法而行的。

> 孔子言于定公曰:"家不藏甲,邑无百雉之城,古之制也。今三家过制,请皆损之。"乃使季氏宰仲由隳三都。叔孙不得意于季氏,因费宰公山弗扰率费人以袭鲁。孔子以公与季孙、叔孙、孟孙,入于费氏之宫,登武子之台;费人攻之,及台侧,孔子命申句须、乐顾勒士众下伐之,费人北,遂隳三都之城。强公室,弱私家,尊君卑臣,政化大行。

3. 晋文公以臣召君,不可以训

晋文公以诸侯的身份来召周天子,使诸侯朝见,以彰显自己的威权,相当于地方政府命令中央,或者如后世曹操挟天子以令诸侯。孔子在《春秋》里记载的是周天子狩猎于河阳。孔子认为下级召请上级,这是不足为训的,史书里不直述这件事,是怕对后世有坏的影响。所以,孔子维护礼法,即使放在现在来看也是合理的。

> 子贡问于孔子曰:"晋文公实召天子而使诸侯朝焉。夫子作《春秋》,云天王狩于河阳,何也?"孔子曰:"以臣召君,不可以训,亦书其率诸侯事天子而已。"

4. 道德的好坏是由后世评定的,而不是自以为是

这里就有一个问题,现在还有很多人活着的时候自己就盖好了坟墓,写好了墓碑。孔子在世时,宋国就有一个叫桓魋,又称向魋的人,任宋国的司马,掌管军务,他修理自己的坟墓,搞了三年还未完工,孔子感叹"死不如速朽"。孔子认为人死后议定谥号,让风水师找好坟墓,埋葬之后再立庙祭祀,这都是臣子干的事,不是自己提前安排的。当然孔子是以国君为例讲述一个人去世后的安排,礼法是由下级或者后人来安排,不是自己安排。所以是"凶事不豫",死后的德名是由后人的评价决定的,而不是自以为是。

> 孔子在宋,见桓魋自为石椁,三年而不成,工匠皆病。夫子愀然曰:"若是其靡也。死不如朽之速愈。"冉子仆曰:"礼,凶事不豫,此何谓也?"夫子曰:"既死而议谥,谥定而卜葬,既葬而立庙,皆臣子之事,非所豫属也,况自为之哉。"

5. 富而不好礼,是灾殃

人有钱了,日常生活玩出很多花样来,是好是坏呢?其实,他人是管不着的。孔子生活的时代就有一个叫南宫敬叔的人,因为有钱,得罪了鲁定公,自己逃跑到卫国。卫国国君说情,让他回国了。他拉着宝物朝见鲁定公。孔子听说了,感叹

"丧不如速贫"。孔子对子游说,富而不好礼,这是灾殃,他现在还不改变,恐怕会有后患。不过这个南宫敬叔似乎还是一个好学的人,他听了孔子的话以后就变得好礼并乐善好施了,还拜孔子做了老师。

> 南宫敬叔以富得罪于定公,奔卫,卫侯请复之,载其宝以朝。夫子闻之曰:"若是其货也,丧不若速贫之愈。"子游侍曰:"敢问何谓如此?"孔子曰:"富而不好礼,殃也,敬叔以富丧矣,而又弗改,吾惧其将有后患也。"敬叔闻之,骤如孔氏,而后循礼施散焉。

6. 仁义爱民,礼之根本

仁爱是礼的根本,也就是说道德是礼的根本。孔子在齐国时,齐国发生了大旱,在春天出现了饥荒。齐景公问孔子此事怎么办,孔子提出了灾年乘坐驽马,不劳民力,公共工程减少开支,祭祀等活动从简等建议。他认为这是贤君自贬而爱民的"礼"。所以,"礼"是以仁爱为本的。

> 孔子在齐,齐大旱,春饥。景公问于孔子曰:"如之何?"孔子曰:"凶年则乘驽马,力役不兴,驰道不修,祈以币玉,祭祀不悬,祀以下牲,此贤君自贬以救民之礼也。"

7. 君子处必以礼,慎其独也

现在人崇尚自由主义,有人认为只要不影响别人,关起门来随便怎么做都可以。那到底是不是这样呢?了解一下孔子的见解吧。孔子到季康子家里去,季康子白天睡在里屋的卧室,孔子就问他得了什么病,季康子出来见了孔子。子贡问为什么问季康得了什么病。孔子论述了其中的"礼",也就是"理"。孔子认为,按照礼法,没有大的变故,不睡在屋外;不是祭祀前沐浴或者生病,白天不睡在卧室。所以,睡在室外,可以吊丧,白天睡在卧室,可以问病。

> 孔子适季氏,康子昼居内寝。孔子问其所疾。康子出见之。言终,孔子退。子贡问曰:"季孙不疾而问诸疾,礼与?"孔子曰:"夫礼,君子不有大故,则不宿于外。非致齐也,非疾也,则不昼处于内,是故夜居外,虽吊之,可也。昼居于内,虽问其疾,可也。"

8. 君子行必依礼,素其位也

儒学里经常有素位而行的说法,这个素就是没有染色的意思,素位就是安于自己的本位,尽到自己的本职责任。孔子做大司寇时,国家养马的地方着火了,孔子退朝后过去处理。有人来救火,孔子就向他们行礼。子贡问为什么行礼。孔子认为,这是他负责的职能部门,处理相关事项是他的责任,因此自己应该向他们行礼。

孔子为大司寇,国厩焚,子退朝而之火所,乡人有自为火来者,则拜之,士一,大夫再。子贡曰:"敢问何也?"孔子曰:"其来者亦相吊之道也。吾为有司,故拜之。"

9. 君子上不僭下,下不逼上

僭就是超越本分。管仲生活十分奢华,晏子生活十分简朴。子贡认为他们两个都有点偏了,就问孔子他们谁更贤。孔子认为君子做上司或者做下属都不应该超越本分,做管仲的上司和做晏子的下属都很难。哈哈,孔子说话是很有艺术性的。

子贡问曰:"管仲失于奢,晏子失于俭,与其俱失矣,二者孰贤?"孔子曰:"管仲镂簋而朱纮,旅树而反坫,山节藻棁,贤大夫也,而难为上。晏平仲祀其先祖,而豚肩不掩豆,一狐裘三十年,贤大夫也,而难为下。君子上不僭下,下不逼上。"

10. 礼必有体,体不备则礼不成

"礼"就是规范,没有规范就不是"礼"了。规范就是"礼"的体,体不备则礼不成。比如孔子认为鲁国的大夫臧文仲不懂得"礼"法。夏父弗綦颠倒了宗庙祭祀的顺序,臧文仲作为大夫也不加制止。燔柴就是把很多祭祀的东西放在柴火上燃烧,用以祭天。而灶神是要老妇人把供品放在盆里、酒放入瓶内来祭祀的,而臧文仲却在灶神面前进行燔柴之祭。孔子认为这些没有规矩的事都不能成"礼"。

冉求曰:"昔文仲知鲁国之政,立言垂法,于今不亡,可谓知礼矣?"孔子曰:"昔臧文仲安知礼? 夏父弗綦逆祀而不止,燔柴于灶以祀焉,夫灶者,老妇之所祭,盛于瓮,尊于瓶,非所柴也。故曰礼也者,由体也,体不备谓之不成,人设之不当,犹不备也。"

11. 战必依礼,赏罚依礼,武礼

这是讲古代的武礼。臧武仲带领军队打了败仗却没有受到惩罚,好像不符合"武礼"。孔子认为,他有国君的诏书,不必受到惩罚。实际上就是,不是他发动的战争,他不用承担责任,各自承担自己本职的责任就是礼。他受命开战,而不是他主张开战。

子路问于孔子曰:"臧武仲率师与邾人战于狐鲐,遇败焉,师人多丧而无罚,古之道然与?"孔子曰:"凡谋人之军,师败则死之;谋人之国,邑危则亡之,古之正也。其君在焉者,有诏则无讨。"

12. 国有仁德,不惧外患

国家对老百姓有仁爱之德,这个国家就不惧怕外来的侵略。晋国想侵犯宋国,

情报人员发现城门的卫士死了,叫子罕的司空哭得很悲哀。情报人员认为,老百姓很爱宋国,晋国恐怕不适合攻打宋国。孔子感叹,"凡民有丧,匍匐救之","民悦其爱者,弗可敌也"。

> 晋将伐宋,使人觇之,宋阳门之介夫死,司城子罕哭之哀。觇之反言于晋侯曰:"阳门之介夫死,而子罕哭之哀,民咸悦宋,殆未可伐也。"孔子闻之曰:"善哉!觇国乎。诗云:'凡民有丧,匍匐救之。'子罕有焉,虽非晋国,其天下孰能当之。是以周任有言曰:'民悦其爱者,弗可敌也。'"

13. 军人不忍杀,也是仁人之心

古代楚国有一个叫陈弃疾的人,在楚国攻打吴国并追逐吴国军队时,他不忍看到杀人场面,三次追上吴国军队,每次让人只射杀一个人,每次射杀人时,他都把脸捂起来。最后他认为自己不是国家公务人员,已经杀了三个人了,可以回去复命了。孔子感叹,连杀人也有礼法了。但子路认为,陈弃疾没有为国事尽力,不应该被赞赏。孔子认为子路说的有道理,但很欣赏陈弃疾的仁爱之心。

> 楚伐吴,工尹商阳与陈弃疾追吴师,及之,弃疾曰:"王事也,子手弓而可。"商阳手弓。弃疾曰:"子射诸。"射之,毙一人,韔其弓。又及,弃疾谓之,又及,弃疾复谓之,毙二人。每毙一人,辄掩其目,止其御曰:"吾朝不坐,燕不与,杀三人亦足以反命矣。"孔子闻之曰:"杀人之中,又有礼焉。"子路怫然进曰:"人臣之节,当君大事,唯力所及,死而后已,夫子何善此?"子曰:"然,如汝言也,吾取其有不忍杀人之心而已。"

14. 丧从其质,以尽哀诚

丧事的本质是悲哀和真诚。所以葬礼体现了悲哀和真诚,就达到目的了,具体的规矩不是一成不变的。孔子在卫国吊丧时发现死者的家人不够悲哀,孔子没有哭完就退出来了。孔子的弟子璩伯玉是卫国人,他对孔子说,卫国人不懂葬礼,请孔子主持这个葬礼。孔子答应了。孔子按照殷商的葬礼规范主持了葬礼。子游认为,孔子改变了风俗,但君子不应该变俗。对此孔子就表达了丧从其质的观点。

> 孔子在卫,司徒敬之卒,夫子吊焉,主人不哀,夫子哭不尽声而退。璩伯玉请曰:"卫鄙俗不习丧礼,烦吾子辱相焉。"孔子许之,掘中溜而浴,毁灶而缀,足袭于床,及葬,毁宗而躐行也,出于大门,及墓,男子西面,妇人东面,既封而归,殷道也。孔子行之。子游问曰:"君子行礼,不求变俗,夫子变之矣。"孔子曰:"非此之谓也,丧事则从其质而已矣。"

15. 丧事也应有尊卑之序

丧事是不是也要服从尊卑的礼法呢?孔子认为是要服从的。这个观点在今天看来仍有它的合理性。襄仲死了两天还在祭祀,孔子认为不合于礼法,因为作为

卿,是不用祭祀的(注:以干支纪日的话,辛巳日去世,壬午日就是第二天了)。

> 宣公八年六月辛巳,有事于太庙,而东门襄仲卒,壬午犹绎,子游见其故,以问孔子曰:"礼与?"孔子曰:"非礼也,卿卒不绎。"

16. 丧礼,没有丧服,不能见宾客

练是葬礼上用的白布或白绢;衰衣,就是丧服。没有丧服,葬礼不能见宾客。

> 季桓子丧,康子练而无衰,子游问于孔子曰:"既服练服,可以除衰乎?"孔子曰:"无衰衣者,不以见宾,何以除焉?"

17. 丧服表达哀戚之情,也表达恩情

同母异父的兄弟死了,如果是和继父生活在一起的,那么异父兄弟也要穿丧服。如果没有和继父生活在一起,即使是继父去世也不用穿丧服,继父的儿子去世就更不必穿丧服了。

> 邾人以同母异父之昆弟死,将为之服,因颜克而问礼于孔子。子曰:"继父同居者,则异父昆弟,从为之服;不同居,继父且犹不服,况其子乎。"

18. 即使是小孩为国捐躯,国家也应以礼报德

齐国侵略鲁国时,鲁国的小孩汪锜为国捐躯了。在葬礼上,鲁国人不准备为汪锜举行殇礼治丧,去问孔子。孔子认为,汪锜虽小却能拿起武器保卫国家,怎么能不为他用殇礼治丧呢? 所以,即使是小孩为国捐躯,国家也应该以礼报德。为国捐躯的英雄都应该享受到国人的祭奠。

> 齐师侵鲁,公叔务人,遇人入保,负杖而息。务人泣曰:"使之虽病,任之虽重,君子弗能谋,士弗能死,不可也,我则既言之矣,敢不勉乎。"与其邻璧童汪锜乘往奔敌死焉,皆殡。鲁人欲勿殇童汪锜,问于孔子。曰:"能执干戈以卫社稷,可无殇乎?"

19. 吊之以礼

到别人家吊丧,也要遵从礼法。孔子到季康子家吊丧,见主人穿丧服还没有系上带子,孔子就将自己的带子也取下来,而且不行拜礼。孔子认为主人的丧服还未准备好,吊丧的人就不要把自己的丧服穿完备,这是礼法的要求。这也就是客随主便吧。

> 鲁昭公夫人吴孟子卒,不赴于诸侯,孔子既致仕,而往吊焉,适于季氏,季氏不经,孔子投经而不拜。子游问曰:"礼与?"孔子曰:"主人未成服,则吊者不经焉,礼也。"

20. 仁爱是平等的,但人要尊礼法

社会关系和地位虽然有亲疏和尊卑的差别,但人的爱心是平等的。反过来说,

爱心虽然是平等的,但要按礼法遵从社会秩序。鲁国贵族公父穆伯去世后,他的妻子敬姜在白天哭泣。他的儿子去世后,敬姜白天黑夜都在哭。孔子认为,敬姜很懂礼法,爱丈夫和爱儿子没有差别,但在礼法上却做到尊卑有序。

> 公父穆伯之丧,敬姜昼哭,文伯之丧,昼夜哭。孔子曰:"季氏之妇,可谓知礼矣。爱而无私,上下有章。"

21. 居丧无容

举办丧事是不幸的、悲哀的。丧事期间不要打扮自己,这既是德也是礼。孔子侄女的婆婆去世了,孔子教她不要把丧髻做得又高又大。用榛木做发簪,一尺长,系发髻的带子下垂八寸就可以了。

> 南宫绦之妻,孔子兄之女,丧其姑而诲之髽曰:"尔毋从从尔,毋扈扈尔。"盖榛以为笄,长尺而总八寸。

22. 制丧礼,以尽哀戚之情为本,不以随顺事情为本

制礼要尽人情,丧礼要尽哀戚之情,不是顺便举行的。公明仪向孔子请教屈膝下拜以额触地以尽哀戚的启颡之礼。孔子认为,先拜宾客,再行启颡之礼是恭敬顺便的做法,而先行启颡之礼,再拜宾客是极为诚恳真挚的做法。为父亲服丧三年的,孔子认为应遵从后一种做法。

> 子张有父之丧,公明仪相焉,问启颡于孔子。孔子曰:"拜而后启颡,颓乎其顺,启颡而后拜,颀乎其至也。三年之丧,吾从其至也。"

23. 学丧礼,以尽哀戚之情为本,不以省事方便为本

学习丧礼不能以省事、方便为本,而应以尽哀戚之情为本。

> 孔子在卫,卫之人有送葬者,而夫子观之曰:"善哉为丧乎,足以为法也,小子识之。"子贡问曰:"夫子何善尔,其往也如慕,其返也如疑。"子贡曰:"岂若速返而虞哉。"子曰:"此情之至者也,小子识之,我未之能也。"

24. 丧礼要有规范条理

丧礼是可以传播和继承的,所以不仅要有条理、有规制,使人们可以遵守,也要有期限,使人可以承受。礼要合乎人情。

> 卞人有母死而孺子之泣者,孔子曰:"哀则哀矣,而难继也。夫礼为可传也,为可继也,故哭踊有节,而变除有期。"

25. 服丧期满,仍很悲哀,孔子很欣赏

孟献子守丧的期限已经过了,他还是很悲哀,并没有耽于享乐,孔子赞叹他超过别人一等。

孟献子禅悬而不乐,可御而处内。子游问于孔子曰:"若是则过礼也?"孔子曰:"献子可谓加于人一等矣。"

26. 服丧期到了,十分高兴,孔子哀叹

鲁国有人三年的服丧期到了,白天做完祭礼,晚上就高兴地唱歌,孔子哀叹他没有诚心。

鲁人有朝祥而暮歌者,子路笑之。孔子曰:"由,尔责于人终无已,夫三年之丧,亦以久矣。"子路出,孔子曰:"又多乎哉,逾月则其善也。"

上文讨论了丧礼与道德合一,接下来讨论丧礼的主人的礼节。

27. 丧礼无关贫富

子路感叹,贫穷使人悲伤,活着没有东西供养,死了也没有钱办葬礼。孔子认为,父母在时,饿了用豆子熬粥吃,渴了喝点水,使父母尽量快乐,这就是孝。父母去世了,根据自己财力的大小举办葬礼,贫穷也没有什么可以悲伤的。

子路问于孔子曰:"伤哉贫也,生而无以供养,死则无以为礼也。"孔子曰:"啜菽饮水,尽其欢心,斯为之孝乎。敛手足形,旋葬而无椁,称其财,为之礼,贫何伤乎。"

28. 葬礼以合中为本

吴国的延陵季子,出使齐国等国,返回的时候,他的大儿子死了。孔子去观看葬礼,发现死者装敛时仅仅穿着平时的衣服,葬礼用度平常,礼仪简单。孔子认为延陵季子在特殊情况下举办的葬礼是合体的。"礼"以合中为本,不尚奢华。

吴延陵季子聘于上国,适齐,于其返也,其长子死于嬴博之间。孔子闻之曰:"延陵季子,吴之习于礼者也,往而观其葬焉。"其敛,以时服而已;其圹,掩坎深不至于泉;其葬,无盟器之赠。既葬,其封广轮掩坎,其高可时隐也;既封,则季子乃左袒右还其封,且号者三,曰,骨肉归于土,命也,若魂气则无所不之,则无所不之而遂行。孔子曰:"延陵季子之礼其合矣。"

29. 葬礼的资具依家庭财力置办

子游问葬礼用具的置办问题,孔子认为要根据家庭财产状况来决定。家庭富裕也不要超过礼节,家庭贫穷也要有最基本的要求。总之,宁可礼节稍有不足,也要尽哀戚之情、诚敬之心。

子游问丧之具。孔子曰:"称家之有亡焉。"子游曰:"有亡恶于齐?"孔子曰"有也,则无过礼。苟亡矣,则敛手足形,还葬悬棺而封,人岂有非之者哉。故夫丧亡,与其哀不足而礼有余,不若礼不足而哀有余也;祭祀,与其敬不足而礼有余,不若礼不足而敬有余也。"

讨论了丧礼的主人的礼节,再来讨论吊丧的宾客应有的礼节。

30. 礼过于情,不成礼

吊唁者参加葬礼的礼节,要根据吊唁者与亡者关系的亲疏、长幼、尊卑来定。如果生前的关系较为疏远,而吊唁的礼节过重,这是不成礼的。

> 伯高死于卫,赴于孔子。子曰:"吾恶乎哭诸,兄弟吾哭诸庙,父之友吾哭诸庙门之外,师吾哭之寝,朋友吾哭之寝门之外,所知吾哭之诸野,今于野则已疏,于寝则已重,夫由赐也而见我吾哭于赐氏。"遂命子贡为之主。曰:"为尔哭也,来者汝拜之。知伯高而来者,汝勿拜。"既哭,使子张往吊焉,未至。冉求在卫,摄束帛乘马而以将之。孔子闻之曰:"异哉! 徒使我不成礼于伯高者,是冉求也。"

31. 先王制礼,过之者俯而就之,不至者企而及之

如果感情超过了礼节,或者礼节没有达到感情的深度都是不合宜的。

> 子路有姊之丧,可以除之矣,而弗除。孔子曰:"何不除也?"子路曰:"吾寡兄弟而弗忍也。"孔子曰:"行道之人皆弗忍,先王制礼,过之者俯而就之,不至者企而及之。"子路闻之,遂除之。

32. 情过于礼,过者俯而就之

伯鱼的母亲去世了,服丧期过了伯鱼还在哭泣,孔子认为感情有点超过礼节标准了,伯鱼就听从了孔子的教导。

> 伯鱼之丧母也,期而犹哭。夫子闻之曰:"谁也?"门人曰:"鲤也。"孔子曰:"嘻其甚也,非礼也。"伯鱼闻之遂除之。

33. 情不及礼,不至者企而及之

如果礼仪没有达到感情的深度是不合适的,要努力达到。生生之谓"易",生死周而复始,这是古人行文的妙处。

> 桓子曰:"鲁卫之先虽寡兄弟,今已绝远矣,可乎?"孔子曰:"固非礼也,夫上治祖祢以尊尊之,下治子孙以亲亲之,旁治昆弟所以教睦也,此先王不易之教也。"

34. 礼要合情合"礼",合情合"理"

话题转一圈又回到开头,礼的制定要合情合理,既能体现仁德,又合乎人情。当然,又回到"王道",非天子不制礼,观礼于"正(政)"。

> 有若问于孔子曰:"国君之于百姓,如之何?"孔子曰:"皆有宗道焉,故虽国君之尊,犹百姓不废其亲,所以崇爱也。虽然族人之亲,而不敢戚君,所以谦也。"

二、论礼的具体表现形式——仪

事情有里就有表,礼的具体表现形式,就是仪。人的内在是心,外在行动是由内心发出的,所以,礼仪仍然以道德为根本。礼仪的仪,谐音是"宜",借用这个含义,如果礼仪与道德相合了,人们可以认为"礼"是"适宜"的、"合宜"的。

(一) 正(政)论礼仪以道德为本

1. 德为本,仪为末

鲁哀公向孔子请教怎么选拔人才,孔子认为如果生在现世,崇尚古代的道术,处于现在的环境,喜欢古代的服装,这样的人很少不是人才的。当然,孔子论述的环境是古代,但在各种风尚快速变化的今天就很难说了。孔子又补充说,主要是看他内心的志向来判断他的道德,比如:穿着华丽、坐着豪车的人,心思不在吃肉上;穿着孝服、喝着稀粥的人,心思不在酒肉上。所以,内在的道德是根本,而具体的仪态是细枝末节。

> 哀公问于孔子曰:"寡人欲论鲁国之士,与之为治,敢问如何取之?"孔子对曰:"生今之世,志古之道,居今之俗,服古之服,舍此而为非者,不亦鲜乎?"曰:"然则章甫絇屦,绅带缙笏者,皆贤人也。"孔子曰:"不必然也。丘之所言,非此之谓也。夫端衣玄裳,冕而乘轩者,则志不在于食焄;斩衰菅菲,杖而歠粥者,则志不在于酒肉。生今之世,志古之道,居今之俗,服古之服,谓此类也。"

2. 人有五仪,体现五德

世上的人有五种仪态,体现了五种内在的道德。如果仔细考查这五种人的五种品德,就会明白治理国家的道理。

第一种是庸人。庸人的内心没有自始至终谨慎行事的规矩,嘴里没有可以依循的良言,不选择追随贤者使自身有所依托,不努力奋斗以自立,小事计较、大事糊涂。不知道自己该干什么,随波逐流,碌碌无为。

第二种是士人。士人的心志已经安定了,生活有自己的规划,虽然还没有达到道术的根本,但已经有主体了。他们虽不是尽善尽美,但是也有自己的原则。他们知道的不一定多,但会很认真思考;话说得不一定多,但出言谨慎;做得不一定多,但都有自己的理由。知道的、说的、做的,言行一致,贫贱不移、威武不屈。

第三种是君子。君子以忠信为本,而心里没有怨恨;有仁义道德而态度上并不自傲;遇事心里通透、明亮,言谈却不固执;自强不息,以道为贵。这种人看起来也没什么了不起的,似乎自己也可以超越他,但实际上是难以企及。

第四种是贤人。贤人在道德上不越法度,在行动上遵循礼的准则;说出的话足以成为天下的法度,却危害不到自己;道足以教化百姓,却不会对社会的道德根本有任何危害。他自己富裕了,天下人就不用积蓄财物;他广施恩泽,天下人就不必再担心贫困。

第五种是圣人。圣人的道德与天地相合,变化无穷,没有时间和空间的限制。圣人的道德与万事万物合而为一,没有开始也没有结束。虽万事万物品性各异,圣人的道却使他们自然和谐,融为一体。圣人道德的光明与恩泽像日、月一样,变化如神,照亮百姓,百姓却不知道,即使站在普通人的旁边,普通人也认不出来。

公曰:"善哉!尽此而已乎?"孔子曰:"人有五仪,有庸人、有士人、有君子、有贤人、有圣人,审此五者,则治道毕矣。"公曰:"敢问何如斯可谓之庸人?"孔子曰:"所谓庸人者,心不存慎终之规,口不吐训格之言,不择贤以托其身,不力行以自定;见小暗大,而不知所务,从物如流,不知其所执;此则庸人也。"公曰:"何谓士人?"孔子曰:"所谓士人者,心有所定,计有所守,虽不能尽道术之本,必有率也;虽不能备百善之美,必有处也。是故知不务多,必审其所知;言不务多,必审其所谓;行不务多,必审其所由。智既知之,言既道之,行既由之,则若性命之形骸之不可易也。富贵不足以益,贫贱不足以损。此则士人也。"公曰:"何谓君子?"孔子曰:"所谓君子者,言必忠信而心不怨,仁义在身而色无伐,思虑通明而辞不专;笃行信道,自强不息,油然若将可越而终不可及者。此则君子也。"公曰:"何谓贤人?"孔子曰:"所谓贤人者,德不逾闲,行中规绳,言足以法于天下,而不伤于身,道足以化于百姓,而不伤于本;富则天下无宛财,施则天下不病贫。此则贤者也。"公曰:"何谓圣人?"孔子曰:"所谓圣者,德合于天地,变通无方,穷万事之终始,协庶品之自然,敷其大道而遂成情性;明并日月,化行若神,下民不知其德,睹者不识其邻。此谓圣人也。"

3. 国有五德,厚德载物

体察百姓的哀伤,知道百姓的忧虑,理解百姓的辛苦,有亡国的恐惧和忧虑,知道水能载舟、亦能覆舟的危险,这是治国的五德。宗庙祭祀,哀戚先祖;理政治国,忧物力维艰;日出听政,了解百姓的辛苦;出国走访,睹亡国废墟,体会国家灭亡的恐惧;了解厚德载物的道理,知道治国的危险:这五种"礼",体现了治国的五种道德。

公曰:"善哉!非子之贤,则寡人不得闻此言也。虽然,寡人生于深宫之内,长于妇人之手,未尝知哀,未尝知忧,未尝知劳,未尝知惧,未尝知危,恐不足以行五仪之教若何?"孔子对曰:"如君之言已知之矣,则丘亦无所闻焉。"公曰:"非吾子,寡人无以启其心,吾子言也。"孔子曰:"君子入庙如右,登自阼阶,仰视榱桷,俯察机筵,其器皆存,而不睹其人,君以此思哀,则哀可知矣。昧爽夙兴,正其衣冠,平旦视朝,虑其危难,一物失理,乱亡之端,君以此思忧,则忧可知矣。日出听政,至于中冥,诸侯子孙,往来为宾,行礼揖让,慎其威仪,君以此思劳,则劳亦可知矣。缅然长思,出于四门,周章远望,睹亡国之墟,必将有数焉,君以此思惧,则惧可知矣。夫君者,舟也;庶人者,水也;水所以载舟,亦所以覆舟,君以此思危,则危可知矣。君既明此五者,又少留意于五仪之事,则于政治,何有失矣。"

(二)"曲礼"论礼仪以道德为本

曲,就是细。从细节入手,从内心来观照礼仪的道德根本。"素其位,考其情、合其礼",从人的伦理本位,考察人的感情,让情和礼合一,礼与仪合一,这就是"礼仪",然后依之以礼,尊人以礼。

1. 仁爱无分别,亲亲有序

儒家探讨了关于复仇的事。对此就需要认真思考了。儒家要达到普及天下的平等大爱,怎么能关注复仇呢? 这个要从圣人教化的发心和目的去理解圣人设立教法的具体意义。比如释迦牟尼佛主要考虑引导众生走出轮回,爱和恨都是分别,要人们放下仇恨,也要放下对爱的执着,出离世间。而国学主要的目的是守护人类的道德文明,使人类不失仁爱的善根。培养人的善根,让人知亲、知爱,知道利他,再教人发心修证平等之道,这是人类道德的提升过程。人类道德善根深厚了,就可以传授其他修道的道理了。所以,讲复仇的主要目的是让人知亲疏。仁爱是没有分别的,言仇是因为爱自己的亲人。

父母之仇,不共戴天。不出去做官,与仇人在街上相遇,不返回来拿武器,直接决斗。兄弟之仇,不共一国。可以出来做官,但不和仇人生活在一个国家,如果执行国家任务相遇,不与仇人决斗。

> 子夏问于孔子曰:"居父母之仇如之何?"孔子曰:"寝苫枕干,不仕弗与共天下也。遇于朝市,不返兵而斗。"曰:"请问居昆弟之仇如之何?"孔子:"仕,弗与同国,衔君命而使,虽遇之不斗。"曰:"请问从昆弟之仇如之何?"曰:"不为魁,主人能报之,则执兵而陪其后。"

2. 君子不夺人之亲,家中有丧事不参加战争

家中有丧事的,不参加战争,这是君子不夺人之亲的仁政之德。慎终追远,是人类社会道德感情最重要的事。

> 子夏问:"三年之丧既卒哭,金革之事无避,礼与,初有司为之乎?"孔子曰:"夏后氏之丧三年,既殡,而致仕,殷人既葬而致事,周人既卒哭而致事。记曰:'君子不夺人之亲,亦不夺故也。'"子夏曰:"金革之事无避,非与?"孔子曰:"吾闻诸老聃曰:'鲁公伯禽有为为之也。'公以三年之丧从利者,吾弗知也。"

3. "孝"就是治国大道

周公辅佐成王的时候,教他做太子的规矩,是从孝道开始的。知道怎么做儿子,才知道怎么做父亲;知道怎么做臣子,才知道怎么做国君;知道人情世故才知道

用人的道理。知道父子、君臣、长幼的道理，国家治理的道理就明白了。这是德治的深刻道理，详细而系统的论述在《孝经》里。这是中国传统文化的"至德要道"，这里只是简述。

> 子夏问于孔子曰："记云，周公相成王，教之以世子之礼，有诸？"孔子曰："昔者成王嗣立，幼未能莅阼，周公摄政而治，抗世子之法于伯禽，欲王之知父子君臣之道，所以善成王也。夫知为人子者，然后可以为人父；知为人臣者，然后可以为人君；知事人者，然后可以使人。是故抗世子法于伯禽，使成王知父子君臣长幼之义焉。凡君之于世子，亲则父也，尊则君也，有父之亲，有君之尊，然后兼天下而有之，不可不慎也。行一物而三善皆得，唯世子齿于学之谓也，世子齿于学，则国人观之。曰：'此将君我而与我齿让，何也？'曰：'有父在则礼然，然而众知父子之道矣。'其一曰：'此将君我而与我齿让何也？'曰：'有臣在，则礼然，而众知君臣之义矣。'其三曰：'此将君我而与我齿让，何也？'曰：'长长也，则礼然，然而众知长幼之节矣。'故父在斯为子，君在斯为臣，君子与臣之位，所以尊君而亲亲也。在学，学之为父子焉，学之为君臣焉，学之为长幼焉，父子君臣长幼之道得，而后国治。语曰：'乐正司业，父师司成，一有元良，万国以贞，世子之谓。'闻之曰：'为人臣者，杀其身而有益于君则为之，况于其身，以善其君乎，周公优为也。'"

4. 礼的秩序，就是伦理本位的秩序

礼的秩序，就是伦理本位的秩序，也即按人的伦理秩序制定礼的秩序。母亲、妻子；伯母、叔母；姑姑、姊妹等的伦理秩序，也是她们葬礼的差别秩序。虽然这里是以葬礼为例，但其他礼的秩序确定也是这个道理。

> 子夏问于孔子曰："居君之母与妻之丧，如之何？"孔子曰："居处言语饮食衎尔于丧所，则称其服而已。""敢问伯母之丧，如之何？"孔子曰："伯母叔母，疏衰期而踊不绝地，姑姊妹之大功踊绝于地，若知此者，由文矣哉。"

5. 依"位"制礼、施礼，则礼尽其诚

伦理本位的秩序是礼的秩序，那么各人按他的本位制定相应的礼，然后依"礼"执行就做到诚敬的要求了。比如丧礼，做儿子的要尽悲戚之情，但身体长了疮就可以洗澡、洗头，生病了为了健康也可以吃酒肉。不能因过于哀伤把身体搞垮了。所以，丧礼洗澡是为了斋戒，不是为了修饰打扮自己。

> 子夏问于夫子曰："凡丧小功已上，虞袝练祥之祭皆沐浴。于三年之丧，子则尽其情矣。"孔子曰："岂徒祭而已哉。三年之丧，身有病则浴，首有疮则沐，病则饮酒食肉，毁瘠而病，君子不为也，毁则死者，君子为之，无子则祭之，沐浴为齐洁也，非为饰也。"

6. 以义为分寸，合情合宜

圣人制定礼法，把"义"作为合时宜的分寸，不同不异，不多也不少。比如宾客来了没地方住，就住在家里。如果宾客死在这里，没有地方殡殓，在主人家里殡殓就可以了。招待宾客要让他有"宾至如归"的感觉，像在自己家里一样的温暖。

> 子夏问于孔子曰："客至无所舍，而夫子曰：'生于我乎馆'，客死无所殡矣，夫子曰：'于我乎殡'，敢问礼与？仁者之心与？"孔子曰："吾闻诸老聃曰：'馆人使若有之恶有之，恶有之而不得殡乎。'夫仁者制礼者也，故礼者不可不省也，礼不同不异，不丰不杀，称其义以为之宜，故曰我战则克，祭则受福，盖得其道矣。"

7. 尽礼要客随主便

主人不以礼待人，客人也不敢尽礼；主人尽礼，则客不敢不尽礼。

> 孔子食于季氏，食祭，主人不辞，不食亦不饮而餐。子夏问曰："礼也？"孔子曰："非礼也，从主人也。吾食于少施氏而饱，少施氏食我以礼，吾食祭，作而辞曰：疏食不足祭也。吾餐而作辞曰：疏食不敢以伤吾子之性。主人不以礼，客不敢尽礼，主人尽礼，则客不敢不尽礼也。"

8. 尊君命也是礼

在大夫家做过家臣，后来又为国服务，做了公务人员，以前的主人去世了是不是要服丧呢？孔子认为应遵从上级的安排。看来按礼法是不必的，但如果上级安排这样，遵从安排也是礼。譬如，管仲就曾选了两个被制服的强盗为家臣，并推荐给齐桓公，管仲认为他们两个做强盗是因为结交了邪僻之人，其实他们两个也是能人。后来管仲去世了，齐桓公让他们两个为管仲服丧，这是国君的命令。

> 子夏问曰："官于大夫，既升于公，而反为之服，礼与？"孔子曰："管仲遇盗，取二人焉上之为公臣，曰：所以游僻者，可人也。公许。管仲卒，桓公使为之，官于大夫者为之服，自管仲始也，有君命焉。"

9. 礼仪诚敬为上

子贡问怎么处理父母的丧事，孔子认为诚敬为上，悲哀次之，容貌合乎情感，不要故意搞得很憔悴，服装和悲哀的感情一致。其他的礼也是这样。

> 子贡问居父母丧。孔子曰："敬为上，哀次之，瘠为下，颜色称情，戚容称服。"曰："请问居兄弟之丧？"孔子曰："则存乎书策已。"

10. 考之以情，依之以礼

礼的具体细节要考察人的感情，按照感情制定礼。比如殷商的人在墓地吊唁慰问孝子,而周人在返回家之后的哭祭中吊唁。孔子认为在哭祭中吊唁是最悲痛的,因为先人已经埋葬而不在了,而殷商人的做法就太直率了,所以选择周人的做法。而关于祭祀神明的祔祭,就不能太仓促,所以选择殷商人慎重的做法。

> 子贡问于孔子曰:"殷人既定而吊于圹,周人反哭而吊于家,如之何?"孔子曰:"反哭之吊也,丧之至也,反而亡矣,失之矣,于斯为甚,故吊之,死,人卒事也,殷以悫,吾从周。殷人既练之,明日,而祔于祖,周人既卒哭之明日,祔于祖,祔,祭神之始事也,周以戚,吾从殷。"

11. 礼失考诸野,如东夷也有很懂礼的人

在现在,人们讲到文明的时候,有个词叫主体文明。譬如春秋时,中原文明是主流,东夷文明是非主流,但东夷人是不是就不懂礼呢? 并非如此。孔子考察了之后认为东夷的少连、大连这两个人很懂葬礼,所以,有礼失求诸野的说法。社会事相变化很快,一些偏僻的地方说不定还保存有古代的习俗。

> 子贡问曰:"闻诸晏子,少连大连善居丧,其有异称乎?"孔子曰:"父母之丧,三日不怠,三月不解,期悲哀,三年忧,东夷之子,达于礼者也。"

12. 逆古而乱国法,虽君命亦非礼

尊君命是礼的说法,按现在说法就是服从上级安排,但是不是任何情况都得服从上级安排呢? 古人已经讨论了这个问题,如果悖逆古人,破坏国法,即使是君命也不可以遵从。比如国君为乳母服丧这件事,有些负责的官员就没有遵从,认为这破坏国法,将会记载在历史上,后世都会知道这不合礼制,国君就没有为乳母服丧。

> 子游问曰:"诸侯之世子,丧慈母如母,礼与?"孔子曰:"非礼也。古者男子外有傅父,内有慈母,君命所使教子者也,何服之有。昔鲁孝公少丧其母,其慈母良,及其死也,公弗忍,欲丧之。有司曰:'礼,国君慈母无服,今也君为之服,是逆古之礼,而乱国法也。若终行之,则有司将书之,以示后世,无乃不可乎。'公曰:'古者天子丧慈母,练冠以燕居。'遂练以丧慈母。丧慈母如母,始则鲁孝公之为也。"

13. 言行一致

与礼仪相关的言行要一致。譬如孔子到卫国去,刚好碰到他以前居住的馆舍的主人发丧,孔子进去吊唁,哭得很悲哀。出来时他让子贡把马车上的一匹马赠送给主人。子贡认为交情一般就不必送礼了。孔子说,他吊唁时忽然触动痛处,哭得很伤心,不能只是痛哭流涕而行为上却没有任何表示,要子贡按照他说的办。

> 孔子适卫,遇旧馆人之丧,入而哭之哀。出使子贡脱骖以赠之。子贡曰:"所于识之丧,不能有所赠,赠于旧馆,不已多乎?"孔子曰:"吾向入哭之,遇一

哀而出涕,吾恶夫涕而无以将之,小子行焉。"

14. 君子不议人

君子不讨论别人的过失。这里就涉及讨论问题的方法和技巧,避免议论他人是非。子路问鲁国的大夫们练祭时手里拿着丧棒,符合礼法吗? 孔子回答不知道。子路认为老师无所不知,原来也有不知道的,于是和子贡讨论这件事。子贡知道了情况就亲自去问孔子。子贡问,练祭时手里拿着丧棒合理吗? 孔子回答是不合礼的。而且,子贡告诉子路,居住在这个国家,不要非议这个国家的大夫。其实,有很多礼仪,人们只是照着执行,但不知道它包含的道理。比如笔者也见过葬礼拿丧棒的,不知道本意是怕哭得太伤心用来支撑身体的。

> 子路问于孔子曰:"鲁大夫练而杖,礼也?"孔子曰:"吾不知也。"子路出,谓子贡曰:"吾以为夫子无所不知,夫子亦徒有所不知。"子贡曰:"子所问何哉?"子路曰:"由问,'鲁大夫练而杖,礼与?'夫子曰:'吾不知也。'"子贡曰:"止,吾将为子问之。"遂趋而进曰:"练而杖,礼与?"孔子曰:"非礼也。"子贡出,谓子路曰:"子谓夫子而弗知之乎,夫子徒无所不知也,子问,非也。礼,居是邦则不非其大夫。"

15. 君子亦不举人以质士

君子不举人以质士。不能拿着别人的过错去问另外一个人这种情况的对错。提问题也要讲究方法,要对事不对人。

> 叔孙母叔之母死,既小敛,举尸者出户,武孙从之出户,乃袒投其冠而括发。子路叹之,孔子曰:"是礼也。"子路问曰:"将小敛则变服,今乃出户,而夫子以为知礼,何也?"孔子曰:"由,汝问非也。君子不举人以质士。"

16. 君子不以己知是驳人之非

君子不以自己知道的道理驳斥别人的过错。用谦虚的言辞避免责难。当然,这是道德上的修持,道德修持就是自己改过自新,不以别人的是非而变更。而现代科学的学问探讨可能就有差别,但也不直接判定是非,而是沿逻辑分析推进。

> 齐晏桓子卒,平仲粗衰斩,苴经带杖,以菅屦,食粥居傍庐,寝苫枕草,其老曰:"非大夫丧父之礼也。"晏子曰:"唯卿大夫。"曾子以问孔子。孔子曰:"晏平仲可谓能远害矣。不以己知是驳人之非,逊辞以避咎,义也夫。"

17. 礼以止非

制定礼法就是为了依礼而行,如果没有遵循礼法就要马上纠正。这里讲述了一个随葬的问题,孔子认为用珠宝随葬犹曝尸荒野,使老百姓变得奸利,对死者没有任何益处。现在仍盗墓横行,这是对死者极大的侮辱,盗墓者太不厚道了。

季平子卒,将以君之玙璠敛,赠以珠玉。孔子初为中都宰,闻之历级而救焉,曰:"送而以宝玉,是犹曝尸于中原也,其示民以奸利之端,而有害于死者,安用之。且孝子不顺情以危亲,忠臣不兆奸以陷君。"乃止。

18. 君子不犯非礼

君子不做不符合礼法的事。为此孔子举了不少例子,如不接受奸人的俸禄,不接受叛乱,不为私利堕于阴谋,以直待人、不以曲侍奉别人,不掩盖不义的事,不做非礼的事。

孔子之弟子琴张与宗(鲁)友。卫齐豹见宗鲁于公子孟絷,孟絷以为参乘焉,及齐豹将杀孟絷,告宗鲁,使行。宗鲁曰:"吾由子而事之,今闻难而逃,是僭子也。子行事乎,吾将死以事周子,而归死于公孟可也。"齐氏用戈击公孟,宗以背蔽之,断肱,中公孟、宗鲁皆死。琴张闻宗鲁死,将往吊之。孔子曰:"齐豹之盗,孟絷之贼也,汝何吊焉?君不食奸,不受乱,不为利病于回,不以回事人,不盖非义,不犯非礼,汝何吊焉?"琴张乃止。

19. 民不可,使知之

要遵守礼法,就先要开展教育,让人知道礼法。一个叫子革的人去世了,家人哭喊着要去死,子游认为这是野哭,不合礼法,哭泣的人听了子游的话就改正了。

郕人子革卒,哭之呼灭。子游曰:"若是哭也,其野哉。孔子恶野哭者。"哭者闻之遂改之。

20. 损礼明德,是智慧的表现

有时候礼仪太繁重了,也未必合适,为了显德,减损礼仪也是一种智慧。譬如公父文伯去世了,妻妾哭得很伤心。公父文伯的母亲认为:好结交朋友的人,士为之死;喜欢女色的人,女人为之死。因此,她就让儿子的妻妾减损了丧制,不让她们过度悲伤、憔悴,以显示她儿子的美德。孔子知道了这件事,认为公父文伯的母亲非常有智慧。

公父文伯卒,其妻妾皆行哭失声。敬姜戒之曰:"吾闻好外者士死之,好内者女死之,今吾子早殀,吾恶其以好内闻也,二三妇人之欲供先祀者,请无瘠色,无挥涕,无拊膺,无哀容,无加服,有降服,从礼而静,是昭吾子也。"孔子闻之曰:"女智无若妇,男智莫若夫,公文氏之妇智矣,剖情损礼,欲以明其子为令德也。"

21. 丧,痛哉

子路死,孔子很伤心。文献记载说孔子有关于子路不得其死的预判。卫国发生动乱,孔子有两个弟子在卫国做官,一个是子路,一个是子羔,孔子认为子羔会安全回来,子路就……果然如此!这个关于子路死亡的故事,说明人的生死都是自己的命运决定的,命运靠什么决定呢? 命运由自己的德行决定。子路性格刚直,不仅孔子预料他不得其死,颜回也告诫过他。他没有改变自己的性格和德行,在卫国的动乱中死去了。很多人想预测命运,不如改变德行,提前知道了命运而不能改变不是更伤心吗? 孔子早就知道了子路的命运,作为老师,更加难过。

> 子路与子羔仕于卫,卫有蒯聩之难。孔子在鲁,闻之曰:"柴也其来,由也死矣。"既而卫使至,曰:"子路死焉。"夫子哭之于中庭,有人吊者,而夫子拜之,已哭,进使者而问故,使者曰:"醢之矣。"遂令左右皆覆醢,曰:"吾何忍食此。"

22. 丧,哀哉

生活即修行,这是孔子的无礼之礼。礼只是尽到人该有的感情而已,生死事大,有何话可说!

> 季桓子死,鲁大夫朝服而吊。子游问于孔子曰:"礼乎?"夫子不答。他日,又问墓而不坟。孔子曰:"今丘也,东西南北之人,不可以弗识也,吾见封之若堂者矣,又见若坊者矣,又见履夏屋者矣,又见若斧形者矣,吾从斧者焉。"于是封之,崇四尺。孔子先反虞,门人后。雨甚至,墓崩,修之而归。孔子问焉,曰:"尔来何迟?"对曰:"防墓崩。"孔子不应,三云,孔子泫然而流涕曰:"吾闻之,古不修墓及二十五月而大祥,五日而弹琴不成声,十日过禫而成笙歌。"

23. 有亲丧,虽公事,不闻

家有丧事,虽有公事,不闻不问。孔子对阳虎的回答,只是应付他的言论,而不是想非议他。

> 孔子有母之丧,既练,阳虎吊焉,私于孔子曰:"今季氏将大飨境内之士,子闻诸?"孔子答曰:"丘弗闻也。若闻之,虽在衰绖,亦欲与往。"阳虎曰:"子谓不然乎,季氏飨士,不及子也。"阳虎出,曾点问曰:"吾之何谓也?"孔子曰:"己则衰服,犹应其言,示所以不非也。"

24. 死,吊之以礼

> 颜回死,鲁定公吊焉,使人访于孔子。孔子对曰:"凡在封内,皆臣子也,礼,君吊其臣,升自东阶,向尸而哭,其恩赐之施,不有笃也。"

25. 待死如生,要考虑他们的感情

认为死去的人没有知觉了,还用东西送葬,这是自欺欺人。认为死去的人和活着的人有一样的知觉,那是没有智慧。用鬼魂使用的器具送葬,是懂得葬礼的表现。而用不加修整没法使用的活人器具送葬,这是荒唐不如法的。

> 原思言于曾子曰:"夏后氏之送葬也,用盟器,示民无知也;殷人用祭器,示民有知也;周人兼而用之,示民疑也。"曾子曰:"其不然矣,夫以盟器,鬼器也,祭

器,人器也,古之人胡为而死其亲也。"子游问于孔子曰:"之死而致死乎,不仁,不可为也;之死而致生乎,不智,不可为也。凡为盟器者,知丧道也。'"

26. 生死之道,重也

详细的礼法,以德显道。

> 子罕问于孔子曰:"始死之设重也,何为?"孔子曰:"重主道也,殷主缀重焉,周人彻重焉。请问丧朝。"子曰:"丧之朝也,顺死者之孝心,故至于祖者,庙而后行。殷朝而后殡于祖,周朝而后遂葬。"

27. 丧礼德及禽兽,平等之至

礼仪以德为本。孔子关心狗、马的安葬,是圣人的仁心已经德及禽兽了。

> 孔子之守狗死,谓子贡曰:"路马死,则藏之以帷,狗则藏之以盖,汝往埋之。吾闻弊帷不弃,为埋马也,弊盖不弃,为埋狗也。今吾贫无盖,于其封也与之席,无使其首陷于土焉。"

三、礼之行

礼以显德,下面就以行为归,以葬礼为例,讨论礼和仪。

(一) 葬以其礼

大夫因为获罪被免职,他就不是公务人员了。去世了就按照士的葬礼标准来安排。如果大夫因年龄大退休了,去世了就按照他的生前的任职序列安排葬礼。

> 公西赤问于孔子曰:"大夫以罪免,卒,其葬也如之何?"孔子曰:"大夫废其事,终身不仕,死则葬之以士礼,老而致仕者,死则从其列。"

(二) 立嗣以其制

按照周朝的礼制,儿子去世了,就立嫡孙。

> 公仪仲子嫡子死,而立其弟,檀弓问子服伯子曰:"何居? 我未之前闻也。"子服伯子曰:"仲子亦犹行古人之道,昔者文王舍伯邑考,而立武王,微子舍其孙腯,立其弟衍。"子游以闻诸孔子,子曰:"否,周制立孙。"

(三) 生死之别

孔子的母亲去世了,按照周公以来的礼仪把她和孔子的父亲合葬在一起,葬器用鬼魂使用的明器。孔子认为,不适合用活人使用的器具随葬。

> 孔子之母既葬,将立葬焉,曰:"古者不祔葬,为不忍先死者之复见也。诗云:'死则同穴'。自周公已来祔葬矣。故卫人之祔也,离之,有以闻焉;鲁人之祔也,合之,美夫,吾从鲁。"遂合葬于防。曰:"吾闻之有备物而不可用也,是故

竹不成用,而瓦不成滕,琴瑟张而不平,笙竽备而不和,有钟磬而无簨虡。其曰盟器,神明之也,哀哉,死者而用生者之器,不殆而用殉也。"

(四) 葬礼也体现仁德

用草扎的车之类作为随葬品,这是很好的选择。用泥做的人、马作为随葬品缺乏仁爱之心,这不就是相当于用真人、真马殉葬吗? 不仅不能用活物殉葬,连泥塑、石雕的人、马都不可以。因为只要有人、马的形象,说明心里还是有人、马殉葬的概念,这不利于仁爱之心的培养。因此,后世帝王、官宦的坟墓用泥塑、石雕、陶瓷之类的人、马随葬的风俗也是不如法的。所以,并不是所有的传统文化都体现了国学,古人做的事也并非都合于礼法。

> 子游问于孔子曰:"葬者涂车刍灵,自古有之,然今人或有偶,是无益于丧。"孔子曰:"为刍灵者善矣,为偶者不仁,不殆于用人乎。"

(五) 言各有所当

话有多重含义,要结合场合来理解它的意义,不能各执一词。经典也有多重含义,要结合经典的主旨来理解段落、文字、句子的意义,不能老于句下、死于句下。孔子为亲人献祭就表现得很亲热,这便于和亲人感应;国家宗庙献祭,礼乐交通,就要庄严肃穆。

> 颜渊之丧既祥,颜路馈祥肉于孔子。孔子自出而受之,入弹琴以散情,而后乃食之。孔子尝奉荐而进,其亲也悫,其行也趋趋以数。已祭,子贡问曰:"夫子之言祭也,济济漆漆焉,今夫子之祭,无济济漆漆,何也?"
>
> 孔子曰:"济济者,容也远也;漆漆者,自反。容以远,若容以自反,夫何神明之及交? 必如此,则何济济漆漆之有乎? 反馈乐成,进则燕俎,序其礼乐,备其百官,于是君子致其济济漆漆焉,夫言岂一端而已哉? 亦各有所当也。"

四、礼无大小,兴亡寿夭皆由己

道不远人,百姓日用而不知,切磋领会,观照当下,善恶取舍全在一念间。这就是因果的取舍,大到世界、社会、国家,小至蝼蚁,无不如此。

(一) 国之兴亡由己

1. 国尊礼必取贤

哀公问孔子选拔人才要关注什么,孔子认为,先看他道德是否诚恳、谨慎,然后再看他的才能。弓制好了才能论力量,马驯服了后再判断优劣。那种花言巧语、妄言乱语、奸诈多变的人都不可以选拔来管理事务。德行不够而能力很强的人,犹如豺狼不可任用。

哀公问于孔子曰："请问取人之法。"孔子对曰："事任于官,无取捷捷,无取钳钳,无取哼哼,捷捷贪也,钳钳乱也,哼哼诞也。故弓调而后求劲焉,马服而后求良焉,士必悫而后求智能者焉,不悫而多能,譬之豺狼不可迩。"

2. 国亲民而非攻

哀公想学军事,向孔子请教。哀公认为学习了军事,如果国家小就可以防守,国家大了就可以进攻。孔子认为,以"王道"治国,国家有礼法,君臣之间相亲相敬,天下百姓都是自己的臣民,向谁进攻呢? 如果违背"王道",所有人都是仇人,和谁一起防守呢?

哀公问于孔子曰："寡人欲吾国小而能守,大则攻,其道如何?"孔子对曰："使君朝廷有礼,上下相亲,天下百姓皆君之民,将谁攻之? 苟违此道,民畔如归,皆君之雠也,将与谁守?"公曰："善哉! 于是废山泽之禁,弛关市之税,以惠百姓。"

3. 国之存亡祸福,皆由己

什么是天命呢? 天命是否可信呢? 全在善恶取舍! 天命是由先天善恶所定的,而现在的善恶取舍难道不是由当下的自心决定的吗?"灾妖不胜善政,寤梦不胜善行,能知此者,至治之极也!"帝辛统治时占卜称国家将昌盛,但帝辛败德终使国家灭亡;殷王太戊统治时占卜称国家将灭亡,于是太戊大修国政,结果国家反而兴旺。

哀公问于孔子曰："夫国家之存亡祸福,信有天命,非唯人也。"孔子对曰："存亡祸福,皆己而已,天灾地妖,不能加也。"公曰："善! 吾子之言,岂有其事乎?"

孔子曰："昔者殷王帝辛之世,有雀生大鸟于城隅焉,占之曰:'凡以小生大,则国家必王而名必昌。'于是帝辛介雀之德,不修国政,亢暴无极,朝臣莫救,外寇乃至,殷国以亡,此即以己逆天时,诡福反为祸者也。

又其先世殷王太戊之时,道缺法圯,以致天蘖、桑穀于朝,七日大拱,占之者曰:'桑穀野木而不合生朝,意者国亡乎!'太戊恐骇,侧身修行,思先王之政,明养民之道,三年之后,远方慕义重译至者,十有六国,此即以己逆天时,得祸为福者也。故天灾地妖,所以儆人主者也;寤梦征怪,所以儆人臣者也;灾妖不胜善政,寤梦不胜善行,能知此者,至治之极也,唯明王达此。"公曰："寡人不鄙固此,亦不得闻君子之教也。"

(二) 人之寿夭由己

大的方面,国家的兴衰和存亡是善恶因果;小的方面,个人的寿夭和福祸也是如此。

1. 成人之善，不成人之恶

赌博争胜之心就是恶心，恶心助长恶道，不可不慎。君子厌恶恶不深，则好善之心也不会深。所以，君子成人之善，不成人之恶。

> 哀公问于孔子曰："吾闻君子不博，有之乎？"孔子曰："有之。"公曰："何为？"对曰："为其二乘。"公曰："有二乘，则何为不博？"子曰："为其兼行恶道也。"哀公惧焉。有间，复问曰："若是乎君之恶恶道至甚也？"孔子曰："君子之恶恶道不甚，则好善道亦不甚；好善道不甚，则百姓之亲上亦不甚。《诗》云：'未见君子，忧心惙惙，亦既见止，亦既觏止，我心则悦。'《诗》之好善道甚也如此。"公曰："美哉！夫君子成人之善，不成人之恶，微吾子言焉，吾弗之闻也。"

2. 死非其命，行己自取

天命有寿，要靠非天命的因缘成就。牢狱、刀兵灾难死于非命，是自招恶果。循礼而行、动静合宜、进退有节、喜怒有常，则仁者必寿。

> 哀公问于孔子曰："智者寿乎？仁者寿乎？"孔子对曰："然，人有三死，而非其命也，行己自取也。夫寝处不时，饮食不节，逸劳过度者，疾共杀之；居下位而上干其君，嗜欲无厌而求不止者，刑共杀之；以少犯众，以弱侮强，忿怒不类，动不量力者，兵共杀之。此三者死非命也，人自取之。若夫智士仁人，将身有节，动静以义，喜怒以时，无害其性，虽得寿焉，不亦可乎？"

第二节　释　仁　德

"礼"是儒家学问的大体，然而"礼"以布德，所以，儒家学问的核心是仁德。本章专述仁德。仁心是内在的，不可眼见，如何讨论呢？仁者必有言，仁者必有行，从人们的言行中即事中观其"心"，就会发现善良、发现美好，发现仁心。这善良、美好的仁爱之心就是人们需要学习的内容。

一、即事而观心

（一）德仁而教正，文武无所用之

鲁国北部有农山，孔子与弟子子路、子贡、颜渊到此游览，登山四望，孔子的内心被美丽的风景触动了。农山是一个可以让人产生无限遐想的美好地方。孔子鼓励弟子抒发自己的志向。美景赏心，加上师父的鼓励，子路率先情不自禁地抒发了想做三军统帅的愿望：旌旗如日、月，钟鼓震天响，自己率领军队，一马当先，冲锋陷阵,击溃敌军,夺取千里的广袤土地。孔子赞叹他十分勇敢。子贡向师父表达了他想发挥自己外交才能的愿望。如像齐、楚这样的大国两军对垒,刀兵相接,战争一触即发之时,他自己穿着白色的衣冠,向两边陈说利害,以平息战争。孔子很赞赏他的辩才。

而颜回却并不发言。孔子问颜回:"难道你就没有愿望吗?"在孔子的追问下,颜回表达了他愿天下有"明王"——具有明心的圣王,行"王道",天下安定,百姓安土,敦乎仁义,永远没有战争,辩才和武功皆无所用的理想。孔子严肃地说,这就是美好的仁德。仁德是大德,普及天下的平等、仁爱之德,这也是孔子的理想啊。孔子夸赞颜回不浪费国家财力,不伤害百姓,不巧言多语!所以,颜回才具有仁爱之心。

> 孔子北游于农山,子路子贡颜渊侍侧。孔子四望,喟然而叹曰:"于斯致思,无所不至矣。二三子各言尔志,吾将择焉。"子路进曰:"由愿得白羽若月,赤羽若日,钟鼓之音,上震于天,旍旗缤纷,下蟠于地,由当一队而敌之,必也攘地千里,搴旗执馘,唯由能之,使二子者从我焉。"夫子曰:"勇哉。"

> 子贡复进曰:"赐愿使齐楚合战于漭瀁之野,两垒相望,尘埃相接,挺刃交兵,赐着缟衣白冠,陈说其间,推论利害,释国之患,唯赐能之,使夫二子者从我焉。"夫子曰:"辩哉。"

> 颜回退而不对。孔子曰:"回,来,汝奚独无愿乎?"颜回对曰:"文武之事,则二子者,既言之矣,回何云焉?"孔子曰:"虽然,各言尔志也,小子言之。"对曰:"回闻薰莸不同器而藏,尧桀不共国而治,以其类异也,回愿得明王圣主辅相之,敷其五教,导之以礼乐,使民城郭不修,沟池不越,铸剑戟以为农器,放牛马于原薮,室家无离旷之思,千岁无战斗之患,则由无所施其勇,而赐无所用其辩矣。"夫子凛然曰:"美哉!德也。"子路抗手而对曰:"夫子何选焉?"孔子曰:"不伤财,不害民,不繁词,则颜氏之子有矣。"

(二) 尊人之德:存心善良,虽陋器薄膳亦当随喜

要善于发现他人的善心,不可求全责备。鲁国有一个简朴吝啬的人,用粗陋的锅,大概像泥土烧制的简陋陶器,煮饭吃,感觉味道很美。他就用类似的粗陋陶器盛了饭献给孔子。孔子非常高兴地接受了,吃得非常享受。子路问师父:"这么粗糙的碗,这么差劲的饭菜,为何你吃得这么快乐呢?"孔子就回答子路,好提谏言的人是在为君主或者上级考虑问题,吃到美好的东西就想到亲人,这些都是人的善良之心。我不是以他献给我东西的厚薄而高兴,我是因为他觉得好吃而想到了我而高兴。

> 鲁有俭啬者,瓦鬲煮食,食之,自谓其美,盛之土型之器,以进孔子。孔子受之,欢然而悦,如受大牢之馈。子路曰:"瓦甑,陋器也,煮食,薄膳也,夫子何

喜之如此乎?"子曰:"夫好谏者思其君,食美者念其亲。吾非以馔具之为厚,以其食厚而我思焉。"

(三) 尊人之德: 惜物而爱人,亦仁人也

爱惜东西,也是仁心。孔子到楚国去,见到一个打鱼为生的人,他给孔子献上了鱼,孔子不接受。打鱼的人说,天气热,集市又远,无法卖,如果扔掉了可惜,不如献给君子。孔子就向他拜了两拜接受了,并吩咐弟子扫地献祭。弟子们问,他要扔的东西,先生还拜祭,这是为什么? 孔子说,我听说他害怕东西腐烂浪费,所以打算送给别人,这是和仁人一样的仁心,哪有受到仁人的馈赠而不拜祭呢?

> 孔子之楚,而有渔者,而献鱼焉,孔子不受。渔者曰:"天暑市远,无所鬻也,思虑弃之粪壤,不如献之君子,故敢以进焉。"于是夫子再拜受之,使弟子扫地将以享祭。门人曰:"彼将弃之,而夫子以祭之,何也?"孔子曰:"吾闻诸惜其腐馂,而欲以务施者,仁人之偶也,恶有受仁人之馈,而无祭者乎?"

(四) 树己之德: 仁恕即树德

作为国家公务人员,执行公务赏罚,要有仁恕之心,这仁恕之心就是为自己积德。如果没有仁恕之心,严词暴行,就会为自己树怨。以公心行公事,在这一点上可以向季羔这个人学习。

季羔在卫国做狱官,类似于判案的官员吧。他曾把一个人判了砍脚的刖刑。后来,卫国发生叛乱,追捉季羔。季羔逃跑时,走到城门口,刚好碰到那个被砍脚的人守门。守门人救了季羔。临别时,季羔说:过去我不能废国法而判了你刖刑,现在正是你报仇的时候,你为什么救我呢? 那个受了刖刑的守门人说:我受刑,我是因国法如此,无可奈何;审案时您延缓时间,想深入了解情况,免除我的罪过;判决时,您心中愁闷很不快乐,这些我看在眼里,心里很清楚。您是天生的君子,公心行公事,这是我喜欢您的原因。孔子知道了这件事,非常肯定季羔为官处事的方法。

> 季羔为卫之士师,刖人之足,俄而卫有蒯聩之乱,季羔逃之,走郭门,刖者守门焉。谓季羔曰:"彼有缺。"季羔曰:"君子不踰。"又曰:"彼有窦。"季羔曰:"君子不隧。"又曰:"于此有室。"季羔乃入焉。既而追者罢,季羔将去,谓刖者:"吾不能亏主之法而亲刖子之足矣,今吾在难,此正子之报怨之时,而逃我者三,何故哉?"刖者曰:"断足固我之罪,无可奈何,曩者君治臣以法,令先人后臣,欲臣之免也,臣知狱决罪定,临当论刑,君愀然不乐,见君颜色,臣又知之,君岂私臣哉? 天生君子,其道固然,此臣之所以悦君也。"孔子闻之曰:"善哉为吏,其用法一也。思仁恕则树德,加严暴则树怨,公以行之,其子羔乎。"

(五) 树己之德: 助道即是树德

道必有时而后重,助道之功,善莫大焉。自己没有发心弘扬道德,或者自己没

有能力，或者自己没有机会弘扬道德，就无可奈何了吗？不是这样的。去帮助那些弘扬道德的人，其实也是弘扬道德的行为，其功德一点也不比自己亲自弘扬道德小。因为，能弘道的人的道德和力量比自己大，自己帮助他，让他去弘扬，他的事业会比自己大，对社会的好处更大。等机会成熟了，自己再亲自弘道。

> 孔子曰："季孙之赐我粟千钟也，而交益亲，自南宫敬叔之乘我车也，而道加行。故道虽贵，必有时而后重，有势而后行，微夫二子之贶财，则丘之道，殆将废矣。"

(六) 周承王道，故尊周

提到弘道的事，孔子就赞叹周德，因为周公继承了中国的王道，是德治的典范。

> 孔子曰："王者有似乎春秋，文王以王季为父，以太任为母，以太姒为妃，以武王周公为子，以太颠、闳夭为臣，其本美矣。武王正其身以正其国，正其国以正天下，伐无道，刑有罪，一动而天下正，其事成矣。春秋致其时而万物皆及，王者致其道而万民皆治，周公载己行化，而天下顺之，其诚至矣。"

(七) 安身可以树德，择其国可也

君子不可以移民国外吗？也不是这样，关键是无论在哪里，都要能行君子之道，传播国家的文明，立身行道，厚德载物，为当地做出贡献。曾子讲了安身处国之法：如果一个国家很信任自己，就可以留下来，也就是国家不排外，能平等对待自己，自己的忠诚品质能得到认可，就可以做当地的公务人员；如果自己的德泽能惠及百姓，自己也就可以做个富人。孔子很欣赏曾子的观点。如此看来，儒家的天下思想是十分开放的。

> 曾子曰："入是国也，言信于群臣，则留可也；见忠于卿大夫，则仕可也；泽施于百姓，则富可也。"孔子曰："参之言此可谓善安身矣。"

(八) 因公而树私德，非德也

做了国家公务人员，掌握了国家公器，帮助了很多人，结了很好的人缘，这是不是树德了呢？未必尽然，要仔细分析。以公器树私德，公私皆废。这里就有一个受到孔子批评的例子。子路做地方官，修理河渠，防备水患。子路见老百姓工作很辛苦、很饿，就给他们送饭、送汤。孔子让子贡去制止子路。子路很不开心，认为老师讲的是仁爱之道，结果自己去关爱别人了，师父又加以制止。孔子教育子路，你看到老百姓很饿，为什么不向国家汇报，让国家赈济百姓，而自己私下给百姓送吃的，这不是彰显国家不仁而你自己有美德吗？你要快快停止，不然你必然获罪。

> 子路为蒲宰，为水备，与其民修沟渎，以民之劳烦苦也，人与之一箪食一壶浆。孔子闻之，使子贡止之。子路忿然不悦，往见孔子，曰："由也以暴雨将至，恐

有水灾,故与民修沟洫以备之,而民多匮饿者,是以箪食壶浆而与之。夫子使赐止之,是夫子止由之行仁也。夫子以仁教而禁其行,由不受也。"孔子曰:"汝以民为饿也,何不白于君,发仓廪以赈之,而私以尔食馈之,是汝明君之无惠,而见己之德美矣。汝速已则可,不则汝之见罪必矣。"

(九) 于德无亏,于行无憾

如果自己的行为于德无亏,不管命运如何安排,都没有遗憾。即事观心,最重要的是遇到事要观察自己的内心,仁心德行是内在的,有时别人未必能看得见,但自己要立得稳,譬如管仲的人生。子路问孔子关于管仲的事。说:管仲游说齐襄公,齐襄公没有接纳管仲,这是辩才不好;想立公子纠为国君也没有成功,这是智慧不够;等等。孔子回答子路:用人者也要有识人之明,人才才能被发现;管仲曾经不遇其时,但知权变、安天命;陷牢狱而不惭,是因为这是由自己的谨慎决定的;事败不死,是知事情的轻重等。总之,管仲的行为并没有于德有亏的地方。如果过于追求道德的外在名声,而忽略了内心的实际情况,也是不恰当的。所以,要安心,安定自己的仁心不动摇。

> 子路问于孔子曰:"管仲之为人何如?"子曰:"仁也。"子路曰:"昔管仲说襄公,公不受,是不辩也;欲立公子纠而不能,是不智也;家残于齐,而无忧色,是不慈也;桎梏而居槛车,无惭心,是无丑也;事所射之君,是不贞也;召忽死之,管仲不死,是不忠也。仁人之道,固若是乎?"孔子曰:"管仲说襄公,襄公不受,公之暗也;欲立子纠而不能,不遇时也;家残于齐而无忧色,是知权命也;桎梏而无惭心,自裁审也;事所射之君,通于变也;不死子纠,量轻重也。夫子纠未成君,管仲未成臣,管仲才度义,管仲不死束缚,而立功名,未可非也。召忽虽死,过与取仁,未足多也。"

(十) 丧亲、失节、交绝,斯足以为戒

人生的价值和意义是什么呢?是追逐金钱,追逐官位,追逐名声?金钱、官位、名声都是器,而非道。善用其器,可以助道。什么是道呢?道就是生活。安置亲人,就是亲其亲;交友有信,就是友其友;尽忠公事,就是事其君,就是报国。丘吾子早年游学,回家时亲人已经丧亡;去为齐国效力,齐国国君骄奢过甚,德行不足,自己的抱负也没有实现;命运不济,时光流逝,朋友们的交往也断绝了。人生目的,三者皆失。"树欲静而风不停,子欲养而亲不待,往而不来者年也,不可再见者亲也。"丘吾子为此伤心痛哭,投水而死。孔子了解了这件事,以此告诫弟子,有些弟子就辞别师父,回家尽孝去了。

> 孔子适齐,中路闻哭者之声,其音甚哀。孔子谓其仆曰:"此哭哀则哀矣,然非丧者之哀矣。"驱而前,少进,见有异人焉,拥镰带素,哭者不哀。孔子下

车，追而问曰："子何人也？"对曰："吾丘吾子也。"曰："子今非丧之所，奚哭之悲也？"丘吾子曰："吾有三失，晚而自觉，悔之何及。"曰："三失可得闻乎？愿子告吾，无隐也。"丘吾子曰："吾少时好学，周遍天下，后还，丧吾亲，是一失也；长事齐君，君骄奢失士，臣节不遂，是二失也；吾平生厚交，而今皆离绝，是三失也。夫树欲静而风不停，子欲养而亲不待，往而不来者年也，不可再见者亲也，请从此辞。"遂投水而死。孔子曰："小子识之，斯足为戒矣。自是弟子辞归养亲者十有三。"

（十一）君子不可以不学

既知仁心可贵，为什么不学习呢？孔子劝学。劝学篇有数种，可以反复读诵，坚定信心。

孔子谓伯鱼曰："鲤乎，吾闻可以与人终日不倦者，其唯学焉。其容体不足观也，其勇力不足惮也，其先祖不足称也，其族姓不足道也。终而有大名，以显闻四方，流声后裔者，岂非学之效也。故君子不可以不学。其容不可以不饬，不饬无类，无类失亲，失亲不忠，不忠失礼，失礼不立。夫远而有光者，饬也；近而愈明者，学也。譬之污池，水潦注焉，萑苇生焉，虽或以观之，孰知其源乎。"

（十二）学以孝为本

观察了不少事例，那都是别人的仁心。自己的仁心到底在哪里呢？仁心当在孝心中求，学习以孝为本。生事尽力，死事尽思。背着重物远行，累了休息就无法挑选地点；家里贫穷，父母年迈，找工作就难以挑工资高低。子路曾感叹：年轻时吃得差，常常百里之外背粮食回家；父母去世后，自己在楚国做官，家里粮食很多，一顿饭有很多道菜，可是再想为父母背粮食也不可能了。

子路见于孔子曰："负重涉远，不择地而休，家贫亲老，不择禄而仕。昔者由也，事二亲之时，常食藜藿之实，为亲负米百里之外。亲殁之后，南游于楚，从车百乘，积粟万钟，累茵而坐，列鼎而食，愿欲食藜藿，为亲负米，不可复得也。枯鱼衔索，几何不蠹，二亲之寿，忽若过隙。"孔子曰："由也事亲，可谓生事尽力，死事尽思者也。"

（十三）遇贤不交过后悔

碰到了贤良之士，就要结交，如果错过了机会，后悔也没有用了。这里举了一个例子。孔子出门，在路途中碰到了程子这个人，两人倾盖而语，相谈甚欢，一天都快结束了，相互很亲近。孔子让子路拿一束帛做礼物，送给程子。子路认为没有人介绍就认识，像女人没有媒人介绍就嫁人一样，不合礼法，就没有行动。过了一会，孔子再次让子路拿礼物，子路还是像以前一样回答。孔子就教育子路，如《诗经》里唱的"有美一人,清扬宛兮,邂逅,适我愿兮"那样,程子是天下贤士,如果现在不结交他,恐怕一辈子都没有机会了,便又让子路去拿礼物。

> 孔子之郯,遭程子于涂,倾盖而语,终日,甚相亲。顾谓子路曰:"取束帛以赠先生。"子路屑然对曰:"由闻之,士不中间见,女嫁无媒,君子不以交,礼也。"有间,又顾谓子路。子路又对如初。孔子曰:"由,《诗》不云乎:'有美一人,清扬宛兮,邂逅相遇,适我愿兮。'今程子,天下贤士也,于斯不赠,则终身弗能见也,小子行之。"

(十四) 至诚之道可以感物,况人乎

仁心即仁德,因果循环,天理不爽。如果百事不成就多检查自己的心。这里讲了一个忠信可以感物的事例。孔子从卫国返回鲁国时,在一个桥上观风景。有瀑布高几十丈,瀑布下的河浪翻滚几十里,据说鱼鳖都不能停留。一个壮年男子正游泳过河,孔子加以劝止。此人不以为意,顺利渡过了河。孔子很奇怪,就问他有何奇能异术,可以穿越瀑布。此人说,他入河、出河都以忠信做引导,忠信托着他的身体在激流中穿越,自由出入,所以他不敢有私心。孔子很感叹,说连水都可以以忠信立身而加以亲近,何况是人呢? 这个故事,在今人看来过于唯心和玄妙了,但至诚感物的事例,也体现了人们对高尚道德情操的信心。儒心、佛心、道心都源自一个心——诚心。

> 孔子自卫反鲁,息驾于河梁而观焉。有悬水三十仞,圜流九十里,鱼鳖不能导,鼋鼍不能居。有一丈夫方将厉之,孔子使人并涯止之曰:"此悬水三十仞,圜流九十里,鱼鳖鼋鼍不能居也,意者难可济也。"丈夫不以措意,遂渡而出。孔子问之,曰:"子乎有道术乎,所以能入而出者,何也?"丈夫对曰:"始吾之入也,先以忠信,及吾之出也,又从以忠信,忠信措吾躯于波流,而吾不敢以用私,所以能入而复出也。"孔子谓弟子曰:"二三子识之,水且犹可以忠信成身亲之,而况于人乎!"

(十五) 隐人之恶而扬其善

隐恶而扬善,方能风化世道人心。孔子出门时天下雨,而车上没有伞盖。有弟子说子夏有伞盖,可以用子夏的。孔子说,子夏为人很吝惜财物,与人交往,要多看重他的长处,避免他的短处才可以交往长久。所以,孔子没有向子夏借伞盖。

> 孔子将行,雨而无盖。门人曰:"商也有之。"孔子曰:"商之为人也,甚吝于财,吾闻与人交,推其长者,违其短者,故能久也。"

(十六) 仁德必感于物

个人至诚尚且可以感物,那么国有仁德必有外应。如果使人深明因果,明白易理,也是劝善的一种方式。

楚王渡江时,江中出现了红色球状的斗大怪物,直接撞到船上,没有人知道这是什么东西。楚王派人请教孔子。孔子称这是萍实,可以刨开食用,十分吉祥,只能称霸之国君才能得到。这是楚王将称霸的外应。楚王吃了它,果然味道很美。有人问孔子怎么知道的,孔子以童谣为对。当然,这只是孔子的托词罢了。

> 楚王渡江,江中有物大如斗,圆而赤,直触王舟,舟人取之,王大怪之,遍问群臣,莫之能识。王使使聘于鲁,问于孔子。子曰:"此所谓萍实者也,可剖而食也,吉祥也,唯霸者为能获焉。"使者反,王遂食之,大美。久之使来以告鲁大夫,大夫因子游问曰:"夫子何以知其然乎?"曰:"吾昔之郑,过乎陈之野,闻童谣曰:'楚王渡江得萍实,大如斗,赤如日,剖而食之甜如蜜。'此是楚王之应也。吾是以知之。"

(十七) 理导人以善,言而无益,不如不言

现在很多道理讲了很容易引起人争论,这是大违讲者的初衷的。当然,我执我慢,显示多能,到处辩论除外。很多道理本来是引导人向善的,讲了适得其反,还是不讲为好。譬如,子贡问孔子,人死了还有知觉吗?孔子说:我说有知觉,恐怕孝子贤孙们会伤害生命随葬死者;我说没有知觉,又害怕不肖子孙丢弃亲人而不安葬;有没有知觉,你现在不用知道,这不是现在最需要解决的问题。那到底有没有知觉呢?肯定和活人的知觉不同了。其他的就不知道了。

> 子贡问于孔子曰:"死者有知乎?将无知乎?"子曰:"吾欲言死之有知,将恐孝子顺孙妨生以送死;吾欲言死之无知,将恐不孝之子弃其亲而不葬。赐不欲知死者有知与无知,非今之急,后自知之。"

(十八) 以道御人

弘法之难,战战兢兢。如同手里拿着腐朽的马缰绳驾驭马一样,人擅长驾驭马,马就成为人使用的畜生;人不擅长驾驭马,马就会成为仇家。马尚且如此,弘扬文化,引人向善就更难了,能不让人畏惧吗?这真是一个发人深省的事,因为说到底,只要是道法,都是出世法,是心要出世,儒法也是出世法。世间万法都是纵容人的欲念,所以是顺人情,纵人性而人性就是各种贪欲。而道法是顺人情,逆人性。弘法的人先顺人情亲近人,再引导人向道,而向道就要指出错误——这个不可以,那个不可以——被引导的人就烦了,就不干了。这是孔子用譬喻讲的难处,明明文章讲的是治民,怎么是弘法呢?以道治民,民不可,使知之,就是弘法,弘扬国学文化。

> 子贡问治民于孔子。子曰:"懔懔焉若持腐索之扞马。"子贡曰:"何其畏也?"孔子曰:"夫通达御之皆人也,以道导之,则吾畜也;不以道导之,则吾仇也。如之何其无畏也。"

（十九）德以化人，非可独善其身

做一件事，自己做到尽职尽责就好了？还不够，要考虑社会影响和道德风化。譬如，鲁国鼓励民众从诸侯国赎买做奴仆的鲁国人，国家会给予奖金。子贡赎了人没有去领赏金，因为子贡比较富裕嘛。孔子知道后，认为子贡做得不对。做事不能独善其身，要引导风化。子贡不去领赏，就有人也不好意思去领，而富人少，穷人多，穷人往往承受不了这个支出，慢慢就没有人去赎人了。

> 鲁国之法，赎人臣妾于诸侯者，皆取金于府。子贡赎之，辞而不取金。孔子闻之曰："赐失之矣。夫圣人之举事也，可以移风易俗，而教导可以施之于百姓，非独适身之行也。今鲁国富者寡而贫者众，赎人受金则为不廉，则何以相赎乎？自今以后，鲁人不复赎人于诸侯。"

（二十）其身正，则孰为不正

立身正，则政不难，政就是正。孔子认为正身治民有四法：恭敬摄勇，宽正怀强，仁恕容困，温断抑奸。

> 子路治蒲，请见于孔子曰："由愿受教于夫子。"子曰："蒲其如何？"对曰："邑多壮士，又难治也。"子曰："然，吾语尔，恭而敬，可以摄勇；宽而正，可以怀强；爱而恕，可以容困；温而断，可以抑奸。如此而加之，则正不难矣。"

正身可以怀民，如何正身呢？正身，从正心开始。正心，就是正仁心。

二、正心而立身

（一）"三恕"正心以正身

这"三恕"是对上面"仁恕容困"的详述。推己及人，宽容别人，实际是和自己和解，自己也没有做到的事，苛责别人，就是为难自己啊。正身先正自己的心，而不是观察别人的不足，正别人的身。要从仁心出发，宽容别人。

这是修道次序上的一个问题。先修慈心，等有了慈心、平等心再观出离心，这是佛教的说法。儒家换个名词，其实质是一样的，先修仁爱之心。如果不修仁爱和慈心，先修舍己向道之心，则不能宽容别人，会产生嗔恨心，这就是很多修行人消极厌世的原因。这是由修行次序搞错导致的。先修仁恕之心，有了仁爱和宽容就不会厌世了，就"力行近乎仁"，就是对社会有用的人，不是妄谈修行的"废人"。这是儒家之说，出世之道另有异说，不可搞混。要别人服务自己，让儿子孝顺自己，要弟弟听自己的，先看看：自己服务过别人吗？自己孝顺吗？自己尊重哥哥吗？

> 孔子曰："君子有三恕。有君不能事，有臣而求其使，非恕也；有亲不能孝，有子而求其报，非恕也；有兄不能敬，有弟而求其顺，非恕也。士能明于三恕之

本,则可谓端身矣。"

（二）立身，三思而后行

这仍然是劝学的意思，是劝学的具体化。"少思其长则务学，老思其死则务教，有思其穷则务施。"这是用因果来劝善。有思穷，要想到今生富贵从布施中得来，为了避免今后的穷困，在有钱时多多布施，力行善事。

> 孔子曰："君子有三思，不可不察也。少而不学，长无能也；老而不教，死莫之思也；有而不施，穷莫之救也。故君子少思其长则务学，老思其死则务教，有思其穷则务施。"

（三）正道辨宜而行

很多追求道德的人认为如果自己立得端、行得正，就会不容于世，无法立足于社会；而如果自己随顺世俗，随波逐流，"同流合污"似乎又违背了道义，于心不忍。所以，很多读书人走向社会，完全不能适应。历史上也有很多不容于世的名臣、硕儒留下了无数的遗憾。如屈原、祢衡、孔融、贾谊等人，不但不能实现自己的理想和抱负，而且不得善终。所以，有很多人学习时也曾是志向远大的高洁之士，但一旦开始入世，马上就改变自己的志向和节气，虽然个人收获了名利，却危害社会，流毒深远。如李斯、秦桧、蔡京、严嵩之辈，以执掌国家中枢的重任，大行私心，给国家带来了巨大的灾难。

正身果真不容于世吗？伯常骞向孔子提出了这个问题。孔子的回答很客气，但是认为这是闻所未闻的事，为什么呢？其实仔细观察，这些问题是这些"高洁之士"因自身的行为不如法而给自己带来的障碍。他们正心、正身并没有做好，没有反观自己，而是观察他人和社会的不足，嗔恨心过重。所以，正心、正身从仁恕开始，要有爱心和包容心。然后，孔子总结了这些不如法的行为。譬如向人讲道理，听的人根本没有思考和感觉，怎么会接受这样的道理呢？如果讲的是怪异的无稽之谈，没有实据，听的人怎么相信呢？譬如治理政事，只有宏大的想法，没有操作程序，制度上没有标准，国家就治理不好，只顾自己的理想，没有仁爱、宽容之心，为政过于苛刻，老百姓就没有安全感。百姓没有安全感，怎么会感恩呢？譬如"君子"的"气节"，性格过于刚直，很难寿终；多变的人常常危害道义；傲慢的人常常使人难以亲近；做事一味逐利，最后没有不败落的。所以，真正正心、正身、擅于处世的君子，容易的事情不争先，困难的事情不落后，推行法令能因事、因地制宜，不搞强制，向人讲述道理不触逆别人的感情。这样的人怎么会不容于世呢？

> 伯常骞问于孔子曰："骞固周国之贱吏也，不自以不肖，将北面以事君子。敢问正道宜行，不容于世，隐道宜行，然亦不忍，今欲身亦不穷，道亦不隐，为之有道乎？"孔子曰："善哉子之问也。自丘之闻，未有若吾子所问辩且说也。丘

尝闻君子之言道矣,听者无察,则道不入,奇伟不稽,则道不信。又尝闻君子之言事矣,制无度量,则事不成,其政晓察,则民不保。又尝闻君子之言志矣,暨折者不终,径易者则数伤,浩倨者则不亲,就利者则无不弊。又尝闻养世之君子矣,从轻勿为先,从重勿为后,见像而勿强,陈道而勿怫。此四者,丘之所闻也。”

(四) 持满则覆,为道日损,损之又损之

如果君子没有上述不容于世的毛病,立身处世做得也很好,也做出了很大的成绩,这个时候就要谦虚,知道“中则正,满则覆”的道理。多少成功人士不能守成,不能善终。这个时候就要重视孔子的告诫:“聪明睿智,守之以愚;功被天下,守之以让;勇力振世,守之以怯;富有四海,守之以谦。此所谓损之又损之道也。”

孔子观于鲁桓公之庙,有欹器焉。夫子问于守庙者曰:“此谓何器?”对曰:“此盖为宥坐之器。”孔子曰:“吾闻宥坐之器,虚则欹,中则正,满则覆,明君以为至诚,故常置之于坐侧。”顾谓弟子曰:“试注水焉。”乃注之水,中则正,满则覆。夫子喟然叹曰:“呜呼!夫物恶有满而不覆哉?”子路进曰:“敢问持满有道乎?”子曰:“聪明睿智,守之以愚;功被天下,守之以让;勇力振世,守之以怯;富有四海,守之以谦。此所谓损之又损之之道也。”

(五) 如水之德而善化物

为道日损,损之又损之,达到什么地步呢? 达到无我的地步,无我而无为。这样的道德实在无法用语言表达,用譬喻来形容的话,就是像水一样。君子见水而必观。美哉水,洋洋乎发育万物!

孔子观于东流之水。子贡问曰:“君子所见大水,必观焉何也?”孔子对曰:“以其不息,且遍与诸生而不为也。夫水似乎德,其流也则卑下,倨邑必修其理,似义;浩浩乎无屈尽之期,此似道;流行赴百仞之嵊而不惧,此似勇;至量必平之,此似法;盛而不求概,此似正;绰约微达,此似察;发源必东,此似志;以出以入,万物就以化洁,此似善化也。水之德有若此,是故君子见,必观焉。”

(六) 道心惟微

学问和智慧是无止境的,道心唯微,要善于学习。譬如太庙的大堂,是良工用良材建造。而太庙的大门,却用的是断开的木料,其中必有道理。什么道理呢? 君子博学,自证其说。

子贡观于鲁庙之北堂,出而问于孔子曰:“向也赐观于太庙之堂,未既辍,还瞻北盖,皆断焉,彼将有说耶? 匠过之也。”孔子曰:“太庙之堂,宫致良工之匠,匠致良材,尽其功巧,盖贵久矣,尚有说也。”

（七）修道三诚

耻，幼不能强学；鄙，荣而忘旧；危，不能亲近贤人。幼不能强学是志气不足，荣而忘旧是持满，不能近贤人是自弃，这是修道三诚。

孔子曰："吾有所耻（耻），有所鄙，有所殆。夫幼而不能强学，老而无以教，吾耻之；去其乡事君而达，卒遇故人，曾无旧言，吾鄙之；与小人处而不能亲贤，吾殆之。"

（八）立德、立功，无为而不执

子路想让别人了解自己，热爱自己，是患德之不立，欲立德；子贡想了解别人，想关爱别人，是患功之不成，欲立功：这两个可谓士人，未达道术之本。颜回体认自然无为之道，无德可立、无功可立，清静无为之道，可以称为士中君子。

子路见于孔子。孔子曰："智者若何？仁者若何？"子路对曰："智者使人知己，仁者使人爱己。"子曰："可谓士矣。"子路出，子贡入，问亦如之。子贡对曰："智者知人，仁者爱人。"子曰："可谓士矣。"子贡出，颜回入，问亦如之。对曰："智者自知，仁者自爱。"子曰："可谓士君子矣。"

（九）谏诤，审其所从

孝顺和忠心不是一味盲从，要设身处地为父母、为国家着想，如果有错就要谏诤。但如果不采纳呢？这就要看是自己理由不充分还是别的原因，要审其所从。

子贡问于孔子曰："子从父命孝，臣从君命贞乎？奚疑焉。"孔子曰："鄙哉赐，汝不识也。昔者明王万乘之国，有争臣七人，则主无过举；千乘之国，有争臣五人，则社稷不危也；百乘之家，有争臣三人，则禄位不替；父有争子，不陷无礼；士有争友，不行不义。故子从父命，奚讵为孝？臣从君命，奚讵为贞？夫能审其所从，之谓孝，之谓贞矣。"

（十）文质相符

孔子此处所讲是修仁恕之道的最终成就，仁德和智慧双运之道。智即清净心，无我之心。心清净了，则除了仁爱之心再也没有别的杂念和追求了，言行复归本然，文质相符。言语矜夸、行为骄傲、外表聪明的人，并不了解君子之道。知之为知之，不知为不知，这是智慧。出言有智慧，行动有仁爱，这是仁德和智慧兼备的君子。修行至此就登堂入室了。

子路盛服见于孔子。子曰："由是倨倨者何也？夫江始出于岷山，其源可以滥觞，及其至于江津，不舫舟不避风则不可以涉，非唯下流水多耶？今尔衣服既盛，颜色充盈，天下且孰肯以非告汝乎？"子路趋而出，改服而入，盖自若也。子曰："由志之，吾告汝，奋于言者华，奋于行者伐，夫色智而有能者，小人也。故君子知之曰智，言之要也，不能曰不能，行之至也。言要则智，行至则仁，既仁且智，恶不足哉！"

(十一) 君子之进退，正道而行

个人修行登堂入室了就可称为君子。登堂入室后怎么样呢？披褐怀玉。这是指穿着粗布衣服，而怀中有美玉。美玉譬喻道德。子路问师父，有人身怀才智而不是露于外，如同穿着粗布衣服，却怀揣宝玉？孔子回答：国家无道，就隐居；国家有道，就出来做官。国家有道隐居，国家无道出来做官不可以吗？国家无道隐居，是能力不足，国家无道而出世的是圣人，所谓"文王一怒安天下"，孔子不是在国家无道时周游列国吗？君子悟德，正是修道之时。所以，仁者"安仁"还需要修行；仁者"安人"是济世，济世能力不足，国家混乱就躲起来吧。

> 子路问于孔子曰："有人于此，披褐而怀玉，何如？"子曰："国无道，隐之可也；国有道，则衮冕而执玉。"

三、仁者安仁

仁者安仁，是修道。

(一) 好生之德，大哉

那么什么是仁者的行为呢？仁者爱人，不仅爱人，而爱一切生命。仁者在仁爱中扩充自己的德行，达到平等。这是悟道君子仁知双运的修行纲领。如达到四海承风，畅于异类，凤翔麟至，鸟兽驯德，这就是大圣人的德行。

> 鲁哀公问于孔子曰："昔者舜冠何冠乎？"孔子不对。公曰："寡人有问于子而子无言，何也？"对曰："以君之问不先其大者，故方思所以为对。"公曰："其大何乎？"孔子曰："舜之为君也，其政好生而恶杀，其任授贤而替不肖，德若天地而静虚，化若四时而变物，是以四海承风，畅于异类，凤翔麟至，鸟兽驯德，无他也，好生故也。君舍此道，而冠冕是问，是以缓对。"

(二) 轻国重信，楚庄王有贤德

陈国的大夫遭到陈灵公的侮辱，怒杀陈灵公。楚庄王讨伐陈国，攻取了陈国。申叔劝谏楚庄王，楚庄王放弃了陈国的土地，恢复了陈国的政权，得到天下认可。恢复被灭亡的国家，是楚庄王的仁爱、平等之心。

> 孔子读史至楚复陈，喟然叹曰："贤哉楚王！轻千乘之国，而重一言之信，匪申叔之信，不能达其义，匪庄王之贤，不能受其训。"

(三) 仁者不必贵，正道不必兴

丹漆不文，白玉不雕。孔子有王者之德，故不必再更多夸赞。召伯，贤者之德，贤者之位。"思其人，必爱其树；尊其人，必敬其位"，故《诗经》有《甘棠》一诗。孔子则不必如此。

召南·甘棠

> 蔽芾甘棠，勿翦勿伐，召伯所茇。
> 蔽芾甘棠，勿翦勿败，召伯所憩。
> 蔽芾甘棠，勿翦勿拜，召伯所说。

孔子常自筮其卦，得贲焉，愀然有不平之状。子张进曰："师闻卜者得贲卦，吉也，而夫子之色有不平，何也？"孔子对曰："以其离耶！在《周易》，山下有火谓之贲，非正色之卦也。夫质也黑白宜正焉，今得贲，非吾兆也。吾闻丹漆不文，白玉不雕，何也？质有余不受饰故也。"孔子曰："吾于《甘棠》，见宗庙之敬甚矣，思其人必爱其树，尊其人必敬其位，道也。"

（四）仁顺有德，戎无所用

仁者不需要武功。宽正可以怀强，包容、忠信的品质可以感化不善之人，仁爱可以感化强暴之人。忠信为质，就是心中清净，无私心；仁以为卫，就是只有爱人之心，那么还要武功干什么呢？

子路戎服见于孔子，拔剑而舞之，曰："古之君子，以剑自卫乎？"孔子曰："古之君子忠以为质，仁以为卫，不出环堵之室，而知千里之外，有不善则以忠化之，侵暴则以仁固之，何持剑乎？"子路曰："由乃今闻此言，请摄齐以受教。"

（五）有楚而无天下，再则可以

楚恭王丢了弓，不去寻找，认为楚国人的弓丢了，还是楚国人捡到，找它干什么呢？他的平等之心已经遍于楚国。孔子认为，如果楚王认为人丢弓，肯定有人捡弓而不必寻找，但为何非得是楚国人？这说明楚王心胸还不算宽广。

楚王出游，亡弓，左右请求之。王曰："止，楚王失弓，楚人得之，又何求之！"孔子闻之，惜乎其不大也，不曰人遗弓，人得之而已，何必楚也。

（六）要择善而从

万事万物的道理是没有止境的，智慧的开发也没有边际"三人行，必有我师焉"，择其善者而从之。

孔子为鲁司寇，断狱讼皆进众议者而问之，曰："子以为奚若？某以为何若？"皆曰云云如是，然后夫子曰："当从某子几是。"

（七）语言体现仁德

一个人说话也可以体现仁德。谈论一个人的美德，要隐而显，既含蓄又要清晰、明白;谈论一个人的过失要微而著,既细微又要点到为止。

> 孔子问漆雕凭曰:"子事臧文仲、武仲及孺子容,此三大夫孰贤?"对曰:"臧氏家有守龟焉,名曰蔡,文仲三年而为一兆,武仲三年而为二兆,孺子容三年而为三兆。凭从此之见,若问三人之贤与不贤,所未敢识也。"孔子曰:"君子哉漆雕氏之子,其言人之美也,隐而显;言人之过也,微而著。智而不能及,明而不能见,孰克如此?"

(八) 要明因识果

德行就在因果里,明因可以识果,见果可以知因。一个人的命运可以从德行里观察。德是心,行是果,起心动念都是因果,所以行事要战战兢兢,如履薄冰。

鲁国的公索氏准备祭祀先祖时丢了祭祀的畜生,孔子就断定他们家两年之内就要败亡,后来果然如此。有人可能认为这是圣人的神通啊之类,不要迷信神通。人比蚂蚁看得远,人不是比蚂蚁有"神通"吗? 人能左右世界,随心所欲吗?

> 鲁公索氏,将祭而亡其牲。孔子闻之曰:"公索氏不及二年将亡,后一年而亡。"门人问曰:"昔公索氏亡其祭牲,而夫子曰,不及二年必亡,今过期而亡,夫子何以知其然?"孔子曰:"夫祭者,孝子所以自尽于其亲,将祭而亡其牲,则其余所亡者多矣。若此而不亡者,未之有也。"

(九) 要见贤思齐,见不贤而自省

要见贤思齐,见不贤而自省。修行是自己的修证,不是去修证别人,贤人可以感化不贤,自修方可化人。不令而从,不教而听,这是周文王提倡的道德感化。

> 虞芮二国争田而讼,连年不决,乃相谓曰:"西伯仁也,盍往质之。"入其境则耕者让畔,行者让路;入其朝,士让于大夫,大夫让于卿。虞芮之君曰:"嘻! 吾侪小人也,不可以入君子之朝。"遂自相与而退,咸以所争之田为闲田也。孔子曰:"以此观之,文王之道,其不可加焉,不令而从,不教而听,至矣哉。"

(十) 仁人君子行必据礼

仁人君子行必据礼。礼以布德,要合情,但也要合"理",不能因情废"理"。过于亲近就不尊重了,过于庄重就不亲近了,要亲近而不失庄重,庄重而不失亲近。

> 曾子曰:"狎甚则相简,庄甚则不亲,是故君子之狎足以交欢,其庄足以成礼。"孔子闻斯言也,曰:"二三子志之,孰谓参也不知礼乎!"

(十一) 礼仪以尊德

礼仪以尊德,德非礼不成。德为内,礼为行,仪为表。德行可以外显,仪表也可以内化。这是礼乐的道理。《黄帝内经》就讲述了音乐和色彩对人心的调整作用,当然行为也可以调整内心。所以,礼仪是非常重要的。

哀公问曰:"绅委章甫,有益于仁乎?"孔子作色而对曰:"君胡然焉,衰麻苴杖者,志不存乎乐,非耳弗闻,服使然也;黼黻衮冕者,容不襲慢,非性矜庄,服使然也;介胄执戈者,无退懦之气,非体纯猛,服使然也。且臣闻之,好肆不守折,而长者不为市,窃夫其有益与无益,君子所以知。"

(十二) 要敬人而无我

见到长者如果话没有说完,即使下着大雨,也不能贸然进入他的家门。这是孔子的敬人之心。敬人就是无我,无我就是清净的仁爱之心。

孔子谓子路曰:"见长者而不尽其辞,虽有风雨,吾不能入其门矣。故君子以其所能敬人,小人反是。"

(十三) 仁心为根本

举手投足,心为根本。起心动念,以仁为本。择善择行,义以为勇。义就是"宜",遇到事情,如果知道了合适的"义",就要当仁不让,努力执行,这就是勇敢。做义事要勇敢。君子做事被人误解后了也不抱怨,在人之先也能做好表率。

孔子谓子路曰:"君子以心导耳目,立义以为勇;小人以耳目导心,不逊以为勇。故曰退之而不怨,先之斯可从已。"

(十四) 修行要知耻近乎勇,力行而不殆

修行要精进不懈方可有成就,要知耻近乎勇,力行而不殆。要努力学习、精进听法,有学有修,有修有证。有修证了就要努力帮助愿意学习的人,为他们引好路。只懂道理,不懂修证夸夸其谈是没有用的。修证积累了一点功德,懈怠傲慢,不能改变自己的习气毛病又失去了修证功德,这是需要更加努力去改正的。自以为有了修证,而人们不相信自己,这就要反思,是不是自己的功德不够。认真讲课而效果却不如预期,这就需要加倍努力。

孔子曰:"君子三患,未之闻,患不得闻;既得闻之,患弗得学;既得学之,患弗能行。有其德而无其言,君子耻之;有其言而无其行,君子耻之;既得之,而又失之,君子耻之;地有余民不足,君子耻之;众寡均而人功倍己焉,君子耻之。"

(十五) 学习也需要智慧、善巧,量力而行

学习要量力而行,要有智慧,要有方法。譬如柳下惠能坐怀不乱,而自己不能坐怀不乱,就要避免"坐怀"这样的场合和情景。自己要有自知之明。这里就有一个鲁国人,暴风骤雨独处一室,不让一个女子进门的事例,得到了孔子的夸奖。孔子认为他很有智慧。

鲁人有独处室者,邻之厘妇,亦独处一室。夜暴风雨至,厘妇室坏,趋而托焉,鲁人闭户而不纳,厘妇自牖与之言:"何不仁而不纳我乎?"鲁人曰:"吾闻男

女不六十不同居,今子幼吾亦幼,是以不敢纳尔也。"妇人曰:"子何不如柳下惠然? 妪不建门之女,国人不称其乱。"鲁人曰:"柳下惠则可,吾固不可。吾将以吾之不可,学柳下惠之可。"孔子闻之曰:"善哉! 欲学柳下惠者,未有似于此者,期于至善而不袭其为,可谓智乎!"

(十六) 小辩害义,小言破道

不可执着于毫无意义的无聊言辞。琐碎的言说会破坏意义,无关宏旨的长篇大论会损害大道。《诗经》里虽然有《关雎》《鹿鸣》篇,那是从鸟的雌雄之别和兽类得到食物就相互分享来起兴而赞美大道,并非琐碎、无聊之辞。

孔子曰:"小辩害义,小言破道,《关雎》兴于鸟而君子美之,取其雄雌之有别;《鹿鸣》兴于兽,而君子大之,取其得食而相呼。若以鸟兽之名嫌之,固不可行也。"

(十七) 不患无位,患德之不立

君子桀骜不驯就不能善终,小人桀骜不驯就会招来灾祸。善修道德,可以立身,君子善终,小人免祸。君子有德可以安身,王者有德可以立国,国家有德可以安民。

孔子谓子路曰:"君子而强气,而不得其死;小人而强气,则刑戮荐蓁。《豳诗》曰:'殆天之未阴雨,彻彼桑土,绸缪牖户,今汝下民,或敢侮余。'"孔子曰:"能治国家之如此,虽欲侮之,岂可得乎? 周自后稷积行累功,以有爵土,公刘重之以仁,及至大王亶甫,敦以德让,其树根置本,备豫远矣。初,大王都豳,翟人侵之,事之以皮币,不得免焉,事之以珠玉,不得免焉,于是属耆老而告之,所欲吾土地。吾闻之君子不以所养而害人,二三子何患乎无君? 遂独与大姜去之,逾梁山,邑于岐山之下。豳人曰:'仁人之君,不可失也,从之如归市焉。'天之与周,民之去殷久矣,若此而不能天下,未之有也,武庚恶能侮。《郇诗》曰:'执辔如组,两骖如儛。'"孔子曰:"为此诗者,其知政乎! 夫为组者,穆纰于此,成文于彼,言其动于近,行于远也。执此法以御民,岂不化乎!《竿旄》之忠告至矣哉!"

第五章

国学的修证之路

有理、有据,有"礼"、有"德",会者当下全体皆是,不会者需要步步引导。就像孔子指示子路,"时哉! 时哉!",子路当下领悟,就无话可说了。如果还有话说,就说明还需要引领。本书就从文献里找出了修证的实例来,慢慢研究。首先看看孔子——国学文明的整理和传承者,是如何讨论修证的。

第一节　木铎金声,孔子论修证

一、道在哪里

人人都说一个"道"字,听不到、摸不着、看不见。青、黄、赤、白,几斤几两? 那么道到底在哪里呢?

(一) 官者,道之器

道即生活,道在"官"中,在本职工作、本然生活中,在工厂做工中,教师上课中,法官断案中,居家做饭中、洗衣中……举手投足,张口闭目,天地万物,日月星辰,身体发肤,无不是道。故道无可守,道就在本职工作、本然生活的当下。一切生活都是"道"的工具。官,原先就是安住本位的意思,后来将国家给予有职责者的相应位置称为官。心中发心守道,就有了道的杂念,道就远了;正心诚意,安住本职、本然,当下即道。守官,守其位也。

齐侯围猎,以旌旗召唤虞人,虞人没有向前晋见齐侯。齐侯派人抓他问话,虞人说,先君——上一任齐侯吧,用旌旗召唤大夫,用弓召唤士,用皮帽子召唤虞人,他没有看见皮帽子,所以没有前来晋见齐侯,齐侯听了就放了他。孔子听说了这件事,赞叹这很好,守道不如守官。安守本然的位置,当下就是正心、诚意。

> 孔子在齐,齐侯出田,招虞人以旌,不进,公使执之对曰:"昔先君之田也,旌以招大夫,弓以招士,皮冠以招虞人,臣不见皮冠,故不敢进,乃舍之。"孔子

闻之曰："善哉守道不如守官，君子韪之。"

（二）行者，德之义（宜）

安住本位，哪里是本位呢？其实虞人安住的不就是本位吗？这里重点讲的是"义"，最合适、最相宜的举动。即事观心，素位而行，素位就是本位的本然职责，没有杂念的意思。

齐国军队攻打鲁国的时候，季康子派孔子的弟子冉求率领左军御敌，樊迟率领右军。遇到了壕沟，鲁国军队不愿意跨过去。樊迟对冉求说，不是不能跨过去，而不信任季康子的德行啊。他建议冉求传令三次后带头跨过去。于是冉求如樊迟所说，奋勇领先，跨过壕沟。接着，鲁国军队也跟随他攻入了齐军，最后取得了战争的胜利。孔子听说后，夸赞冉求的举动是义举。义就是宜，冉求的行为是最恰当的。季康子听说冉求是从孔子那里学习的军事知识，十分高兴。

> 齐国师伐鲁，季康子使冉求率左师御之，樊迟为右。师不逾沟，樊迟曰"非不能也，不信子，请三刻而逾之。"如之，众从之，师入齐军，齐军遁，冉有用戈，故能入焉。孔子闻之曰："义也。"既战，季孙谓冉有曰："子之于战，学之乎？性达之乎？"对曰："学之。"季孙曰："从事孔子，恶乎学？"冉有曰："即学之孔子也。夫孔子者，大圣无不该，文武并用兼通，求也适闻其战法，犹未之详也。"季孙悦，樊迟以告孔子。孔子曰："季孙于是乎可谓悦人之有能矣。"

二、道如何修

道在哪里已经知道了，就在当下，如何修呢？无法之法。

（一）改恶迁善而已

向善可以正己，可以化人，教育后代，为后代做表率，还可以德及子孙。

南容说、仲孙何忌两个人为父亲孟僖子守孝结束，鲁昭公当时流亡国外，没有恢复他们的职位。鲁定公即位后下诏恢复他们两个的职位，但他们两个却推辞说，父亲临终遗言，认为礼是人立身的根本，让他们二人跟随孔子学习礼法以立身。鲁定公准许了。孔子赞叹孟僖子是可以为人效法的君子，不仅自己有过就改，还能教育子孙。《大雅》有云，"诒厥孙谋，以燕翼子"，意思就是为子孙积德，使他们得到安宁和别人的敬重，就是指孟僖子这类人的德行。

> 南容说、仲孙何忌既除丧，而昭公在外，未之命也。定公即位，乃命之，辞曰："先臣有遗命焉，曰：'夫礼，人之干也，非礼则无以立。'嘱家老使命二臣，必事孔子而学礼，以定其位。"公许之。二子学于孔子。孔子曰："能补过者，君子也。《诗》云，君子是则是效，孟僖子可则效矣，惩己所病，以诲其嗣，《大雅》所谓诒厥孙谋，以燕翼子，是类也夫。"

(二) 知恶辨善,方能改恶从善

改恶从善固然是好的,但是如果善恶不分,就谈不上改恶从善了。只有知恶辨善,方能正己、正人,克己服义。

孙文子得罪了卫献公,居住在戚邑。卫献公去世了,还没有安葬,孙文子就钟鼓齐鸣地开始娱乐。延陵季子到晋国去,经过戚邑,听说此事后,对孙文子说,"你居住在这里,就像燕子居住在别人的帐幕上,恐惧起来不及呢,有什么快乐呢? 而献公还没有出殡,怎么能这样呢?"孙文子听了这些,就终身不再听音乐。孔子赞叹延陵季子能明理正人,孙文子能改恶从善。

> 卫孙文子得罪于献公,居戚,公卒未葬,文子击钟焉。延陵季子适晋,过戚闻之曰:"异哉! 夫子之在此,犹燕子巢于幕也,惧犹未也,又何乐焉? 君又在殡,可乎?"文子于是终身不听琴瑟。孔子闻之曰:"季子能以义正人,文子能克己服义,可谓善改矣。"

(三) 必也,知礼;如不知礼,心善而受恶

能够知恶辩善,也能够改恶从善,还要知礼。君子行必据礼。如果自己的行为不符合礼法,心地虽然善良,别人也看不见你的心,还会出现心善反而受恶果这样的情况。这就是生活中很多善良的正人君子并不一定受人欢迎的重要原因。这是由他们行不据礼、恃才放旷造成的。

晋国的赵穿杀了晋灵公,当时赵盾在逃亡中,没有逃出国境就返回来了。史官记载赵盾弑君,赵盾说他没有弑君。史官说:你作为正卿,逃跑没有出国境,回国没有抓捕犯人,不是你又是谁呢? 赵盾感慨:"我之怀矣,自诒伊戚。"这句话意思是"'我有着怀恋之情,却给我自己带来了忧伤'说的就是我把!"孔子感叹说,史官是好史官,赵盾也是很好的大夫,可惜不知礼啊。如果赵盾逃亡出了国境就没有责任了。他眷恋国家,反而给自己带来了灾难。

> 孔子览《晋志》,晋赵穿杀灵公,赵盾亡,未及山而还,史书"赵盾弑君"。盾曰:"不然。"史曰:"子为正卿,亡不出境,返不讨贼,非子而谁。"盾曰:"呜呼! 我之怀矣,自诒伊戚,其我之谓乎!"孔子叹曰:"董狐,古之良史也,书法不隐。赵宣子,古之良大夫也,为法受恶,惜也越境乃免。"

(四) 善恶存于心,何人知心? 非言谁知其善

在生活中修行要处理复杂的社会人际关系,没有隐居在深山中的人环境清净,但这样更能够通过修行提高智慧。心不能见,君子行必据礼,除此之外,还要善于表达、勇于表达。善恶存在心里,该表达时不说话,就没有人知道你的真实想法。譬如郑国攻打陈国这件事,战争本来就没有正义的,如果没有子产的辩才,哪里有什么功德可言呢? 所以,孔子说这件事是"非文辞不为功"。"志有之,言以足志,文

以足言,不言谁知其志,言之无文,行之不远。"

　　郑伐陈,入之,使子产献捷于晋,晋人问陈之罪焉。子产对曰:"陈亡周之大德,介恃楚众,冯陵弊邑,是以有往年之告。未获命,则又有东门之役。当陈隧者,井堙木刊,弊邑大惧,天诱其衷,启弊邑心,知其罪,校首于我,用敢献功。"晋人曰:"何故侵小?"对曰:"先王之命,惟罪所在,各致其辟,且昔天子一圻,列国一同,自是以衰,周之制也。今大国多数圻矣,若无侵小,何以至焉。"晋人曰:"其辞顺。"孔子闻之,谓子贡曰:"志有之,言以足志,文以足言,不言谁知其志,言之无文,行之不远。晋为郑伯入陈,非文辞不为功,小子慎哉。"

三、为正(政)之德

政就是正,一切人际关系的处理都需要正。古代为政是做官,现在工作门类很多,各行各业的工作都是为政,所以本书称"为政"为"为正"。即使是和大自然打交道,也需要正,正其心。讨论"为正"就是把修行贯穿于生活。

(一)度君善谏,忠也

自己知道善恶,生活中看到别人的过错怎么办呢? 也要学会正人,譬如向上级进谏就是正人。当然正人是难度很高的事情,要有技巧,要观察别人是不是知过就改、善于纳谏的君子,如果对方不是这样的人就要离得远一些。"事君以忠,不可则去",意即自己尽忠心办事,如果不被接纳就离开。在现在社会就是辞职了。楚国的子革就是善于进谏的人,他没有直接进谏楚灵王,而是用诗词讽谏,让楚灵王自己领会。孔子认为子革不是史官,不能直述其意而用诗讽谏,若用一个字评价他的做法就是"顺"。

　　楚灵王汰侈,右尹子革侍坐,左史倚相趋而过,王曰:"是良史也,子善视之,是能读三坟五典,八索九丘。"对曰:"夫良史者,记君之过,扬君之善,而此子以润辞为官,不可为良史。"曰:"臣又乃尝闻焉,昔周穆王欲肆其心,将过行天下,使皆有车辙,并马迹焉,祭公谋父作祈昭,以止王心,王是以获殁于文宫,臣闻其诗焉,而弗知,若问远焉,其焉能知。"王曰:"子能乎?"对曰:"能,其诗曰:'祈昭之愔愔乎,式昭德音,思我王度,式如玉,式如金,刑民之力,而无有醉饱之心。'"灵王揖而入,馈不食,寝不寐,数日则固不能胜其情,以及于难。孔子读其志曰:"古者有志,克己复礼为仁,信善哉,楚灵王若能如是,岂期辱于乾溪,子革之非左史,所以风也,称诗以谏,顺哉。"

(二)不赏私劳,不罚私怨

当政者不要赏赐只对自己有用而对国家无益的人;不要惩罚只与自己有怨而对国家无害的人。现代社会中,国家也可以替换为单位、集团、企业、社团等等。叔孙昭子就杀了虽然拥立自己却危害叔孙氏的叔孙牛。《诗》云:"有觉德行,四国顺之。"孔子认为叔孙昭子有这样的德行。

> 叔孙穆子,避难奔齐,宿于庚宗之邑,庚宗寡妇通焉而生牛。穆子返鲁,以牛为内竖,相家,牛谗叔孙二子杀之,叔孙有病,牛不通其馈,不食而死,牛遂辅叔孙庶子昭而立之。昭子既立,朝其家众曰:"竖牛祸叔孙氏,使乱大从,杀適立庶,又被其邑,以求舍罪,罪莫大焉,必速杀之。"遂杀竖牛。孔子曰:"叔孙昭子不劳,不可能也。周任有言曰:'为政者不赏私劳,不罚私怨。'《诗》云:'有觉德行,四国顺之。'昭子有焉。"

(三) 治国制刑,不隐于亲,平等之制

修证从这里就慢慢开始引导、培养人的平等之心了。文明从婚姻家庭开始,培养人亲其亲,知爱利他。当能够亲其亲,能够利他之时就应该培养人的平等之心了。人我平等、亲疏平等、国家平等、天下平等、所有的生命平等、万物平等,每一粒微尘平等,……循序渐进地提高自己的德行。治国制刑就要有国民平等的德行,治县就要一个县的人平等,等等。

晋国的刑侯与雍子争夺田地,由叔鱼审理此案。叔鱼知道罪过在雍子,而雍子把自己的女儿嫁给叔鱼,叔鱼就判刑侯有罪。刑侯大怒,在朝堂上直接杀了雍子和叔鱼。韩宣子就问叔鱼的哥哥叔向怎么处理,叔向认为三人都有罪,活着的治罪,死去的暴尸。他没有隐瞒和偏袒自己弟弟的罪过。孔子认为叔向是一个耿直的义士,他以前在处理国事时就指出过叔鱼贪财纳贿、奸诈等等过失。这个案件又指出叔鱼的贪婪,正刑而除恶,这是符合国家的道义的。

> 晋邢侯与雍子争田,叔鱼摄理,罪在雍子。雍子纳其女于叔鱼,叔鱼弊狱邢侯,邢侯怒杀叔鱼与雍子于朝。韩宣子问罪于叔向,叔向曰:"三奸同坐,施生戮死可也。雍子自知其罪,而赂以置直,鲋也鬻狱,邢侯专杀其罪一也。己恶而掠美为昏,贪以败官为默,杀人不忌为贼。《夏书》曰:'昏默贼,杀,咎陶之刑也。'请从之。"乃施邢侯,而尸雍子、叔鱼于市。孔子曰:"叔向古之遗直也。治国制刑,不隐于亲,三数叔鱼之罪不为末,或曰义,可谓直矣。平丘之会,数其贿也,以宽卫国,晋不为暴;归鲁季孙,称其诈也,以宽鲁国,晋不为虐;邢侯之狱,言其贪也,以正刑书,晋不为颇。三言而除三恶,加三利,杀亲益荣,由义也夫。"

(四) 纳谏尊贤,不毁乡校

既然自己明辨善恶可以正人而谏诤,他人明辨善恶而进谏,自己当然也要善于纳谏。谏诤可以化人,纳谏可以改过。郑国有乡学,人们在此议论朝政。大夫䲭明想废止这个乡学,子产认为乡人论政,对的就采纳,错的就改正,如不改过,积怨过

多，就不能补救了，就没有废止乡学。孔子认为，从这件事情来看，子产是个仁人。

> 郑有乡校，乡校之士，非论执政，鬷明欲毁乡校。子产曰："何以毁为也？夫人朝夕退而游焉，以议执政之善否，其所善者，吾则行之；其所否者，吾则改之。若之何其毁也。我闻忠言以损怨，不闻立威以防怨，防怨犹防水也，大决所犯，伤人必多，吾弗克救也，不如小决使导之，不如吾所闻而药之。"孔子闻是言也，曰："吾以是观之，人谓子产不仁，吾不信也。"

（五）正礼以固国

一个国家衰落了，有时并不是经济问题，制度和人心有时反而更重要。子产所争的税负问题，实际上是公平问题，也是恢复国家礼制的问题。国家安定有序了，国家的根基就稳固了。正礼可以固国，子产正的是税制。当然不同国家衰落时，制度颓废的形式是不一样的。《诗》云："乐只君子，邦家之基。"以为国、为家做出贡献为快乐，可能指的就是这种情况吧。

> 晋平公会诸侯于平丘，齐侯及盟，郑子产争贡赋之所承，曰："昔日天子班贡，轻重以列尊卑，贡，周之制也，卑而贡重者甸服，郑伯男南也，而使从公侯之贡，惧弗给也，敢以为请，自日中争之，以至于昏。"晋人许之。孔子曰："子产于是行也，是以为国基也。《诗》云：'乐只君子，邦家之基。'子产，君子之于乐者，且曰合诸侯而艺贡事，礼也。"

（六）施之以宽，纠之以猛，平之以和

为政之德在于和。仁恕之道的实施要有方法和技巧：政宽则民慢，慢则纠于猛，猛则民残，民残则施之以宽。宽以济猛，猛以济宽，宽猛相济，政是以和。

> 郑子产有疾，谓子太叔曰："我死，子必为政，唯有德者能以宽服民，其次莫如猛。夫火烈民望而畏之，故鲜死焉；水懦弱，民狎而玩之，则多死焉，故宽难。"子产卒，子太叔为政，不忍猛而宽，郑国多掠盗。太叔悔之曰："吾早从夫子，必不及此。"孔子闻之曰："善哉！政宽则民慢，慢则纠于猛，猛则民残，民残则施之以宽，宽以济猛，猛以济宽，宽猛相济，政是以和。诗曰：'民亦劳止，汔可小康，惠此中国，以绥四方，'施之以宽；'毋纵诡随，以谨无良，式遏寇虐，惨不畏明'，纠之以猛也；'柔远能迩，以定我王'，平之以和也。"又曰："不竞不絿，不刚不柔，布政优优，百禄是遒，和之至也。"子产之卒也，孔子闻之，出涕曰："古之遗爱。"

（七）无苛政

施政以仁德为本，苛政大违仁本。

> 孔子适齐，过泰山之侧，有妇人哭于野者而哀，夫子式而听之曰："此哀一

似重有忧者。"使子贡往问之。而曰:"昔舅死于虎,吾夫又死焉,今吾子又死焉。"子贡曰:"何不去乎?"妇人曰:"无苛政。"子贡以告孔子。子曰:"小子识之,苛政猛于暴虎。"

(八) 近举不失亲,远不失举,平等举贤

这是关于平等之道的修证了。社会的变迁、人心的变化,使教法的本意不变,而人的选择就各不相同了。古代人公正之心胜,不举亲,以避嫌疑,故有近举不避亲一说,鼓励选贤不能漏亲。教法不难,难在执行;执行不难,难在人心。

晋魏献子为政,分祁氏及羊舌氏之田,荀栎灭,以赏诸大夫,及其子成,皆以贤举也。又将贾辛曰:"今汝有力于王室,吾是以举汝,行乎敬之哉,毋堕乃力。"孔子闻之曰:"魏子之举也,近不失亲,远不失举,可谓美矣。"又闻其命贾辛以为忠。《诗》云:"永言配命,自求多福。"忠也。魏子之举也义,其命也忠,其长有后于晋国乎。

(九) 乱制失度则国亡

如果国家制度废弛,任何事都没有准则,道德沦丧,人情买卖横行,不能严明刑罚,国家也就难以维持秩序了。礼以尊德,法以礼为度,法度没有了,国家制度混乱,国家就会灭亡。德治是法制的基础和根本。

赵简子赋晋国一鼓钟,以铸刑鼎,著范宣子所为刑书。孔子曰:"晋其亡乎,失其度矣。夫晋国将守唐叔之所受法度,以经纬其民者也。卿大夫以序守之,民是以能遵其道而守其业,贵贱不愆,所谓度也。文公是以作执秩之官,为被庐之法,以为盟主。今弃此度也,而为刑鼎,铭在鼎矣,何以尊贵?何业之守也?贵贱无序,何以为国?且夫宣子之刑,夷之搜也,晋国乱制,若之何其为法乎。"

(十) 尊道而不失其国

德必感于物,道德忠信必有外应,这是因果的道理。但是了解这些事的目的,是鼓励自己尊德,以德为本。尊德行道,外在的物应完全不必执着,更不能因重视这些物应而迷信,从而做出背德、害道的事来。人最终还是要循道而行、循礼而行。天道茫茫,岂是人可以猜度的。天道无亲,唯善是亲。

楚昭王有病,有人认为是黄河河神作祟,要搞祭祀活动。但是,礼法是诸侯祭祀自己境内的山川,只有天子才可以祭祀黄河、长江,也就是地方政府不能搞国家礼仪。楚昭王没有祭祀。楚国后为吴国所灭,楚昭王出逃,后又复国。孔子根据楚昭王拒绝祭祀黄河这件事,认为楚昭王知道大道,他能复国,是由他的德行决定的。从楚昭王拒绝祭祀这件事后人看到了他的德行,从他的德行判断他治国必然有德,而不是他拒绝祭祀这件事本身导致了灭国又复国。

楚昭王有疾,卜曰:"河神为祟。"王弗祭,大夫请祭诸郊。王曰:"三代命

祀,祭不越望,江汉沮漳,楚之望也,祸福之至,不是过乎,不谷虽不德,河非所获罪也。"遂不祭。孔子曰:"楚昭王知大道矣,其不失国也宜哉。《夏书》曰:'维彼陶唐,率彼天常,在此冀方,今失厥道,乱其纪纲,乃灭而亡。'"又曰:"允出兹在兹,由己率常可矣。"

(十一) 鸟择木,非木择鸟

鸟选择树,不是树选择鸟。鸟,譬喻君子;树,譬喻今天的用人单位。真正有能力又有德行的人才是仅仅用金钱请不到的。因为有德的人必然也看重组织的道义和德行。不仅孔子拒绝了卫国孔文子的造访,冉求也拒绝了。而冉求的应对,使鲁国的季康子很欣赏,就让鲁哀公迎请冉求。这哪里是重用冉求呢? 这是尊重孔子啊!

> 卫孔文子使太叔疾出其妻,而以其女妻之,疾诱其初妻之娣,为之立宫,与文子女,如二妻之礼。文子怒将攻之。孔子舍璩伯玉之家,文子就而访焉。孔子曰:"簠簋之事,则尝闻学之矣,兵甲之事,未之闻也。"退而命驾而行曰:"鸟则择木,木岂能择鸟乎?"文子遽自止之曰:"圉也岂敢度其私哉? 亦防卫国之难也。"将止,会季康子问冉求之战。冉求既对之,又曰:"夫子播之百姓,质诸鬼神,而无憾,用之则有名。"康子言于哀公,以币迎孔子,曰:"人之于冉求信之矣,将大用之。"

(十二) 素其位而行

素其位而行,做自己该做的事,不该做的就不做。孔子认为他自己曾经位列大夫,因齐国陈恒弑君,他建议鲁国讨伐齐国这件事是自己本来的职责。事情的最终决定孔子就不愿意过问了。

> 齐陈恒弑其简公,孔子闻之,三日沐浴而适朝,告于哀公曰:"陈恒弑其君,请伐之。"公弗许,三请,公曰:"鲁为齐弱久矣,子之伐也,将若之何?"对曰:"陈恒弑其君,民之不与者半,以鲁之众,加齐之半,可克也。"公曰:"子告季氏。"孔子辞,退而告人曰:"以吾从大夫之后,吾不敢不告也。"

(十三) 国家要尊重国家礼法

国家要尊重国家礼仪,诸侯要尊重诸侯之礼,如此等等,社会就会礼乐交通、文明和谐。国家不尊重国家礼仪,道德风化就无从说起。

> 子张问曰:"《书》云,高宗三年不言,言乃雍,有诸?"孔子曰:"胡为其不然也。古者天子崩,则世子委政于冢宰三年,成汤既没,太甲听于伊尹,武王既丧,成王听于周公,其义一也。"

(十四) 信以守器,名以出信,名器不可假人

国家名义、国家礼器是不可以轻易使用的,如使用就必须符合礼仪制度,因为

它代表国家信用。国家礼器、国家名义的使用没有法度,国家信用就会逐渐崩溃,国家也就混乱了。

> 卫孙桓子侵齐,遇,败焉。齐人乘之,执。新筑大夫仲叔于奚以其众救桓子,桓子乃免。卫人以邑赏仲叔于奚,于奚辞。请曲悬之乐,繁缨以朝,许之。书在三官。子路仕卫,见其故,以访孔子。孔子曰:"惜也不如多与之邑,惟器与名,不可以假人,君之所司,名以出信,信以守器,器以藏礼,礼以行义,义以生利,利以平民,政之大节也。若以假人,与人政也,政亡,则国家从之,不可止也。"

(十五) 重视女德

传统男耕女织的社会分工背景下的女德问题一直备受关注。当然,现代社会生产方式已经发生了巨大变化,男女已经实现了社会平等,女人不必纺织了。那么要不要提倡传统女德呢?这和个人的价值观选择有关。现代社会人人都有自我选择的权力,若想在现代社会发展和谐的家庭伦理关系,从而打造天下和同的文明小单元,需要每一个人从传统道德中去体会先哲的文明关怀和他们阐述的深刻道理,然后做出自己的努力。

> 公父文伯之母,纺绩不解。文伯谏焉。其母曰:"古者王后亲织玄紞,公侯之夫人加之以纮綖,卿之内子为大带,命妇成祭服,列士之妻,加之以朝服,自庶士已下,各衣其夫,社而赋事,烝而献功,男女纺绩,愆则有辟,圣王之制也,今我寡也,尔又在位,朝夕恪勤,犹恐忘先人之业,况有怠堕,其何以避辟?"孔子闻之曰:"弟子志之,季氏之妇,可谓不过矣。"

(十六) 国有道,则仕;无道,则隐

"事君以忠,不可则去"阐述了儒家的人生选择,体现了国无道则隐的思想。

> 樊迟问于孔子曰:"鲍牵事齐君,执政不挠,可谓忠矣,而君刖之,其为至暗乎?"孔子曰:"古之士者,国有道则尽忠以辅之,国无道则退身以避之。今鲍疾子食于淫乱之朝,不量主之明暗,以受大刖,是智之不如葵,葵犹能卫其足。"

(十七) 君子之行,必度于礼

儒法之难不在于理,在于圣人想表达的思想。即事而观,有时孔子似乎是就事论事,在以一代类地讲述类似的所有问题;有时似乎又在隐喻和暗示。所以,连颜回都说"瞻之在前、忽焉在后"了。此篇讲述了两个问题,一是君子行必据礼的问题,国家礼法不可废,为政必须尊重礼法。如果不尊重礼法,肆意妄为,为什么还要请教孔子呢?如果想按礼法执行,国家有成法在,执行就可以了。二是国家税赋问题。税赋的轻重体现仁德,税赋的公正体现平等。"施取其厚,事举其中,敛从其薄",这是税赋礼法的道德原则。要保证税赋能体现爱民的本意和平等公正就必须

依据礼法。

季康子欲以一井田出法赋焉,使访孔子。子曰:"丘弗识也。"冉有三发,卒曰:"子为国老,待子而行,若之何子之不言?"孔子不对而私于冉有曰:"求,汝来,汝弗闻乎,先王制土,藉田以力,而底其远近;赋里以入,而量其有无;任力以夫,而议其老幼。于是鳏寡孤疾老者,军旅之出,则征之,无则已。其岁收,田一井,出获禾、秉、缶米、刍蒿不是过,先王以为之足,君子之行,必度于礼,施取其厚,事举其中,敛从其薄,若是其已,丘亦足矣。不度于礼,而贪冒无厌,则虽赋田,将有不足。且子孙若以行之而取法,则有周公之典在。若欲犯法,则苟行之,又何访焉。"

(十八) 要政、教合一

德治离不开教化,如果爱民而没有教化只能称为惠,不能称仁。自己有道德,而能教化百姓方能称为仁。子产为政,爱施小惠,而不能举公事,爱民而不能教。冬天,子产将自己乘坐的车子让给过河的人。作为国家官员,以子产的地位,难道不能兴公事修桥吗? 难道不能用道德教化他人,兴公益造福百姓吗? 如果能这样,自己的车不让给过河的人又有什么不妥呢?

子游问于孔子曰:"夫子之极言子产之惠也,可得闻乎?"孔子曰:"惠在爱民而已矣。"子游曰:"爱民谓之德教,何翅施惠哉?"孔子曰:"夫子产者,犹众人之母也,能食之,弗能教也。"子游曰:"其事可言乎?"孔子曰:"子产以所乘之舆济冬涉者,是爱无教也。"

(十九) 孝悌之本——敬老、养老

提到德政和仁本,就回到中华民族的教化根本——孝道。正德以孝道为基,一切教法都包含在"孝"里。"夫圣王之教,孝悌发诸朝廷,行于道路,至于州巷,放于搜狩,循于军旅,则众感以义,死之而弗敢犯。"

哀公问于孔子曰:"二三大夫皆劝寡人使隆敬于高年,何也?"孔子对曰:"君之及此言,将天下实赖之,岂唯鲁哉。"公曰:"何也? 其义可得闻乎?"孔子曰:"昔者有虞氏贵德而尚齿,夏后氏贵爵而尚齿,殷人贵富而尚齿,周人贵亲而尚齿,虞夏殷周,天下之盛王也,未有遗年者焉。年者贵于天下久矣,次于事亲,是故朝廷同爵而尚齿,七十杖于朝,君问则席,八十则不仕朝,君问则就之,而悌达乎朝廷矣;其行也肩而不并,不错则随,斑白者不以其任于道路,而悌达乎道路矣;居乡以齿而老穷不匮,强不犯弱,众不暴寡,而悌达乎州巷矣;古之道,五十不为甸役,颁禽隆之长者,而悌达乎搜狩矣;军旅什伍,同爵则尚齿,而悌达乎军旅矣。夫圣王之教,孝悌发诸朝廷,行于道路,至于州巷,放于搜狩,循于军旅,则众感以义,死之而弗敢犯。"公曰:"善哉,寡人虽闻之,弗能成。"

(二十) 个人、家、国、社会、天下,失德则不祥(五不祥)

个人、家、国、社会、天下,失德则不祥,五不祥。

> 哀公问于孔子曰:"寡人闻东益不祥,信有之乎?"孔子曰:"不祥有五,而东益不与焉。夫损人自益,身之不祥;弃老而取幼,家之不祥;释贤而任不肖,国之不祥;老者不教,幼者不学,俗之不祥;圣人伏匿,愚者擅权,天下不祥。不祥有五,东益不与焉。"

(二十一) 必也,名正言顺

名不正则言不顺。名即器,名正即德正,名不正则德不正。国君从臣下那里拿东西叫取,国君给臣下东西叫赐,臣下从国君那里拿东西叫借,臣下送给国君东西叫献。

> 孔子适季孙,季孙之宰谒曰:"君使求假于田,特与之乎?"季孙未言。孔子曰:"吾闻之君取于臣谓之取,与于臣谓之赐,臣取于君谓之假,与于君谓之献。"季孙色然悟曰:"吾诚未达此义。"遂命其宰曰:"自今已往,君有取之,一切不得复言假也。"

第二节　反身而后行

前文已经讨论了修证之道,接下来就要把"修证之道"付诸行动。知而不行有什么用呢?如何行动呢?就是反观自身,是道则进,非道则退。本书所有的事例都可以用来反观自身、反观自心。不同部分叙述的事例只是侧重点不同,事事都可以反观修行,多检查自己。

首先要多向贤者学习,所以先讨论辨贤,认识贤者。其次要在实践的当下正心,讨论辨政。在处理各种复杂的关系中而心不乱,体现贤德。最后就是以反观而行道,时时、事事反观自心,与道相合。

一、知贤而进,辨贤

学习贤者,那就要观察什么是贤者,这些观察都可以用以自勉,用以自观,反观自己是不是这样的贤者,努力让自己做一个贤者。

儒者安身的问题其实就是工作和生活环境问题。安身是解决生活问题,立身就是正心,就是提升道德的修证问题。安身对修证而言非常重要,身安则心安,身不安则心不净,气息不调,道不能显。这就是天下山林非僧即道的原因了。可是,儒法修证是在滚滚红尘安身,难度可想而知。儒法强调择君而事,事君以忠,不可则去。不一定去为谁工作,在农业社会,自己耕种也可以维持生活。晴耕雨读,安心办道,未尝不可。但是,参加工作可以奉献社会,如有机会努力为社会做事也是可以的。现代是工商业社会,不是人人都可以晴耕雨读的,工作有时是必须的,这就要选择"老板"。怎么选择呢? 就是看这个"老板"是不是"贤者"。所以,辨贤也可以用于"择君而事",选择适合自己的工作,以创造安定的生活环境。

(一) 贤君必尊贤

贤者必敬贤。卫灵公有敬贤之德,孔子认为他是贤君。当然,卫灵公德不及闺门,个人生活一塌糊涂,那是他公德不胜私欲造成的,因此,他治理卫国并不很成功。所以人人都要谨慎戒惧,世界上的事,很难十全十美。

卫灵公的弟弟很贤能,卫灵公很喜欢他,就对其委以重任。有个叫林国人,经常举荐其他贤者,别人赋闲无事,就把自己的俸禄和别人分享,卫灵公很尊敬他,国家没有不被任用的贤人。又有个叫庆足的人,卫国有大事就参与处理,无事就退下来,包容其他贤者,灵公十分敬重他。大夫史鳝,求道离开卫国,灵公住在郊外三天,断绝娱乐,直到史鳝回国。孔子根据卫灵公尊贤的行为认定卫灵公是一位贤君。

> 哀公问于孔子曰:"当今之君,孰为最贤?"孔子对曰:"丘未之见也,抑有卫灵公乎?"公曰:"吾闻其闺门之内无别,而子次之贤,何也?"孔子曰:"臣语其朝廷行事,不论其私家之际也。"公曰:"其事何如?"孔子对曰:"灵公之弟曰公子渠牟,其智足以治千乘,其信足以守之,灵公爱而任之。又有士林国者,见贤必进之,而退与分其禄。是以灵公无游放之士,灵公贤而尊之。又有士曰庆足者,卫国有大事则必起而治之,国无事则退而容贤,灵公悦而敬之。又有大夫史鳝,以道去卫,而灵公郊舍三日,琴瑟不御,必待史鳝之入,而后敢入。臣以此取之,虽次之贤,不亦可乎?"

(二) 贤臣必进贤

孔子关于贤臣的标准主要是尊德。能推荐其他贤人的人是贤者,而功业有成的人可以称为能者。就像管仲、子产这样的人,孔子也不认为他们是贤者。因为,鲍叔推荐了比自己能干的管仲,子皮推荐了比自己能干的子产,可没有发现管仲和子产推荐比自己贤能的人。

> 子贡问于孔子曰:"今之人臣,孰为贤?"子曰:"吾未识也,往者齐有鲍叔,郑有子皮,则贤者矣。"子贡曰:"齐无管仲,郑无子产。"子曰:"赐,汝徒知其一,未知其二也。汝闻用力为贤乎? 进贤为贤乎?"子贡曰:"进贤贤哉。"子曰:"然,吾闻鲍叔达管仲,子皮达子产,未闻二子之达贤己之才者也。"

(三) 君不贤则丧国亡身

孔子借用夏桀荒淫之事进谏哀公。哀公问孔子，听说有失忆症之类，离开一下就忘了妻子，有没有这回事。孔子就借夏桀荒乱之事，劝谏国君不能忘了国君的身份，国君不贤就会亡国丧身。亡国丧身比失忆更严重。

> 哀公问于孔子曰："寡人闻忘之甚者，徙而忘其妻，有诸？"孔子对曰："此犹未甚者也。甚者乃忘其身。"公曰："可得而闻乎？"孔子曰："昔者夏桀，贵为天子，富有四海，忘其圣祖之道，坏其典法，废其世祀，荒于淫乐，耽湎于酒，佞臣谄谀，窥导其心，忠士折口，逃罪不言，天下诛桀。而有其国，此谓忘其身之甚矣。"

(四) 恭、敬、忠、信谓贤德

什么样的内在品质才能称贤呢？孔子给出了恭、敬、忠、信四个标准。恭则远患，敬则人爱，忠则和众，信则人任。这四个贤能的内在标准不仅仅可以用来自己修证，也可以用来"正国"。"虑不先定，临事而谋，不亦晚乎？"努力吧！

> 颜渊将西游于宋，问于孔子曰："何以为身？"子曰："恭敬忠信而已矣。恭则远于患，敬则人爱之，忠则和于众，信则人任之，勤斯四者，可以政国，岂特一身者哉。故夫不比于数，而比于疏，不亦远乎；不修其中，而修外者，不亦反乎；虑不先定，临事而谋，不亦晚乎。"

(五) 贤者不自容，则身危

贤者要学会自容，自己和社会和解，非道则退。如果世道荒乱，正道不行，自己力量又不足，就隐居安身。现代的通俗说法就是要学会保护自己。保护自己并不是违背道德与人同流合污，而是隐退。世事变幻，贤者如果遇到了无力回天的情况，那就要明智地做出选择。如果不能明智选择，很可能亡命丧身。如果时代不提倡善行，一个人独自力行善事，在恶人眼里反而被视为非妖即妄，"桀杀龙逄，纣杀比干"就属于此类情况。

> 孔子读《诗》于《正月》六章，愒焉如惧，曰："彼不达之君子，岂不殆哉。从上依世则道废，违上离俗则身危，时不兴善，己独由之，则曰非妖即妄也。故贤也既不遇天，恐不终其命焉，桀杀龙逄，纣杀比干，皆类是也。《诗》曰：'谓天盖高，不敢不局，谓地盖厚，不敢不蹐。'此言上下畏罪，无所自容也。"

(六) 治国，尊贤而贱不肖

尊贤而贱不肖要真切实行，不是表面文章。否则尊贤而不用，贤者不能尽其力；贱不肖而不能去，不肖之害则不能除。贤者怨而不肖仇，怨仇并存，事情就很难处理好。如果这样处理问题，治国就会导致国政混乱，有亡国的危险；管理企业或者社会组织就会毫无章法，有破产或者失败的风险。

子路问于孔子曰:"贤君治国,所先者何?"孔子曰:"在于尊贤而贱不肖。"子路曰:"由闻晋中行氏尊贤而贱不肖矣,其亡何也?"孔子曰:"中行氏尊贤而不能用,贱不肖而不能去,贤者知其不用而怨之,不肖者知其必己贱而仇之,怨仇并存于国,邻敌构兵于郊,中行氏虽欲无亡,岂可得乎。"

(七) 治国处世,有道而能下人

有道者必能处下。有道而无我,故能下人;有道必尊人,故能下人;有道能容众,必能下人。"以众攻寡,无不克也,以贵下贱,无不得也。"周公之德,犹下白屋之士,日见百七十人。狂傲不羁不能下人者,或有小才小善,但必无道。

孔子闲处,喟然而叹曰:"向使铜鞮伯华无死,则天下其有定矣。"子路曰:"由愿闻其人也。"子曰:"其幼也敏而好学,其壮也有勇而不屈,其老也有道而能下人。有此三者,以定天下也,何难乎哉!"子路曰:"幼而好学,壮而有勇,则可也。若夫有道下人,又谁下哉?"子曰:"由不知,吾闻以众攻寡,无不克也,以贵下贱,无不得也。昔者周公居冢宰之尊,制天下之政,而犹下白屋之士,日见百七十人,斯岂以无道也,欲得士之用也。恶有道而无下天下君子哉?"

(八) 政中志大,穆公小学而霸

以正(政)治国即"王道"。秦穆公处偏僻之地,地虽偏而政中,故能称霸。

齐景公来适鲁,舍于公馆,使晏婴迎孔子。孔子至,景公问政焉。孔子答曰:"政在节财。"公悦,又问曰:"秦穆公国小处僻而霸,何也?"孔子曰:"其国虽小其志大,处虽僻而政其中,其举也果,其谋也和,法无私而令不愉,首拔五羖,爵之大夫,与语三日而授之以政,此取之虽王可,其霸少矣。"景公曰:"善哉。"

(九) 薄赋尊礼,则民富国强

政中志大,政即仁爱平等,富民薄赋即仁爱;教即中道,以礼乐行教化。政中,即富民、教民。用今天的话来说,就是发展物质文明,促进精神文明;以物质建设为基础,以发展精神文明为目的。

哀公问政于孔子。孔子对曰:"政之急者,莫大乎使民富且寿也。"公曰:"为之奈何?"孔子曰:"省力役,薄赋敛,则民富矣;敦礼教,远罪疾,则民寿矣。"公曰:"寡人欲行夫子之言,恐吾国贫矣。"孔子曰:"《诗》云:'恺悌君子,民之父母。'未有子富而父母贫者也。"

(十) 善于反身自省

能反观自心,不出环堵之室而知天下,这是关于德行的因果道理。善恶得失,皆在寸心。

卫灵公问于孔子曰:"有语寡人有国家者,计之于庙堂之上,则政治矣,何如?"孔子曰:"其可也,爱人者则人爱之,恶人者则人恶之,知得之己者则知得之人,所谓不出环堵之室而知天下者,知反己之谓也。"

(十一) 听其言而观其行

反躬自省,力行善事,重在力行,不在言谈。听其言而观其行。

孔子见宋君,君问孔子曰:"吾欲使长有国,而列都得之,吾欲使民无惑,吾欲使士竭力,吾欲使日月当时,吾欲使圣人自来,吾欲使官府治理,为之奈何?"孔子对曰:"千乘之君,问丘者多矣,而未有若主君之问,问之悉也。然主君所欲者,尽可得也。丘闻之,邻国相亲,则长有国;君惠臣忠,则列都得之;不杀无辜,无释罪人,则民不惑;士益之禄,则皆竭力;尊天敬鬼,则日月当时;崇道贵德,则圣人自来;任能黜否,则官府治理。"宋君曰:"善哉! 岂不然乎! 寡人不佞,不足以致之也。"孔子曰:"此事非难,唯欲行之云耳。"

二、正心施政,辨政

处理各种关系就是贤德的外显。辨政是在实践中锻炼自己反身观心的能力,检查自己修证的时机。

(一) 察其事而施其政

政即正,察其事而施其政。各因其事而施其政。齐君为国多奢靡,孔子教以节财为正;鲁君有奸邪内外勾结,屏蔽视听,孔子教以谕臣为正;楚国地阔民稀,民有离心,孔子教叶公以"悦近而远来"为正。国有不正,施政正之。

子贡问于孔子曰:"昔者齐君问政于夫子,夫子曰:'政在节财。'鲁君问政于夫子,子曰:'政在谕臣。'叶公问政于夫子,夫子曰:'政在悦近而来远。'三者之问一也,而夫子应之不同,然政在异端乎?"孔子曰:"各因其事也。齐君为国,奢乎台榭,淫于苑囿,五官伎乐,不解于时,一旦而赐人以千乘之家者三,故曰政在节财。鲁君有臣三人,内比周以愚其君,外距诸侯之宾,以蔽其明,故曰政在谕臣。夫荆之地广而都狭,民有离心,莫安其居,故曰政在悦近而来远。此三者所以为政殊矣。《诗》云:'丧乱蔑资,曾不惠我师。'此伤奢侈不节,以为乱者也;又曰:'匪其止共,惟王之邛。'此伤奸臣蔽主以为乱也;又曰:'乱离瘼矣,奚其适归。'此伤离散以为乱者也。察此三者,政之所欲,岂同乎哉!"

(二) 忠臣度主而谏

察其主而谏。察主之德,察己之能。不同的君主或者上级有不同的性格和德行,根据自己的地位、能力和德行的影响力,要采用不同的方法谏净。谲谏,委婉而谏;戆谏,鲁莽、刚直而谏;降谏,下心而谏;直谏,直接进谏;风谏,隐喻而谏。度主而谏,孔子善用风谏。孔子有很多进谏国君的事例,以诗、以事风谏的多。

> 孔子曰:"忠臣之谏君,有五义焉。一曰谲谏,二曰戆谏,三曰降谏,四曰直谏,五曰风谏。唯度主而行之,吾从其风谏乎。"

(三) 反躬自省,转祸为福

反躬自省,转祸为福。中行文子得罪晋国,失去封地,逃亡到边境。文子反躬自省,知道故交啬夫过去谄媚自己以求得到好处而不可信,从而怀疑啬夫会为了得到好处而出卖自己,落难之时没有投靠啬夫。人们听到了中行文子自省的话,抓到他后就没有杀他。

> 子曰:"夫道不可不贵也,中行文子倍道失义以亡其国,而能礼贤以活其身。圣人转祸为福,此谓是与!"

(四) 忠臣善谏而立德

这是前述忠臣度主而谏和反躬自省的进一步发挥。楚王欲游荆台,司马子祺直谏不成。令尹子西反躬自省,用降谏、谲谏取得成功。子西和颜悦色,平心静气,委婉进谏,不仅使楚王不游荆台,而且使后世不游荆台。孔子称赞子西的进谏:"入之于千里之上,抑之于百世之后。"

> 楚王将游荆台,司马子祺谏,王怒之。令尹子西贺于殿下,谏曰:"今荆台之观,不可失也。"王喜,拊子西之背曰:"与子共乐之矣。"子西步马十里,引辔而止,曰:"臣愿言有道,王肯听之乎?"王曰:"子其言之。"子西曰:"臣闻为人臣而忠其君者,爵禄不足以赏也;谀其君者,刑罚不足以诛也。夫子祺者,忠臣也,而臣者,谀臣也,愿王赏忠而诛谀焉。"王曰:"我今听司马之谏,是独能禁我耳,若后世游之,何也?"子西曰:"禁后世易耳,大王万岁之后,起山陵于荆台之上,则子孙必不忍游于父祖之墓,以为欢乐也。"王曰:"善。"乃还。孔子闻之曰:"至哉,子西之谏也,入之于千里之上,抑之于百世之后者也。"

(五) 孔子爱贤而敬德

修行就是反躬自省,见贤思齐,见不贤而自省。孔子就很善于发现别人的优点而加以学习。所以说,圣人无常师,因能学习一切人,圣人才是一切人的导师。

> 子贡问于孔子曰:"夫子之于子产、晏子,可为至矣。敢问二大夫之所为,目夫子之所以与之者。"孔子曰:"夫子产于民为惠主,于学为博物;晏子于君为忠臣,而行为恭敏。故吾皆以兄事之,而加爱敬。"

(六) 圣人之言,信而征矣

天地因果皆在心中,所以圣人之言,信而有征,这是圣人修德的成效。要相信圣人之言,要敬畏圣人之言。儿童心智未开,童谣从何而来呢?童谣之类是孔子的谦辞。

> 齐有一足之鸟,飞集于宫朝,下止于殿前,舒翅而跳,齐侯大怪之,使使聘鲁,问孔子。孔子曰:"此鸟名曰商羊,水祥也。昔童儿有屈其一脚,振讯两眉而跳且谣曰:'天将大雨,商羊鼓舞。'今齐有之,其应至矣。急告民趋治沟渠,修堤防,将有大水为灾。"顷之大霖雨,水溢泛诸国,伤害民人,唯齐有备,不败。景公曰:"圣人之言,信而征矣。"

(七) 求贤以自辅

为政,务求贤以自辅。贤者,"百福之宗,神明之主"。孔子弟子宓子贱在单父做地方官,很成功。孔子问了他的为政之道。子贱教民敬老恤孤,慎终追远之道,孔子以为是小节、小善;子贱述躬身事父、事兄、事友等,孔子认为这可以教民孝道,乃是中节、中善;子贱述求贤、尊贤,孔子认为是大道。那么这和前面讨论的"孝"为大道等,是不是相违背呢?并非如此。孝固然是大道,贤者才能弘扬,众贤的智力当然大于一人之功。

> 孔子谓宓子贱曰:"子治单父,众悦,子何施而得之也?子语丘所以为之者。"对曰:"不齐之治也,父恤其子,其子恤诸孤,而哀丧纪。"孔子曰:"善小节也,小民附矣,犹未足也。"曰:"不齐所父事者三人,所兄事者五人,所友事者十一人。"孔子曰:"父事三人,可以教孝矣;兄事五人,可以教悌矣;友事十一人,可以举善矣。中节也,中人附矣,犹未足也。"曰:"此地民有贤于不齐者五人,不齐事之而禀度焉,皆教不齐之道。"孔子叹曰:"其大者,乃于此乎,有矣。昔尧舜听天下,务求贤以自辅。夫贤者,百福之宗也,神明之主也,惜乎不齐之以所治者,小也。"

(八) 无夺无伐,无暴无盗

这是辨政部分的总结:无夺、无伐、无暴、无盗;奉法以利民,不枉法害民;治官以平,临财以廉;进贤去小,谨慎戒惧。

> 子贡为信阳宰,将行,辞于孔子。孔子曰:"勤之慎之,奉天子之时,无夺无伐,无暴无盗。"子贡曰:"赐也少而事君子,岂以盗为累哉?"孔子曰:"汝未之详也,夫以贤代贤,是谓之夺;以不肖代贤,是谓之伐;缓令急诛,是谓之暴;取善自与,谓之盗。盗非窃财之谓也。吾闻之,知为吏者,奉法以利民,不知为吏者,枉法以侵民,此怨之所由也。治官莫若平,临财莫如廉,廉平之守,不可改也。匿人之善,斯谓蔽贤。扬人之恶,斯为小人。内不相训,而外相谤,非亲睦也。言人之善,若己有之,言人之恶,若己受之,故君子无所不慎焉。"

(九) 恭敬以信,忠信而宽,明察以断

这是辨贤部分,内在贤德为政的善果。

子路治蒲三年,孔子过之。入其境曰:"善哉由也,恭敬以信矣。"入其邑曰:"善哉由也,忠信而宽矣。"至廷曰:"善哉由也,明察以断矣。"子贡执辔而问曰:"夫子未见由之政,而三称其善,其善可得闻乎?"孔子曰:"吾见其政矣。入其境,田畴尽易,草莱甚辟,沟洫深治,此其恭敬以信,故其民尽力也;入其邑,墙屋完固,树木甚茂,此其忠信以宽,故其民不偷也;至其庭,庭甚清闲,诸下用命,此其言明察以断,故其政不扰也。以此观之,虽三称其善,庸尽其美乎!"

三、反身而行,辨行

辨贤是在生活中观察学习他人的仁心,辨政是在处事的实践中学习反观自心,此处就专门从行为中讨论正修,可以称为辨行。和前文相比只是讨论的侧重点不同,仁德、仁心只是清净心而已,哪里有什么文字差别。既然是在前文基础上反身而行,那么文意必然有与前文重合之处。行以礼为体,以道德为本。

(一)六本为行纲

反本而修,就是讲修行贯穿于本职、本然生活,安住当下。此处孔子讲六本为君子行为的纲领:立身以孝为本;丧礼以哀为本;战斗以勇为本;治政以农为本;居国以嗣为本;生财以力为本。反本修迹,从近处着手。立身以孝为本、丧礼以哀为本是文治;战斗以勇为本是武功;治政以农为本是富民;居国以嗣为本是王道的传承;生财以力为本是养身。而富民的业有多种,也有正邪之分,君子应选择正业谋生。那些违背道德、对社会无益的行业就不要选择。孔子论述六本是面对全社会大众整体进行的,对于个人的修证,可以对号入座,找到与自己相对应的内容。

孔子曰:"行己有六本焉,然后为君子也。立身有义矣,而孝为本;丧纪有礼矣,而哀为本;战阵有列矣,而勇为本;治政有理矣,而农为本;居国有道矣,而嗣为本;生财有时矣,而力为本。置本不固,无务农桑;亲戚不悦,无务外交;事不终始,无务多业;记闻而言,无务多说;比近不安,无务求远。是故反本修迹,君子之道也。"

(二)善纳谏则无过

"良药苦于口而利于病,忠言逆于耳而利于行。"这两句话已经成为至理名言,重在执行。

孔子曰:"良药苦于口而利于病,忠言逆于耳而利于行。汤武以谔谔而昌,桀纣以唯唯而亡。君无争臣,父无争子,兄无争弟,士无争友,无其过者,未之有也。故曰:'君失之,臣得之。父失之,子得之。兄失之,弟得之。己失之,友得之。'是以国无危亡之兆,家无悖乱之恶,父子兄弟无失,而交友无绝也。"

（三）无功则不受赏

无功而赏，赏赐的人不据礼法、不明道理、缺乏智慧；受赏的人接受了赏赐就是贪婪了。景公见到孔子十分高兴，就把廪丘作为封邑赏赐给孔子。孔子认为君子应当功受赏，但景公并没有执采纳自己的进言，故没有接受封邑就离开了。

孔子见齐景公，公悦焉，请置廪丘之邑以为养。孔子辞而不受。入谓弟子曰："吾闻君子当功受赏，今吾言于齐君，君未之有行，而赐吾邑，其不知丘亦甚矣。"于是遂行。

（四）天之以善，必报其德，祸亦如之

周釐王变文武之制，生活奢靡，天灾其庙加以警示。天灾警示德行在今天大部分受过科学教育的人看来是迷信，但这至少提醒人们，修证要时刻谨慎，多检查自己的德行，尤其是处在高位，能够影响很多人的福利和幸福的人，言行、决策就更加要恭谨戒惧了。

孔子在齐，舍于外馆，景公造焉。宾主之辞既接，而左右白曰："周使适至，言先王庙灾。"景公覆问灾何王之庙也。孔子曰："此必釐王之庙。"公曰："何以知之？"孔子曰："《诗》云：'皇皇上天，其命不忒，天之以善，必报其德。'祸亦如之。夫釐王变文武之制，而作玄黄华丽之饰，宫室崇峻，舆马奢侈，而弗可振也，故天殃所宜加其庙焉，以是占之为然。"公曰："天何不殃其身，而加罚其庙也？"孔子曰："盖以文武故也。若殃其身，则文武之嗣，无乃殄乎，故当殃其庙，以彰其过。"俄顷，左右报曰："所灾者，釐王庙也。"景公惊起，再拜曰："善哉！圣人之智，过人远矣。"

（五）合情即合礼

君子行必据礼，对君子来讲是不是一种很痛苦的约束呢？因为礼与宗教禁律的功用一样，是要引人入道的。反身而行强调根据别人的修行返回来观察自己的内心。礼法本来就是缘人情而制，如果心与德合，心里清清静静做到诚敬，行与礼合，那一切行为都是合情合理的一件事，哪有什么禁锢之感呢。闵子骞服丧三年仍然很悲哀，但丧期已到，就结束服丧了；子夏服丧三年，悲哀之情已经过了，虽然心情和悦，但不敢越礼过分娱乐。孔子认为他们的行为都称得上君子。

子夏三年之丧毕，见于孔子。子曰："与之琴，使之弦。"侃侃而乐，作而曰："先王制礼，弗敢过也。"子曰："君子也。"子贡曰："闵子哀未尽，夫子曰：'君子也。'子夏哀已尽，又曰：'君子也。'二者殊情而俱曰君子，赐也或敢问之。"孔子曰："闵子哀未忘，能断之以礼；子夏哀已尽，能引之及礼。虽均之君子，不亦可乎。"

（六）志诚之感，通于金石

身体的行动，发端于心。这里重新强调观心的重要性，反身而行就是反观自

心,任何行为都建立在自己的仁爱之心、清净心之上。修道之人处处需要观照。凡夫则处处都要检查自己的行为是否符合礼法,保持心无杂念,当下保持专一之心。这种专一、清净、仁爱之心无形无相、无动无静,这是内在的德行、德心。这无形无相的无体之礼就是诚敬;这无形无相没有丧服的、赤裸裸的丧礼就是内心的悲哀;这没有任何动静、没有任何声音的音乐,就是内心的欢悦。人的心志不同,演奏乐器发出的声音表达的感情也不一样。至诚之感,通于金石,何况人呢?君子心存至诚,就自动会表现出"不言而信,不动而威,不施而仁"的德行。

> 孔子曰:"无体之礼,敬也;无服之丧,哀也;无声之乐,欢也。不言而信,不动而威,不施而仁,志。夫钟之音,怒而击之则武,忧而击之则悲,其志变者,声亦随之。故志诚感之,通于金石,而况人乎!"

(七) 君子慎其所从

善于观察而远离祸害,贪利而忘记灾祸,这都是由内心的选择造成的。像与大麻雀在一起,小麻雀也不易落网一样,君子要追随贤者。有贤者的提醒,立身则可以周全而免害,修身则会提高自己的德行。

> 孔子见罗雀者所得,皆黄口小雀。夫子问之曰:"大雀独不得,何也?"罗者曰:"大雀善惊而难得,黄口贪食而易得。黄口从大雀则不得,大雀从黄口亦不得。"孔子顾谓弟子曰:"善惊以远害,利食而忘患,自其心矣,而以所从为祸福。故君子慎其所从,以长者之虑,则有全身之阶,随小者之戆,而有危亡之败也。"

(八) 持满必溢,以虚受人

知"易"者不占,只要观察自心善恶就可以了,因果报应,如影随形。为道日损,损之又损之。很多人发心学道,以为有所得。而学道要放下自心的贪着,清净自己的七情六欲,是无所得法。所以,很多人问,你学道多年,有何收获?答案是什么也没有。心无所得,就是清净的德行。心无所得,则身必有益,所以要以虚受人。心有所得,必有执着,则必不能容物,身则受损,"自贤者,天下之善言不得闻于耳矣",这是持满则溢的道理。这都是因果的道理。尧治天下,以虚受人,道德至今被称颂;夏桀自满而溢恶,恶名至今不灭。

> 孔子读《易》至于《损益》,喟然而叹。子夏避席问曰:"夫子何叹焉?"孔子曰:"夫自损者必有益之,自益者必有决之,吾是以叹也。"子曰:"然则学者不可以益乎?"子曰:"非道益之谓也。道弥益而身弥损。夫学者损其自多,以虚受人,故能成其满博哉。天道成而必变,凡持满而能久者,未尝有也。故曰:'自贤者,天下之善言不得闻于耳矣。'昔尧治天下之位,犹允恭以持之,克让以接下,是以千岁而益盛,迄今而逾彰;夏桀昆吾,自满而极,亢意而不节,斩刈黎民如草芥焉,天下讨之,如诛匹夫,是以千载而恶著,迄今而不灭。观此,如行则

让长，不疾先，如在舆遇三人则下之，遇二人则式之，调其盈虚，不令自满，所以能久也。"子夏曰："商请志之，而终身奉行焉。"

（九）勿以是为非，以非为是

要明辨是非，不自以为是。不慎其初，而悔其后；虽欲悔之，悔之晚矣。

子路问于孔子曰："请释古之道，而行由之意可乎？"子曰："不可。昔东夷之子，慕诸夏之礼，有女而寡，为内私婿。终身不嫁，（不）嫁则不嫁矣，亦有贞节之义也。苍梧娆娶妻而美，让与其兄，让则让矣，然非礼之让矣。不慎其初，而悔其后，何嗟及矣。今汝欲舍古之道，行子之意，庸知子意不以是为非，以非为是乎？后虽欲悔，难哉。"

（十）不可委身待暴

孝顺父母，也要明辨是非，并非盲从。父母有过也要善于谏诤。对于父母的家庭暴力，小的要顺受，大的暴力也要躲避，如果不躲避，自己受了重伤或者失去了生命，恰恰彰显了父母的过失，这与孝顺的本意就不相干了。所以，小杖则受之，大杖则逃走。

曾子耘瓜，误斩其根。曾晳怒建大杖以击其背，曾子仆地而不知人，久之有顷，乃苏，欣然而起，进于曾晳曰："向也参得罪于大人，大人用力教参，得无疾乎。"退而就房，援琴而歌，欲令曾晳而闻之，知其体康也。孔子闻之而怒，告门弟子曰："参来勿内。"曾参自以为无罪，使人请于孔子。子曰："汝不闻乎，昔瞽瞍有子曰舜，舜之事瞽瞍，欲使之未尝不在于侧，索而杀之，未尝可得，小棰则待过，大杖则逃走，故瞽瞍不犯不父之罪，而舜不失烝烝之孝，今参事父委身以待暴怒，殪而不避，既身死而陷父于不义，其不孝孰大焉？汝非天子之民也，杀天子之民，其罪奚若？"曾参闻之曰："参罪大矣。"遂造孔子而谢过。

（十一）汇贤聚德，可以为治

要善于集聚人才，集思广益。

荆公子行年十五而摄荆相事，孔子闻之，使人往观其为政焉。使者反曰："视其朝清净而少事，其堂上有五老焉，其廊下有二十壮士焉。"孔子曰："合二十五人之智，以治天下，其固免矣，况荆乎？"

（十二）能于不能

有某方面的长处和才能，必然有某方面的执着。譬如回能信而不能反、赐能敏而不能诎、由能勇而不能怯、师能庄而不能同，所以要虚其心、去其执，心性方能圆通。孔子说，颜回的信、子贡的敏、子路的勇、子张的庄合在一起跟他交换，他也不答应。为什么不答应呢？做不到啊，心不可以换。

　　子夏问于孔子曰："颜回之为人奚若?"子曰："回之信贤于丘。"曰："子贡之为人奚若?"子曰："赐之敏贤于丘。"曰："子路之为人奚若?"子曰："由之勇贤于丘。"曰："子张之为人奚若?"子曰："师之庄贤于丘。"子夏避席而问曰："然则四子何为事先生?"子曰："居,吾语汝,夫回能信而不能反,赐能敏而不能诎,由能勇而不能怯,师能庄而不能同,兼四子者之有以易吾,弗与也,此其所以事吾而弗贰也。"

(十三) 自宽为乐

　　君子要自宽为乐,和自己和解。事业生活、万事万物各有其运,各有其时,君子只要尽其心就可以了,不必执着。要像荣声期一样,做一个快乐的人,九十五岁还在弹琴唱歌。天生万物,我怎么就做了人呢? 快乐之一也! 男尊女卑,我怎么就做了男人呢? 快乐之二也! 世上残、疾、夭折的很多,我怎么长得这么完整而且成年了呢? 快乐之三也! 贫贱是人生常态,死亡是人生的结局,按常态生活,结束人生,有什么可忧愁的呢?

　　孔子游于泰山,见荣声期,行乎郕之野,鹿裘带索,瑟瑟而歌。孔子问曰："先生所以为乐者,何也?"期对曰："吾乐甚多,而至者三。天生万物,唯人为贵,吾既得为人,是一乐也;男女之别,男尊女卑,故人以男为贵,吾既得为男,是二乐也;人生有不见日月,不免襁褓者,吾既以行年九十五矣,是三乐也。贫者士之常,死者人之终,处常得终,当何忧哉。"孔子曰："善哉! 能自宽者也。"

(十四) 言而能行

　　这是曾子反身而观的修证之法。我们要学习曾子,反观自己。看到剖析的案例,反观自己的心,立身行道,为善去恶。

　　孔子曰："回有君子之道四焉,强于行义、弱于受谏、怵于待禄、慎于治身。史鱼酋有男子之道三焉,不仕而敬上、不祀而敬鬼、直己而曲人。"曾子侍曰："参昔常闻夫子三言而未之能行也。夫子见人之一善而忘其百非,是夫子之易事也;见人之有善若己有之,是夫子之不争也;闻善必躬行之,然后导之,是夫子之能劳也。学夫子之三言而未能行,以自知终不及二子者也。"

(十五) 君子必慎其所与处者

　　从这里开始进一步探讨以下仕必择君,这是以上慎其所从的进一步详述。这个与为道日损在文字上是反过来的,但意思是一样的。

　　为道日损的"损"是损其执着,益是增加执着。"商也日益,赐也日损。"这里的损是德行下降,益是德行进步了。"与善人居,如入芝兰之室,久而不闻其香;与不善人居,如入鲍鱼之肆,久而不闻其臭。"

　　孔子曰："吾死之后,则商也日益,赐也日损。"曾子曰："何谓也?"子曰："商也好与贤己者处,赐也好说不若己者。不知其子视其父,不知其人视其友,不知其君视其所使,不知其地视其草木。故曰与善人居,如入芝兰之室,久而不闻其香,即与之化矣。与不善人居,如入鲍鱼之肆,久而不闻其臭,亦与之化矣。丹之所藏者赤,漆之所藏者黑,是以君子必慎其所与处者焉。”

(十六) 君子居必择处,游必择方,仕必择君

曾子从孔子之齐,齐景公以下卿之礼聘曾子,曾子固辞。将行,晏子送之曰:“吾闻之,君子遗人以财,不若善言。今夫兰本三年,湛之以鹿醢,既成,噉之,则易之匹马。非兰之本性也,所以湛者美矣。愿子详其所湛者。夫君子居必择处,游必择方,仕必择君。择君所以求仕,择方所以修道。迁风移俗者,嗜欲移性,可不慎乎。”孔子闻之曰:“晏子之言,君子哉!依贤者固不困,依富者固不穷,马蚿斩足而复行,何也?以其辅之者众。”

(十七) 虚己受人,达人而下己

能下人,就是无我而能敬人。无我即虚己,心中的杂念、贪念越少,心性的品德越高洁,越能包容别人。能包容别人,则外在的受益就越多。以富而能富人者,欲贫不可得也;以贵而能贵人者,欲贱不可得也;以达而能达人者,欲穷不可得也,这就是修德的因果。

孔子曰:“以富贵而下人,何人不尊;以富贵而爱人,何人不亲。发言不逆,可谓知言矣;言而众向之,可谓知时矣。是故以富而能富人者,欲贫不可得也;以贵而能贵人者,欲贱不可得也;以达而能达人者,欲穷不可得也。”

(十八) 生活要廉以养德,不可奢靡

骄、奢、淫、逸,骄慢而且贪念过甚,放纵欲望,伤身败德。君子的生活应合乎中道,廉以养德。君子行政令要法度明确,缓急得当,易于执行。

孔子曰:“中人之情也,有余则侈,不足则俭,无禁则淫,无度则逸,从欲则败。是故鞭朴之子,不从父之教;刑戮之民,不从君之令;此言疾之难忍,急之难行也。故君子不急断,不急制,使饮食有量,衣服有节,宫室有度,畜积有数,车器有限,所以防乱之原也。夫度量不可明,是中人所由之令。”

(十九) 得其人而任其事

凡人都有执着,性情不一,各有专长。治事重在得人。

孔子曰:“巧而好度,必攻;勇而好问,必胜;智而好谋,必成。以愚者反之,是以非其人告之弗听。非其地,树之弗生。得其人,如聚砂而雨之;非其人,如会聋而鼓之。夫处重擅宠,专事妒贤,愚者之情也,位高则危,任重则崩,可立而待。”

(二十) 君子必严,小人必一

君子必严指君子自反而观心,行必据礼、不失仁德,时时谨慎。小人必一,是小

人不可没有法度,制法必须明确,不可含糊。

孔子曰:"舟非水不行,水入舟则没;君非民不治,民犯上则倾。是故君子不可不严也,小人不可不整一也。"

(二十一) 君子立德、立行、立功,安身

言必有行,言而无行,不如不言。君子立德、立行、立功,自修以立身。以正为本,以敬为辅,施人以仁,这是君子的德行;去恶就善,举贤退小,这是君子的行为;近者悦而远者来,这是君子建立的功德。君子立身,"终日言,不遗己之忧,终日行不遗己之患",如不能,当自修以除患,恭俭以避难。

齐高庭问于孔子曰:"庭不旷山,不直地,衣穰而提贽,精气以问事君子之道,愿夫子告之。"孔子曰:"贞以干之,敬以辅之,施仁无倦,见君子则举之,见小人则退之。去汝恶心而忠与之,效其行,修其礼,千里之外,亲如兄弟。行不效,礼不修,则对门不汝通矣,夫终日言,不遗己之忧,终日行不遗己之患,唯智者能之。故自修者必恐惧以除患,恭俭以避难者也。终身为善,一言则败之,可不慎乎。"

第三节　未止之谓成

前文已经讨论了国学的教学纲领和国学的修证之路,那么国学修证的成果是什么呢? 修德明道,道不可言说。卫文子问子贡,孔子弟子谁最贤能? 子贡认为,"贤人无妄,知贤即难""智莫难于知人,是以难对"。孔子也向弟子描述了他了解的贤德之士的修行。孔子认为每个人的修行,"每位改变,未知所止",时时刻刻都在改变,德行的提升永无止境。"思之所不至,智之所未及",历史留下的文字也不过是他人当时一时的观察,如空中鸟迹不易捕捉,修证重在自己行动。

一、卫文子问贤

卫将军文子,问于子贡曰:"吾闻孔子之施教也,先之以诗书,而道之以孝悌,说之以仁义,观之以礼乐,然后成之以文德,盖入室升堂者,七十有余人,其孰为贤?"子贡对以不知。文子曰:"以吾子常与学贤者也,不知何谓?"子贡对曰:"贤人无妄,知贤即难,故君子之言曰:'智莫难于知人,是以难对也。'"文子曰:"若夫知贤莫不难,今吾子亲游焉,是以敢问。"子贡曰:"夫子之门人盖有三千就焉,赐有逮及焉,未逮及焉,故不得遍知以告也。"文子曰:"吾子所及者,请问其行。"

（一）颜回

子贡对曰："夫能夙兴夜寐，讽诵崇礼，行不贰过，称言不苟，是颜回之行也。孔子说之以诗曰：'媚兹一人，应侯慎德，永言孝思，孝思惟则。'若逢有德之君，世受显命，不失厥名，以御于天子，则王者之相也。"

（二）冉雍

在贫如客，使其臣如借，不迁怒，不深怨，不录旧罪，是冉雍之行也。孔子论其材曰："有土之君子也，有众使也，有刑用也，然后称怒焉。"孔子告之以诗曰："靡不有初，鲜克有终，匹夫不怒，唯以亡其身。"

（三）仲由

不畏强御，不侮矜寡，其言循性，其都以富，材任治戎，是仲由之行也。孔子和之以文，说之以诗曰："受小拱大拱而为下国骏庞，荷天子之龙，不戁不悚，敷奏其勇。强乎武哉，文不胜其质。"

（四）冉求

恭老恤幼，不忘宾旅，好学博艺，省物而勤也，是冉求之行也。孔子因而语之曰："好学则智，恤孤则惠，恭则近礼，勤则有继，尧舜笃恭以王天下，其称之也，曰宜为国老。"

（五）公西赤

齐庄而能肃，志通而好礼，摈相两君之事，笃雅有节，是公西赤之行也。子曰："礼经三百，可勉能也，威仪三千则难也。"公西赤问曰："何谓也？"子曰："貌以傧礼，礼以傧辞，是谓难焉。"众人闻之，以为成也。孔子语人曰："当宾客之事，则达矣。"谓门人曰："二三子之欲学宾客之礼者，其于赤也。"

（六）曾参

满而不盈，实而如虚，过之如不及，先王难之。博无不学，其貌恭，其德敦，其言于人也，无所不信，其骄于人也，常以浩浩，是以眉寿，是曾参之行也。孔子曰："孝，德之始也；悌，德之序也；信，德之厚也；忠，德之正也。参中夫四德者也，以此称之。"

（七）颛孙师

美功不伐，贵位不善，不侮不佚不傲无告，是颛孙师之行也。孔子言之曰："其不伐，则犹可能也，其不弊百姓，则仁也。《诗》云：恺悌君子，民之父母。夫子以其仁为大学之深。"

（八）卜商（子夏）

送迎必敬上交下接若截焉，是卜商之行。孔子说之以诗曰："式夷式已，无小人殆，若商也，其可谓不险矣。"

（九）澹台灭明

贵之不喜，贱之不怒，苟利于民矣，廉于行己，其事上也以佑其下，是澹台灭明之行也。孔子曰:"独贵独富,君子助之,夫也中之矣。"

（十）言偃

先成其虑,及事而用之,故动则不妄,是言偃之行也。孔子曰:"欲能则学,欲知则问,欲善则详,欲给则豫,当是而行,偃也得之矣。"

（十一）宫绦

独居思仁,公言仁义,其于诗也,则一日三覆白圭之玷,是宫绦之行也。孔子信其能仁,以为异士。

（十二）高柴

自见孔子,出入于户,未尝越礼,往来过之,足不履影,启蛰不杀,方长不折,执亲之丧,未尝见齿,是高柴之行也。孔子曰:"柴于亲丧,则难能也,启蛰不杀,则顺人道,方长不折,则恕仁也,成汤恭而以恕,是以日跻。"

凡此诸子,赐之所亲睹者也,吾子有命而讯赐,赐也固不足以知贤。"

二、孔子赞贤

文子曰:"吾闻之也,国有道则贤人兴焉,中人用焉乃百姓归之,若吾子之论,既富茂矣,壹诸侯之相也,抑世未有明君,所以不遇也。"子贡既与卫将军文子言,适鲁见孔子曰:"卫将军文子问二三子之于赐,不壹而三焉,赐也辞不获命,以所见者对矣,未知中否,请以告。"孔子曰:"言之乎。"子贡以其辞状告孔子。子闻而笑曰:"赐,汝次焉人矣。"子贡对曰:"赐也何敢知人,此以赐之所睹也。"孔子然"吾亦语汝耳之所未闻,目之所未见者,岂思之所不至,智之所未及哉。"子贡曰:"赐愿得闻之。"

（一）伯夷叔齐

孔子曰:"不克不忌,不念旧怨,盖伯夷叔齐之行也。

（二）赵文子

思天而敬人,服义而行信,孝于父母,恭于兄弟,从善而不教,盖赵文子之行也。

（三）随武子

其事君也,不敢爱其死,然亦不敢忘其身,谋其身不遗其友,君陈则进而用之,不陈则行而退,盖随武子之行也。

（四）铜鞮伯华

其为人之渊源也,多闻而难诞,内植足以没其世,国家有道,其言足以治,无道,其默足以生,盖铜鞮伯华之行也。

（五）蘧伯玉

外宽而内正,自极于隐括之中,直己而不直人,汲汲于仁,以善自终,盖蘧伯玉之行也。

（六）柳下惠

孝恭慈仁，允德义图，约货去怨，轻财不匮，盖柳下惠之行也。

（七）晏平仲

其言曰，君虽不量于其身，臣不可以不忠于其君，是故君择臣而任之，臣亦择君而事之，有道顺命，无道衡命，盖晏平仲之行也。

（八）老子

蹈忠而行信，终日言不在尤之内，国无道，处贱不闷，贫而能乐，盖老子之行也。

（九）介子山

易行以俟天命，居下不援其上，其亲观于四方也。不忘其亲，不尽其乐，以不能则学，不为己终身之忧，盖介子山之行也。"

三、每位改变，未知所止

子贡曰："敢问夫子之所知者，盖尽于此而已乎？"孔子曰："何谓其然？亦略举耳目之所及而矣。昔晋平公问祁奚曰：'羊舌大夫，晋之良大夫也，其行如何？'祁奚辞以不知。公曰：'吾闻子少长乎其所，今子掩之，何也？'祁奚对曰：'其少也恭而顺，心有耻而不使其过宿；其为大夫，悉善而谦其端；其为舆尉也，信而好直其功，言其功直，至于其为容也，温良而好礼，博闻而时出其志。'公曰：'曩者问子，子奚曰不知也？'祁奚曰：'每位改变，未知所止，是以不敢得知也，此又羊舌大夫之行也。'"子贡跪曰："请退而记之。"

第六章

明德唯馨，孔子的圣德

第一节　大道无形，不可言说

仁心就是清净心。心清净了之后，除了对世界、对人类的仁爱之心，再也没有牵挂了。那么如孔子这样的大圣人的德行，人们真的就无从窥测了吗？人们哪怕领会圣人德行中像大海的一滴水，像大地的一粒微尘那么一小部分也足够了。

本书在《导论》部分已经描述了圣人平等、仁爱的修证境界。《论语》中载："子曰'予欲无言。'子贡曰：'子如不言，则小子何述焉？'子曰：'天何言哉？四时行焉，百物生焉，天何言哉？'"孔子说自己不再想说话。天说话了吗？四季变迁、万物发育，天的德行承载一切，养育万物，天何曾说过一句话？圣人的心已经包罗了宇宙，像太阳一样泽被万物，任何语言都是多余的，任何的语言表达都是挂一漏万。

第二节　神以知来，知以藏往

书不尽言，言不尽意。然则圣人之意其不可见乎。子曰："圣人立象以尽意。设卦以尽情伪。系辞焉以尽其言。变而通之以尽利。"圣意不尽于言，而亦未尝不寓于言；圣言不尽于书，而亦未尝不备于书；且如易书，亦既立象以尽意。

子曰："夫易，开物成务，冒天下之道，如斯而已者也。是故圣人以通天下之志，以定天下之业，以断天下之疑。圣人以此洗心，退藏于密，吉凶与民同患，神以知来。知以藏往。"开一切物，成一切务，包尽天下之道。圣人依易通天下之志，使人即物而悟理，以定天下之业。使人素位而务本，以断天下之疑。圣人即此洗心退藏于密，所谓自明诚，谓之教，能尽其性，则能尽人之性，故吉凶与民同患。神以知来，知以藏往，不俟问于蓍龟而后知吉凶也。此唯古之聪明睿智，断惑而无惑可断者，乃能与于此耳。

"是以明于天之道，而察于民之故，是兴神物以前民用。圣人以此斋戒以神明其德。"夫神以知来,知以藏往,则又何俟蓍龟之神物,而后断民之吉凶哉?神以知来,知以藏往,但圣人能之,众人不能,则民不信也。是以明于借物显理,乃天之道,因占决疑,乃民之习,欲以此倍神明其德也。

《论语·子罕》载:"子曰:'有鄙夫问于我,空空如也。我叩其两端而竭焉。'"空空,一无所有而含容万物。

第三节　格于上下,光于四海:辨物

圣人之言,信而征矣。信仁义道德可修而成,人人可以为尧舜,自强不息,勿自舍。信心之德明,则其明德之智,可格于上下,光于四海,无物不在此心,圣人已达此德。

圣人之心包容万物,无穷无尽,辨物也有学无止境的意思。所述实例,多隐喻而少直述,大概这就是"圣人以此洗心退藏于密"吧。

物为德应,此中又有深意。然而,孔子很少直述的原因可能是期待听者能够反观自心,自我修证,改恶而免祸吧。听者无心,言而无信,信而无行,言行不一,还不如不说为好。如果直述其意,而又各从其志,圣人既然能辨物,难道不能辨人?所以,圣人的选择就是最好的。

一、土之怪为羊

季桓子在他的封地费城挖井时,挖到了一个玉质的小罐,里边有一只像羊一样的东西,不明所以,派人向孔子请教,自述得一狗。孔子回答:木石中的怪物是夔这种独脚怪兽及魍魉这种山精之类;水中的怪物是龙、罔象之类;土中的怪物就是羵羊。

季桓子是什么人呢?孔子在鲁国从政时,季孙、叔孙、孟孙三家鲁桓公的后裔,称为"三桓",其实力凌驾于鲁国王室之上。季桓子就是"三桓"之中实力最强的季孙氏后裔。孔子认为当时的东周诸侯不尊王室,卿大夫不尊诸侯,这是德治的"礼崩乐坏"。孔子曾试图削弱"三桓"的实力,但没有取得彻底的成功。"齐人馈女乐,季桓子受之,三日不朝。孔子行。"季桓子当时为大夫。齐国将能歌善舞的女子赠送给鲁国,季桓子接受了,鲁定公连续三天不上朝。孔子离开鲁国,开始周游列国。

物为德应,什么人能碰到土中的怪物呢?那么季氏的道德对鲁国有什么影响呢?孔子只讲述了物为土中之怪,那人是不是国中之害呢?自行体会。

季桓子穿井,获如玉缶,其中有羊焉,使使问孔子曰:"吾穿井于费,而于井中得一狗,何也?"孔子曰:"丘之所闻者,羊也,丘闻之木石之怪,夔、魍魉;水之怪,龙、罔象;土之怪,羵羊也。"

二、吴何毁何得

吴王征伐越国,损毁会稽山,得到大骨头一节,装满了整整一车。吴王派使者请教孔子。孔子暗示大禹诛杀的、不尊天子号令的防风氏的骨头为最大,占满一车。吴国使者频繁问山川神灵祭祀之事,这是诸侯的使者可以问的吗? 地方领导可以举行国礼吗? 孔子一一以"礼"回答,山川兴云致雨德泽天下,属于天子的祭祀范围。诸侯可以祭祀社稷之内的山川,而这些山川也属于天子。

历史尚在感叹吴王不杀勾践,勾践终于吞并吴国。而灭亡吴国的实际是吴国自己。假如世上并无勾践,吴王的德行也不可能使吴国昌盛。至诚之感通于金石,吴国灭会稽得大骨,这是物的不祥;吴国使者问山川祭祀之事,这是德的不祥。孔子已然隐喻之。历史的车轮已经滚滚向前数千年,古人的事已很难了解了,只有反观自心,去恶迁善,才不辜负圣人的苦心吧。

> 吴伐越,堕会稽,获巨骨一节,专车焉。吴子使来聘于鲁,且问之孔子,命使者曰:"无以吾命也。"宾既将事,乃发币于大夫,孔子,孔子爵之。既彻俎而燕,客执骨而问曰:"敢问骨何如为大?"孔子曰:"丘闻之,昔禹致群臣于会稽之山,防风后至,禹杀而戮之,其骨专车焉,此为大矣。"客曰:"敢问谁守为神?"孔子曰:"山川之灵,足以纪纲天下者,其守为神。诸侯社稷之守为公侯,山川之祀者为诸侯,皆属于王。"客曰:"防风何守?"孔子曰:"汪芒氏之君守封嵎山者,为漆姓,在虞夏商为汪芒氏,于周为长翟氏,今日大人。"有客曰:"人长之极,几何?"孔子曰:"焦侥氏长三尺,短之至也,长者不过十,数之极也。"

三、隼远来死,贡矢鉴德

有隼鸟从其他地方飞来,落到陈惠公的院子里死掉了。箭穿透了鸟的身体,箭杆为楛木、箭簇为石质。陈惠公派人拿着隼鸟的尸体向孔子请教。孔子答复,大概在现在的东北地区,古代有肃慎氏部族,制造这种楛木的箭。周武王灭商之后,打通了周边的交通,各部族都以自己的特产进贡中原,肃慎氏进贡的就是这种箭。武王想彰显他令四方朝贡的美德,就把箭赐给异姓诸侯,箭上刻有"肃慎氏贡楛矢"。周武王把大女儿大姬嫁给舜的三十三世后人妫满,并封妫满于陈。妫满的谥号为胡公。胡公受赐的"楛矢"也在陈国。陈惠公派人寻找,金册上写的果然像孔子说的那样。这段话的意思也极含蓄。从历史事实来看,陈国三灭而两次复国。鸟远来而死,是物的不祥,陈国将灭亡了吗? 楛木箭是赐给诸侯的,陈国还能复兴吗? 其实,答案已经毫无意义,世事皆有因果,还是多警诫自己吧。

孔子在陈，陈惠公宾之于上馆，时有隼集陈侯之庭而死，楛矢贯之，石砮，其长尺有咫。惠公使人持隼如孔子馆而问焉。孔子曰："隼之来远矣，此肃慎氏之矢，昔武王克商，通道于九夷百蛮，使各以其方贿来贡，而无忘职业。于是肃慎氏贡楛矢石砮，其长尺有咫。先王欲昭其令德之致远物也，以示后人，使永鉴焉，故铭其栝曰：'肃慎氏贡楛矢'，以分大姬，配胡公，而封诸陈。古者分同姓以珍玉，所以展亲亲也，分异姓以远方之职贡，所以无忘服也，故分陈以肃慎氏贡焉。君若使有司求诸故府，其可得也，公使人求，得之金椟，如之。"

四、天子失官，学在四夷

文脉隐而又隐！土中之怪为羊，隐喻大夫失礼于诸侯；吴王毁会稽得骨，隐喻诸侯自我征伐，不听国家号令，失礼于天子，吴征越将有灭身之祸；陈国灭国、复国，中央政府——天子不能救也无力过问，任凭地方诸侯自作主张。这难道不是天子失官，道统断绝了吗？这时，突然有郯国国君郯子朝见鲁国，大谈自黄帝以来，国家命名官职的方法，并自云高祖少昊挚立位时，凤凰出现，祥瑞之至，所以以鸟命名，以民师而命以民事等国家风纪之事。孔子就去向郯子学习。郯子属于当时的东夷。孔子学习国家礼仪不向国家有关机关、有关专家学习，却向偏僻地区的少数民族精英学习，孔子用行动隐喻国家道统已经断绝了。"吾闻之，天子失官，学在四夷，犹信"，这恐怕是学在民间的最早陈述吧。文脉太过隐密，孔子教育弟子的言行恐怕也是如此，难怪颜回说自己常常感觉"瞻之在前，忽焉在后"。

郯子朝鲁，鲁人问曰："少昊氏以鸟名官，何也？"对曰："吾祖也，我知之，昔黄帝以云纪官，故为云师而云名。炎帝以火，共工以水，大昊以龙，其义一也。我高祖，少昊挚之立也，凤鸟适至，是以纪之于鸟，故为鸟师而鸟名。自颛顼氏以来，不能纪远，乃纪于近，为民师而命以民事，则不能故也。"孔子闻之，遂见郯子而学焉。既而告人曰："吾闻之，天子失官，学在四夷，犹信。"

五、言必有征，亦勿多言，言亦有言德

邾隐公朝见鲁国，子贡前去观礼。鲁定公接受邾隐公的玉牌时，脸是朝下的；而邾隐公拿玉牌时脸是仰着的。子贡认为，礼是生死存亡的大体，这么重要的礼仪，嘉事不体，骄近乱，废惰近疾。两个人一个将会死亡，一个将会败亡，鲁国国君是主人，可能先死。这些话后来应验了，孔子就怪子贡多言。既然不能导人以善改变实事，那就连隐喻也不需要了，又何必多言呢？但就算多言也要有言德。

邾隐公朝于鲁，子贡观焉。邾子执玉高，其容仰。定公受玉卑，其容俯。子贡曰："以礼观之，二君者将有死亡焉。夫礼生死存亡之体，将左右周旋，进

退俯仰，于是乎取之，朝祀丧戎，于是乎观之，今正月相朝，而皆不度，心以亡矣。嘉事不体，何以能久，高仰骄，卑俯替，骄近乱，替近疾，若为主，其先亡乎?"夏五月，公薨，又邾子出奔。孔子曰："赐不幸而言中，是赐多言。"

六、知之而不必学之

物为德应，圣人的话都是有道理的，但是也不必学习这些，行善积德是最重要的事。只有改变自己的德行才能改变人生。孔子在陈国听说鲁国官署发生火灾，殃及宗庙，孔子断定是鲁桓公、鲁僖公的庙。陈侯问原因，孔子认为桓公、僖公的宗亲已经断绝，而他们的德行又不足以保存他们的庙，所以天灾就毁灭它。后来打听到真相，果然如孔子所说。陈侯感叹圣人的可贵。子贡劝谏陈侯，这些事知道也就罢了，还是专心道业、立德弘善最为重要。

> 孔子在陈，陈侯就之燕游焉。行路之人云："鲁司铎灾及宗庙。"以告孔子。子曰："所及者，其桓僖之庙。"陈侯曰："何以知之?"子曰："礼祖有功而宗有德，故不毁其庙焉。今桓僖之亲尽矣，又功德不足以存其庙，而鲁不毁，是以天灾加之。"三日，鲁使至，问焉则桓僖也。陈侯谓子贡曰："吾乃今知圣人之可贵。"对曰："君之知之，可矣，未若专其道而行其化之善也。"

七、视其所从，知其所终

物为德应，通过这些关于孔子辨物的例子，可以了解圣人心性修证的功德。而这些都是不必学习，也学不来的，如镜能照物，非镜而照，毫无用处。普通人应以道为重。观德知行，见行知终。视其所从，知其所终。阳虎是季氏的家臣，受季氏的宠爱，而他竟然作乱季氏、作乱鲁国，失败后逃亡齐国。齐国人囚禁了他，他又逃亡到晋国见赵简子。孔子认为阳虎亲富而不亲仁，而赵简子好利而多信，他们二人在一起，祸乱晋国恐怕不会一世。晋国有赵氏这样的部下，难怪会发展到韩、赵、魏分晋的结局了。

> 阳虎既奔齐，自齐奔晋，适赵氏，孔子闻之，谓子路曰："赵氏其世有乱乎。"子路曰："权不在焉，岂不为乱?"孔子曰："非汝所知。夫阳虎亲富而不亲仁，有宠于季孙，又将杀之，不克而奔，求容于齐，齐人囚之，乃亡归晋，是齐鲁二国，已去其疾。赵简子好利而多信，必溺其说而从其谋，祸败所终，非一世可知也。"

八、闰余成岁

季康子问孔子，周历十二月了，夏历也十月了，怎么还有蝗虫，按说是夏历十月后,虫子都没了。孔子认为是历法计算错误,应该是该闰月而没有闰月造成的。

这里是借历法的失误隐喻东周的道德衰微了。历法用以计时,历法失误了,不就"失时"了吗?这是周失其时的隐喻。这一段关于历法的问题是《易经》奇门的学问,据说已经失传了。

> 季康子问于孔子曰:"今周十二月,夏之十月,而犹有螽,何也?"孔子对曰:"丘闻之,火伏而后蛰者毕,今火犹西流,司历过也。"季康子曰:"所失者,几月也?"孔子曰:"于夏十月,火既没矣,今火见,再失闰也。"

九、夷德治事,世无贤君

孔子称吴王为夷德。夷德非"王道"正德,当其时,世上已经没有贤君,更没有"明王"了。这是借事而喻。

> 吴王夫差将与哀公见晋侯。子服景伯对使者曰:"王合诸侯,则伯率侯牧以见于王,伯合诸侯,则侯率子男以见于伯,今诸侯会,而君与寡君见晋君,则晋成为伯也。且执事以伯召诸侯,而以侯终之,何利之有焉?"吴人乃止,既而悔之,遂囚景伯。伯谓大宰嚭曰:"鲁将以十月上辛,有事于上帝、先王,季辛而毕,何也世有职焉,自襄己来之改之,若其不会,则祝宗将曰吴实然,嚭言于夫差,归之。"子贡闻之,见于孔子曰:"子服氏之子拙于说矣,以实获囚,以诈得免。"孔子曰:"吴子为夷德,可欺而不可以实。是听者之蔽,非说者之拙也。"

十、麟至非时

世界上没有"明王",王道就难以实行了。麒麟是圣君将要出现的祥瑞之兆。它出现的不是时候,而且受到了伤害。孔子很伤心。孔子是中国最伟大的人物之一,而他并没有实现自己的理想。麒麟的出现,可能使先生因物伤怀,心中感到难过了。这也隐喻了大道难行,中国古代公天下的王道传承就此中断了。

> 叔孙氏之车士曰子锄商,采薪于大野,获麟焉,折其前左足,载以归,叔孙以为不祥,弃之于郭外。使人告孔子曰:"有麕而角者,何也?"孔子往观之,曰:"麟也。胡为来哉?胡为来哉?"反袂拭面,涕泣沾衿。叔孙闻之,然后取之。子贡问曰:"夫子何泣尔?"孔子曰:"麟之至,为明王也,出非其时而害,吾是以伤焉。"

最后,再次强调,关于圣人辨物的讨论只是为了让人了解圣人修证的功德,并不是可以学习的,人们唯一需要学习的是反观自心的为善之道。辨物是因果的道理,如果心无挂碍,因果了了分明,自然可以达到圣人的功德。如果自己的修证没有达到圣人的功德,心中没有做到因果了了,而只是根据圣人言行的文字记录,对生活中的事件妄加猜测,那就是妄言妄行了。所以,后世有不少儒生的文章大谈天人感应,这都属于"迷信"之列。不知道理,茫然而信,这就是"迷信"。孔子辨物,是根据听者的情况适当引导,多隐喻而少直述,目的在于引导人弃恶从善。

第七章

国学的致用之道

关于国学的致用之道，本章分三部分讨论，第一部分是关于古代国家德政的总纲及社会文化建设的讨论。既然是"国学"，总离不开国家的讨论，这一部分放在最前面。第二部分是关于仁本的讨论。其实国学哪里有什么与生活分开的致用之道，个人无论从事什么工作，国家或者组织无论做出什么行为，都不过是基于仁爱的发心而已。仁爱、平等即正道，如果没有仁爱和平等，国学之道就无从谈起。第三部分是关于个人立身处世之道的讨论。本书从实例出发，鼓励反身而行，观心自证。

第一节　古代德政的总纲

一、以修身而取贤

德政的核心在于选才、取人，取人的标准在于仁、义的美德。君子以仁爱为修身之道，以义为尊贤的美德。

古代公共政策的制定和执行离不开为政者个人的思想和影响，所以为政者本人也以修身为根本。因为修身从关爱自己的亲人开始，关爱人就要先了解人，而了解人就要了解天道自然形成的人身五伦心法大道，即君臣、父子、夫妇、昆弟、朋友。而为政的根本"礼"就产生于这人身五伦心法大道。这心法大道的修证结果就是仁爱和平等，而修证的方法是诚、敬。所以，明白了修身之道，也就明白了为政的根本。而个人修身的道德要落到实处，让社会真实受益，就需要外在表现出三种美德——仁爱、智慧和勇敢。仁爱是平等的博爱之心；智慧是临机对事的正确选择；而勇敢就是排除障碍认真执行。这些道理无论是生而知之、学而知之或者困而知之，只要知道了，道理都是一样的、平等的，没有差别。这些有益于社会的政策的制定及执行，不论安心地去实行、为利益去实行或者勉强去实行，只要成功了，社会就受益了，效果都是一样的，没有差别。当然，外在表现出来的仁、智、勇的道德是大贤、大德。一般人应怎么做呢？孔子认为"好学近乎智，力行近乎仁，知耻近乎勇"，就是要修身。所以，普通人就更离不开修身之道了，要"好学、力行、知耻"。

> 哀公问政于孔子。孔子对曰："文武之政，布在方策。其人存则其政举，其人亡则其政息。天道敏生，人道敏政，地道敏树。夫政者，犹蒲卢也，待化以成，故为政在于得人，取人以身，修道以仁。仁者，人也，亲亲为大；义者，宜也，尊贤为大。亲亲之杀，尊贤之等，礼所以生也。礼者，政之本也，是以君子不可以不修身。思修身，不可以不事亲；思事亲，不可以不知人；思知人，不可以不知天。天下之达道有五，其所以行之者三，曰君臣也、父子也、夫妇也、昆弟也、朋友也，五者天下之达道。智、仁、勇三者，天下之达德也，所以行之者，一也。或生而知之，或学而知之，或困而知之，及其知之，一也。或安而行之，或利而行之，或勉强而行之，及其成功，一也。"公曰："子之言美矣至矣，寡人实固，不足以成之也。"孔子曰："好学近乎智，力行近乎仁，知耻近乎勇。知斯三者，则知所以修身；知所以修身，则知所以治人；知所以治人，则能成天下国家者矣。"

二、以九经经纬天下

（一）"九经"包括的内容

为政首先在取贤、得人。得人之后的为政之道——治国理念是什么呢？孔子提出以"九经"经纬天下。当然，孔子这里讲的是"王道"的天下思想，拿今天的话讲是全球治理的理念。如果是企业、社会组织，可以把相应的概念缩小一下去理解。这"九经"就是修身、尊贤、亲亲、敬大臣、体群臣、子庶民、来百工、柔远人、怀诸侯，这就是儒家的"王道"政治。修身能明白"王道"的真实含义，思想和品德就能立得稳。尊贤能使选拔的贤才稳定、专心，也使自己的道德选择不会受邪见的影响。亲亲能使家庭团结、稳固亲情。敬大臣或者尊重部门领导，可以使自己对事实清楚明了，没有人来迷惑自己。体群臣就是体谅、理解、关爱员工，大家就会以认真、努力地工作来加以回报。子庶民就是把百姓大众当成亲人一样爱护，那么其他地方的百姓也会很向往自己的国家。来百工，就好比今天的科技人才都愿意自发移民到自己的国家，那么国家各行各业的发展都顺利了。柔远人，就是很远地方的人都愿意受自己国家领导，想成为自己国家的公民。怀诸侯就是其他国家愿意追随自己国家的理念或者认同自己国家的国际政治理念，那么世界上就没有国家敢侵略自己国家了。

> 公曰："政其尽此而已乎？"孔子曰："凡为天下国家有九经，曰修身也、尊贤也、亲亲也、敬大臣也、体群臣也、子庶民也、来百工也、柔远人也、怀诸侯也。夫修身则道立，尊贤则不惑，亲亲则诸父兄弟不怨，敬大臣则不眩，体群臣则士之报礼重，子庶民则百姓劝，来百工则财用足，柔远人则四方归之，怀诸侯则天下畏之。"

(二)"九经"的施行

明晰了"九经"的内容,该怎么执行呢? 孔子讲述了执行的指导原则。君子行必据礼,非礼不动就是修身。远离谄媚之人、远离美色,不看重钱财但尊重人的品德就是尊贤。给有才能的亲人以官位和俸禄就是亲亲。当然关于亲亲的做法,随时代不同,可能也要加以调整。农业社会对人的知识技能要求较低,一般的才能就能胜任大部分工作。现代社会,科技发达,举例来讲关爱亲人就不一定是在自己企业给以职位了,也可以是在亲人需要帮助时,提供自己力所能及的帮助。

> 公曰:"为之奈何?"孔子曰:"齐洁盛服,非礼不动,所以修身也;去谗远色,贱财而贵德,所以尊贤也;爵其能,重其禄,同其好恶,所以笃亲亲也;官盛任使,所以敬大臣也;忠信重禄,所以劝士也;时使薄敛,所以子百姓也;日省月考,既廪称事,所以来百工也;送往迎来,嘉善而矜不能,所以绥远人也;继绝世,举废邦,治乱持危,朝聘以时,厚往而薄来,所以怀诸侯也。治天下国家有九经,其所以行之者,一也。"

(三)"九经"的心法大道

"九经"的具体实行要根据时代环境而加以调整,所以,执行"九经"的心法或者称为道德原则就非常重要,只要不违背原则性的"大道",执行的方式可以灵活调整,既而达到预期的效果。具体的原则就是知善去恶,反身而诚,做到诚。一切行为的发心以善良和真诚为出发点。

诚包括两方面:一是没有烦恼,专一其心;二是智慧明了,正见照明,就是前述的知善辩恶。孔子所述的"弗勉而中,不思而得,从容中道"只有明心的贤者才能做到。凡夫能做到有正见、心专一、"择善而固执"就很好了。能反身而诚,则能顺亲;能顺亲则能取信于朋友;能取信于朋友,则能获得上位者的信任。从全社会来看,如果人人都能获得上位者的信任,老百姓就能安定了。这是从社会伦理角度归纳的治理国家的"心法要道"。

> 凡事豫则立,不豫则废,言前定则不跲,事前定则不困,行前定则不疚,道前定则不穷。在下位不获乎上,民弗可得而治矣;获乎上有道,不信乎友,不获乎上矣;信乎友有道,不顺乎亲,不信乎友矣;顺乎亲有道,反诸身不诚,不顺乎亲矣;诚身有道,不明乎善,不诚乎身矣。诚者,天之至道也;诚之者,人之道也。夫诚弗勉而中,不思而得,从容中道,圣人之所以体定也;诚之者,择善而固执之者也。

三、以孝悌为基

孝顺两个字包含着社会伦理的大道。孝就是爱,有爱,人与人之间就会和睦了；顺就是敬上而无我，人能顺就会遵从社会规则。社会和睦，秩序井然，天下就安定了。所以，"九经"的德政，从提倡孝道开始。若要了解详细的内容，可以参看《孝经》。

　　公曰："子之教寡人备矣，敢问行之所始。"孔子曰："立爱自亲始，教民睦也；立敬自长始，教民顺也；教之慈睦，而民贵有亲；教以敬，而民贵用命。民既孝于亲，又顺以听命，措诸天下无所不可。"公曰："寡人既得闻此言也，惧不能果行而获罪咎。"

四、以礼布德，事死如生

人生不过生死而已。亲亲之礼，使民知爱；祭祀之礼，使民知恩；恩爱之德，使民知敬；诚敬之至，则道生矣，礼之极也。慎终追远，民德归厚。有礼则道德有法可依，有规矩可以遵循。

　　宰我问于孔子曰："吾闻鬼神之名，而不知所谓，敢问焉。"孔子曰："人生有气有魂。气者，人之盛也。夫生必死，死必归土，此谓鬼，魂气归天此谓神，合鬼与神而享之，教之至也。骨肉弊于下，化为野土，其气发扬于上者，此神之著也。圣人因物之精，制为之极，明命鬼神，以为民之则，而犹以是为未足也，故筑为宫室，设为宗祧，春秋祭祀，以别亲疏，教民反古复始，不敢忘其所由生也。众人服自此，听且速焉，教以二端，二端既立，报以二礼，建设朝事，燔燎膻芗，所以报魄也。此教民修本，反始崇爱，上下用情，礼之至也。君子反古复始，不忘其所由生，是以致其敬，发其情，竭力从事，不敢不自尽也，此之谓大教。昔者文王之祭也，事死如事生，思死而不欲生，忌日则必哀，称讳则如见亲，祀之忠也。思之深，如见亲之所爱，祭欲见亲颜色者，其唯文王与。《诗》云：'明发不寐，有怀二人'，则文王之谓与。祭之明日，明发不寐，有怀二人，敬而致之，又从而思之，祭之日乐与哀半，飨之必乐，已至必哀，孝子之情也，文王为能得之矣。"

第二节　以仁为本

以"九经"经纬天下的心法要道是反身而诚，这仍然需要修身。按孔子的说法，"诚弗勉而中，不思而得，从容中道，圣人之所以体定也""诚之者，择善而固执之者也"。这属于无为之道，对修证的要求已经很高了。修证的仁爱之心能够随时安定下来，就是"诚"。诚就是能够择善而"固""执"，稳定在仁心中不动摇。孔子所谈的定，也并非禅门打坐中的禅定，而是生活中随缘应物，不收不放，无为而行的"大定"。无怪乎儒门心法传承中断了，要想在滚滚红尘中修证到这个地步实在太难了。所以最终后世的真儒都入了道门或者佛门了吧。

一切行为都以仁爱之心为根本。既然已经能够随缘应物，那就在生活中"散播"仁爱，即事观心，去理解别人，帮助别人。无论从事什么行业，都应"不患人之不己知，患不知人也"，知人而安人。

一、鸟兽犹爱仁德之主，况人乎

鲁定公与颜回谈论东野毕善于御马这件事，颜回断定他的马会逃跑。鲁定公很不高兴，认为颜回有污蔑人的嫌疑。后来东野毕的马果然逃跑了。鲁定公很吃惊，请教颜回何以有先见之明。颜回是孔门中的仁人，他观察东野毕虽然有一流的御马技术，但是他御马时竭尽马力，对马毫无仁爱之心，所以他认为马会逃逸。颜回的仁心，已经能观察到动物的情感了。为政不仅是处理人与人的关系，颜回的言论涉及处理人与动物的关系，达到"以马知政"的境界了。

这里颜回借事而喻：即使是鸟兽之类也喜欢有仁爱之心的主人，何况是人呢？古时帝舜不使民力穷尽，因此没有逃跑的百姓；造父善于用马，因此没有逃逸的马匹。如果从事管理工作的人对待下属没有仁爱之心，下属会感觉舒坦吗？一旦管理者压榨下属到极致，他自己也就危险了。

> 鲁定公问于颜回曰："子亦闻东野毕之善御乎？"对曰："善则善矣，虽然，其马将必佚。"定公色不悦，谓左右曰："君子固有诬人也。"颜回退。后三日，牧来诉之曰："东野毕之马佚，两骖曳，两服入于厩。"公闻之，越席而起，促驾召颜回。回至，公曰："前日寡人问吾子以东野毕之御，而子曰善则善矣，其马将佚，不识吾子奚以知之？"颜回对曰："以政知之。昔者帝舜巧于使民，造父巧于使马，舜不穷其民力，造父不穷其马力，是以舜无佚民，造父无佚马。今东野毕之御也，升马执辔，御体正矣，步骤驰骋，朝礼毕矣，历险致远，马力尽矣，然而犹乃求马不已，臣以此知之。"公曰："善！诚若吾子之言也，吾子之言，其义大矣，愿少进乎。"颜回曰："臣闻之，鸟穷则啄，兽穷则攫，人穷则诈，马穷则佚，自古及今，未有穷其下而能无危者也。"公悦，遂以告孔子。孔子对曰："夫其所以为颜回者，此之类也，岂足多哉。"

二、识音辨情，贤者仁心

孔子早晨听到有哭声，问颜回是否知道这个人为什么哭。颜回说，这种哭声不仅有死别之哀，更有生离之悲。孔子让人安慰哭泣的人，知道了对方父死家贫、卖儿葬父的悲惨处境。知人方能安人。颜回已经能够根据听到的声音辨别人的情感了。

> 孔子在卫，昧旦晨兴，颜回侍侧，闻哭者之声甚哀。子曰："回，汝知此何所哭乎？"对曰："回以此哭声非但为死者而已，又有生离别者也。"子曰："何以知之？"对曰："回闻桓山之鸟，生四子焉，羽翼既成，将分于四海，其母悲鸣而送之，哀声有似于此，谓其往而不返也。回窃以音类知之。"孔子使人问哭者，果曰："父死家贫，卖子以葬，与之长决。"子曰："回也，善于识音矣。"

三、仁德之盛，穷神知礼

要知人安人，辨音识情只是一方面。孔子进一步引导颜回，要做到穷神知礼，知道人的性情，了解万物的变化。神为气，禀物成为生灵，这是人和动物的出生；死后尸体归于尘土，神复归为气。礼就是根据人生死的道理，适应人的性情而产生的，所以穷神方能知礼。了解一切生死的变化，才能够真正知人，真正成为仁人。这才是成人之仁。成人之仁，知人之需，才能济人之急。当然，这不是仅仅靠文字或者口头就能知道的道理，要修证到孔子辨物的境界，对万世万物的因果了了分明。可以参看孔子的圣德一篇。孔子是因机施教的，根据不同的弟子学习达到的不同程度，孔子教授的内容也不同。

> 颜回问于孔子曰："成人之行，若何？"子曰："达于情性之理，通于物类之变，知幽明之故，睹游气之原，若此可谓成人矣。既能成人，而又加之以仁义礼乐，成人之行也。若乃穷神知礼，德之盛也。"

四、仁智双全，顺事恕施

心怀仁德，能够知人了，还未必真正有利于社会，有利于他人。仅仅口头上、语言上讲还不够，要仁智双全，缺一不可。仁是爱人之心，智是选择并决断。从对下属、对亲人、对社会的态度可以观察自己是否有仁心；从自己的生活是否廉洁、是否遵从礼法可以观察自己是否有智慧。若做善事却不顺，则可以观察自己是否不够宽容。宽容是平等之心，也代表了智慧。

> 颜回问于孔子曰："臧文仲、武仲孰贤？"孔子曰："武仲贤哉。"颜回曰："武仲世称圣人而身不免于罪，是智不足称也；好言兵讨，而挫锐于邾，是智不足名也。夫文仲其身虽殁，而言不朽，恶有未贤？"孔子曰："身殁言立，所以为文仲也。然犹有不仁者三，不智者三，是则不及武仲也。"回曰："可得闻乎？"孔子曰："下展禽，置六关，妾织蒲，三不仁；设虚器，纵逆祀，祠海鸟，三不智。武仲在齐，齐将有祸，不受其田，以避其难，是智之难也。夫臧文仲之智而不

容于鲁,抑有由焉,作而不顺,施而不恕也夫。夏书曰:'念兹在兹,顺事恕施。'"

五、君子之仁,弗学而行,弗思而得

要仁智双全,佛教经常用"双运"这个词,意思是一样的。怎么样仁智双全呢? 爱人近仁,把握分寸近智,加上无我而敬人。仁智"双运"再进一步呢? 没有再进一步了。如果做到仁智"双运"就是无为之道了,就是圣人了,"弗学而行,弗思而得"。孔子为颜回讲无为之道,"回也其庶乎""小子勉之"。

颜回问于君子。孔子曰:"爱近仁,度近智,为己不重,为人不轻,君子也夫。"回曰:"敢问其次。"子曰:"弗学而行,弗思而得,小子勉之。"

六、仁、智双修

孔子为颜回讲了"双运"的无为之道,那其他没有达到的人怎么修持呢? 这得向颜回请教了。"有益于"什么,就是没有得到什么。有益于智、有益于仁,就是还没有得到智,还没有得到仁。颜回告诉仲孙何忌,"预"有利于智慧的提升,而宽恕有益于仁爱的提升。"预"则立,"预"就是提前计划做善事,这是仁爱提升智慧;"恕",是宽恕别人,就是放下执着使心平等,这是智慧提升仁爱了;所以凡夫也时刻在仁智"双运",只是自己不知道,没有达到无为啊!

仲孙何忌问于颜回曰:"仁者一言而必有益于仁智,可得闻乎?"回曰:"一言而有益于智,莫如预;一言而有益于仁,莫如恕。夫知其所不可由,斯知所由矣。"

七、成人之恶为小人

君子知恶辩善,去恶迁善,知人安人,努力学习,见贤思齐。小人就反过来了,善恶不分;以选择作恶为智;不利于别人,以别人受到伤害为快乐;耻于学习又羞辱没能力的人。有君子就有小人,这就是生活。要多向贤者学习。

颜回问小人。孔子曰:"毁人之善以为辩,狡讦怀诈以为智,幸人之有过,耻学而羞不能,小人也。"

八、力猛于德,不顺其死

如果力量超过了德行的承担能力,这个人就会不得其死。这里举的例子就是子路,前文已经讨论过孔子对子路的告诫,这里是师兄对师弟的告诫。颜回告诫子路,厚德载物,德行和力量要匹配。仁、智、勇三者,仁、智是德,勇就是力。勇力要与仁爱和智慧匹配。子路用力太猛了,最后他在卫国的动乱中丧生了。

　　　　颜回问子路曰:"力猛于德而得其死者,鲜矣! 盍慎诸焉?"

九、日用之,力行之

修证的道理都知道了,关键在生活中要认真努力,每天都想想自己该干什么。

　　　　孔子谓颜回曰:"人莫不知此道之美,而莫之御也,莫之为也,何居? 为闻者盍日思也夫。"

十、以行言,勿以舌言

君子言善,行善;小人言善,行恶。君子言行一致,以行动表达一切。

　　　　颜回问于孔子曰:"小人之言有同乎? 君子者不可不察也。"孔子曰:"君子以行言,小人以舌言,故君子(于)为义之上相疾也,退而相爱;小人于为乱之上相爱也,退而相恶。"

十一、怀德忘怨

朋友之间相交要互相谏净,共同进步。仁人要怀德忘怨,多感恩、少怨嫌。

　　　　颜回问朋友之际如何。孔子曰:"君子之于朋友也,心必有非焉,而弗能谓'吾不知'。其仁人也,不忘久德,不思久怨,仁矣夫。"

十二、君子勿攻人恶

揭露别人的过失,并不能证明自己完美;攻击别人的错误,并不能证明自己正确。君子不攻击别人的过错。

　　　　叔孙武叔见于颜回,回曰:"宾之。"武叔多称人之过,而己评论之。颜回曰:"固子之来辱也,宜有得于回焉,吾闻知诸孔子曰:'言人之恶,非所以美己;言人之枉,非所以正己。'故君子攻其恶,无攻人恶。"

十三、以德化人,非以言教人

　　　　颜回谓子贡曰:"吾闻诸夫子身不用礼而望礼于人,身不用德而望德于人,乱也。夫子之言,不可不思也。"

第三节　君子的立身之道

以"九经"经纬天下是讨论国家和社会,以仁为本是讨论"心",接下来从个人出发讨论立身处世之道。

一、君子不可以不学

君子立身处世从学习开始。当然,学习的主要内容是为善之道,从习礼开始,以仁为本,以孝为基的修身,这是真正的人格教育。礼、乐、射、御、书、数是儒者需要学习的六艺,是修身之外的技艺。礼、乐属于文化教育,书,即《尚书》是国家德政的教育纲领,射箭、驾车、数术这三个方面属于技术教育。

> 子路见孔子,子曰:"汝何好乐?"对曰:"好长剑。"孔子曰:"吾非此之问也,徒谓以子之所能,而加之以学问,岂可及乎?"子路曰:"学岂益哉也?"孔子曰:"夫人君而无谏臣则失正,士而无教友则失听。御狂马不释策,操弓不反檠。木受绳则直,人受谏则圣,受学重问,孰不顺哉?毁仁恶仕,必近于刑。君子不可不学。"子路曰:"南山有竹,不柔自直,斩而用之,达于犀革。以此言之,何学之有?"孔子曰:"括而羽之,镞而砺之,其入之不亦深乎。"子路再拜曰:"敬而受教。"

二、君子之行努力、勤勉,恭、敬、忠、信

这是第三次讨论恭、敬、忠、信了。恭、敬、忠、信是人的贤德;恭、敬、忠、信也是为政之德。在这里恭、敬、忠、信是君子的个人的道德行持。既然是君子的行持,就加上"不强不达,不劳无功"。要通达就要努力,要立功德就要勤勉。本例中没有谈"敬","敬"在下文专论。儒法的传承靠即事观心,这是孔子的教育方法。要把很多事例表述的道理整合在一起,教义才能完整。忽略了这一点,教义就很难完整,这就是儒家教理系统长期没有被理解的根本原因。

> 子路将行,辞于孔子。子曰:"赠汝以车乎?赠汝以言乎?"子路曰:"请以言。"孔子曰:"不强不达,不劳无功,不忠无亲,不信无复,不恭失礼,慎此五者而矣。"子路曰:"由请终身奉之。敢问亲交取亲若何?言寡可行若何?长为善士而无犯若何?"孔子曰:"汝所问苞在五者中矣。亲交取亲,其忠也;言寡可行,其信乎;长为善士,而无犯于礼也。"

三、政事应之深远，不可不敬慎

接下来讨论敬。孔子作为鲁国的司寇数次拜见季康子，季康子并不欢迎孔子。宰予认为孔子做司寇的时间并不长，却数次去拜见季康子，显得屈节太甚了，而孔子却不这么认为。孔子觉得鲁国以众欺寡、以武力相互凌暴的事持续很久了，如果官府有关部门不加治理，国家就会动乱。相比较而言，诸侯聘自己这件事就显得微不足道了。鲁国人听说了孔子的话，就自觉地停止了争斗。所以，孔子讲，离山十里，螽蛄的叫声还在耳边回响，政事就像螽蛄的叫声一样深远，故处理不可不敬慎。孔子这个"敬慎"的态度，意义就比"敬人"深刻多了。孔子是敬道，以道为贵，达到无我之境了。

> 孔子为鲁司寇，见季康子，康子不悦。孔子又见之。宰予进曰："昔予也常闻诸夫子曰，王公不我聘，则弗动，今夫子之于司寇也日少，而屈节数矣，不可以已乎？"孔子曰："然，鲁国以众相陵，以兵相暴之日久矣，而有司不治则将乱也，其聘我者，孰大于是哉？"鲁人闻之曰："圣人将治，何不先自远刑罚？"自此之后，国无争者。孔子谓宰予曰："违山十里，螽蛄之声犹在于耳，故政事，莫如应之。"

四、君子尽忠于公，不可忘本

孔子的侄子孔篾和弟子宓子贱两个都出来做官。孔子去看孔篾，问他做官有什么收获，有什么不足。孔篾认为没有收获，觉得公事繁杂导致学习荒废了；俸禄太少也无法周济亲人；工作繁忙，朋友的交情也疏远了。孔子听了很不开心。孔子又去看弟子宓子贱。同样的问题，宓子贱觉得以前是口头学习，现在终于实际执行了，学习更加进步了；发了俸禄还可以照顾亲戚；虽然尽忠公事，也没有忘记朋友交情，朋友关系更好了。孔子赞叹宓子贱是君子。明学、益亲、笃友是君子修身的根本，而修身又是为政的基础。尽忠于公而忘了修身的根本，立身不正，就不会对政事有深刻的体会和把握，也难以处理好公事。

> 孔子兄子有孔篾者，与宓子贱偕仕。孔子往过孔篾，而问之曰："自汝之仕，何得何亡？"对曰："未有所得，而所亡者三，王事若龙，学焉得习，是学不得明也；俸禄少饘粥，不及亲戚，是以骨肉益疏也；公事多急，不得吊死问疾，是朋友之道阙也。其所亡者三，即谓此也。"孔子不悦，往过子贱，问如孔篾。对曰："自来仕者无所亡，其有所得者三。始诵之，今得而行之，是学益明也；俸禄所供，被及亲戚，是骨肉益亲也；虽有公事，而兼以吊死问疾，是朋友笃也。"孔子喟然，谓子贱曰："君子哉若人。鲁无君子者，则子贱焉取此？"

五、正教而尊义,俗不合礼则不随

鲁哀公赐孔子桃子和黍请他享用。黍就是黄米,可能是古代的生活习惯,吃水果时用黄米将水果擦拭干净。可是孔子却先把黍吃掉然后再吃桃子,在座的均掩口而笑。鲁哀公就直说黍是用来擦拭桃子的,不是用来吃的。孔子的回答是,黍是五谷之长,祭祀宗庙是上品,在六种果品中桃子是下品,祭祀不能使用。用贱的东西擦拭贵的东西是可以的,如果用贵的东西擦拭贱的东西就与教义不符,所以他不这样做。君子要正道而行,细节也不可忽视。另外,人们经常听到入乡随俗这句话,孔子在这里用行动对这句话进行了注解:如果风俗习惯符合礼法和教义就入乡随俗,如果风俗习惯不符合礼法和教义就不随俗,要正教而尊义,纠正错误的做法。

> 孔子侍坐于哀公,赐之桃与黍焉。哀公曰:"请食。"孔子先食黍而后食桃,左右皆掩口而笑。公曰:"黍者所以雪桃,非为食之也。"孔子对曰:"丘知之矣,然夫黍者,五谷之长,郊礼宗庙以为上盛。属有六而桃为下,祭祀不用,不登郊庙,丘闻之君子以贱雪贵,不闻以贵雪贱。今以五谷之长,雪果之下者,是从上雪下,臣以为妨于教,害于义,故不敢。"公曰:"善哉。"

六、君子自容而不危身

陈灵公荒淫无道,泄治进谏却被杀死。子贡问孔子:泄治是不是像比干进谏殷纣王一样求仁得仁,舍生取义了? 孔子认为比干除了有少师的官位,还是殷纣王的叔叔,以死尽忠报效祖先,期望自己死后殷纣王能幡然悔悟,这是仁人之心,而泄治对于陈灵公并无骨肉之亲,仕于乱朝,贪位不弃,以区区一人之力欲正一国,死得毫无价值。君子立身处世,要能自容,到哪里都能立足,不要使自己受到伤害。舍生取义的事要度主、察事而断,不能缺乏智慧。《诗》云:"民之多僻,无自立辟。"社会上的邪僻事,正人君子就不要掺和,要善于保护自己。

> 子贡曰:"陈灵公宣淫于朝,泄治正谏而杀之,是与比干谏而死同,可谓仁乎?"子曰:"比干于纣,亲则诸父,官则少师,忠报之心在于宗庙而已,固必以死争之,冀身死之后,纣将悔寤,其本志情在于仁者也;泄治之于灵公,位在大夫,无骨肉之亲,怀宠不去,仕于乱朝,以区区之一身,欲正一国之淫昏,死而无益,可谓捐矣。《诗》云:'民之多辟,无自立辟。'其泄治之谓乎。"

七、求仁得仁,进退必于是

孔子在鲁国从政,以礼事君,齐国害怕鲁国强大,计划破坏鲁国的德政。齐国将骏马、美女之类的礼物送给鲁国，季桓子接纳了这些礼物。鲁国国君和季桓子耽于娱乐，三天没有上朝，且礼法俱废，因此孔子辞官而去。这是儒家立身处世，人生进退的道德选择，就是唯道是从，不可则去。

> 孔子相鲁，齐人患其将霸，欲败其政，乃选好女子八十人，衣以文饰而舞容玑，及文马四十驷，以遗鲁君，陈女乐，列文马于鲁城南高门外。季桓子微服往观之再三，将受焉，告鲁君为周道游观。观之终日，怠于政事。子路言于孔子曰："夫子可以行矣。"孔子曰："鲁今且郊，若致膰于大夫，是则未废其常，吾犹可以止也。"桓子既受女乐，君臣淫荒，三日不听国政，郊又不致膰俎。孔子遂行，宿于郭屯，师已送曰："夫子非罪也。"孔子曰："吾歌可乎？"歌曰："彼妇人之口，可以出走，彼妇人之请，可以死败。优哉游哉，聊以卒岁。"

八、以德取人

孔子的弟子澹台子羽容貌很好，而德行就比容貌稍差；宰我辩才很好，而智慧就稍有不足。所以，孔子认为要以德取人，相马要看它驾车的情况，观察人要看他平时的表现，不能只看表面。

> 澹台子羽有君子之容，而行不胜其貌，宰我有文雅之辞，而智不充其辩。孔子曰："里语云：'相马以舆，相士以居，弗可废矣。'以容取人，则失之子羽；以辞取人，则失之宰予。"

九、贤者进贤，小人抑贤

君子是自己有不擅长的事就更加敬畏别人，小人是自己有不擅长的事就更加不信任他人。所以，君子进贤，小人抑贤。君子择贤而事，不可不察。

> 孔子曰："君子以其所不能畏人，小人以其所不能不信人。故君子长人之才，小人抑人而取胜焉。"

十、知之而行之，不自满、不自舍

总结个人立身处世之道，"言满天下无口过，行满天下无怨恶"与"终日言，无遗己之忧，终日行，不遗己患"一样，这是大德大贤的德行和智慧才能达到的。那么大部分普通人修身以立该怎么做呢？孔子总结了如下几点：知道了道理就实行；自己愿意亲近的人就信任他；碰到了好事不要骄傲；有了危险和患难不要忧愁，认真思考审慎应对。没做到的事要努力，没有准备的事要积极弥补不足；自己不能干就不要怀疑别人，自己能干也不能骄傲。

　　孔篾问行己之道。子曰:"知而弗为,莫如勿知;亲而弗信,莫如勿亲。乐之方至,乐而勿骄;患之将至,思而勿忧。"孔篾曰:"行己乎?"子曰:"攻其所不能,补其所不备。毋以其所不能疑人,毋以其所能骄人。终日言,无遗己之忧,终日行,不遗己患。唯智者有之。"

第八章

儒　　心

　　这一章是儒家宗门修证的心法总纲,内容极简单,实行又极难。前文的讨论,都融汇在这一章里,如果仅仅讨论个人修证,可以以这一篇统帅全文。佛门有《六祖坛经》直指心源;道门也有《悟真篇》开悟世人。佛也好、道也罢,心性无二。然而,儒家以传播、延续人类文明为志向,不离世俗历事练心,重在实行。孔子关于修证道理的指示大多是借事而喻,不离当下。所以,单凭一时一事而论,教理似乎很难完备,如果全篇合一观察,教理就非常明了、完整了。佛、道教法对出世法讲解比较完整,而对世间法涉及较少。而儒法对世间法讲解得非常完整,所以,对于没有出世的佛、道修证者而言,这一部分也有很高的参考价值。

　　儒家以孝为心,孝就是仁爱,顺就是安心。如果君子发心学道,终身行持,以道为归,就是行孝"道",而且是天下大孝。按照此章内容所讲,一个人立身修证要"知命而安,素位而行,自强不息",最后成为"行藏用舍"的君子。为了体现孔子修身之道的完整性、系统性和次序性,本章先总述再分述。

第一节　总　　述

一、知命,不怨天不尤人

　　"不知命无以为君子",这是儒家修行的起点,所以"命运"一词实在不是一个简单的话题。春天里百花盛开,赏心悦目,但好花不常在,转眼之间,花落水流,满眼又是伤感。花落水流,是花的命运,美好时光一去不回。但如果人们放大时间的尺度,知道四季变迁的道理,春有盛开的百花、夏有茂盛的草木、秋有成熟的果实、冬有洁白的雪花,心中似乎又有些释然,花落水流的"宿命"似乎也能够接受。人们再将时间的尺度放大至一年,就会发现,四季变迁,年年如此,"四季变迁"这件事似乎是从来没有改变过。这就是"命运"的道理。花落水流、"四季变迁"这种种都是"道体"的外相,外相虽然变化无穷,而"道"却从来没有变过,因为外相就是"道体"自身。人生何尝不是如此。人,生生死死,而一生中命运似乎又起伏不定,人类自身就是"道"的变化，而不变的"道"也就是人类自己。圣人说，"道，不可须臾离也；可离非道也""百姓日用而不知"。而"道体"外相的变化是由什么决定的呢？这就是宇宙的因果规律。因果律是宇宙的根本规律，既简单又极复杂。只有圣人如孔子、佛才能真正透彻理解因果的规律，而凡夫从信入手，从"为善"起修才能体会并逐渐观察验证。就好比手机，没有学过物理、电子等科技知识的人，也并不了解其中的道理，但可以使用手机。个人在父母的"大地"上出生成长，先天的"业"因已经决定。就像种子在土里发芽成长为大树一样，自己的品种、适应的生长环境已经决定，即使迁移也不能改变品种和环境，否则就灭亡了。这就是个人命运。知道了命运的道理，就知道自己故有的先天之命不可违、不可造。若凡事"不怨天、不尤人"，就做到了知命。

二、安心，无忧无惧

知命之后就是安心。因果就在自己的行动，而行动由自心发出，这是孔子为《易经》做《十翼》阐述的因果道理。喜、怒、忧、思、悲、恐、惊七情皆是妄想，扰乱自心。那么就从"心"出发吧！先把心中的"忧惧"放下，做到心中没有烦恼。先把生活中的"忧"——烦恼放下来，什么爱情、金钱、事业、子女……统统放下，心中不要牵挂。心中清净了，进一步就能做到"无惧"。真理解因果，就无惧生死。其实"惧"和"忧"一样，也是烦恼，相对于"忧"，"惧"是更重的烦恼。"生生之谓易"，因果了了才能看透生死，才能逐渐不"惧"生死。故后文有孔子回答子路"未知生，焉知死"的话。无惧生死，心就安了！

三、立身，素位而行

人的生命，属于自己，只有一次。万物之中有灵性的东西很少，山、石、草、木都是"痴"，没有灵性，只有少许高级生命，如动物才有灵性。而有灵性的生命中，只有人类最为尊贵，只有人类才有"文明"。宇宙中的生命像微尘一样多，而人类的数量只如手中的微尘那么一点点，而自己竟然是其中之一。按照同样的比率计算，自己能够作为人的概率也是微乎其微。道家理论，天分为九重，一人为人，九天称庆！一个生命投胎做人了，据说九天都感到庆幸，当然，这是宗教比喻做人之难。所以，此生能够为人是多么庆幸啊！莫辜负好时光！

人生难得，就应该努力实现自己生命的价值。生命的价值是什么呢？就是"仁爱"。这是本书前面"引论"和"王道"就讨论过的仁爱和智慧的人类文明。仁者，爱人。立身做人从人伦本分做起，修身、亲亲、益友、尽忠。提升自己的慈爱和理智，从亲亲开始，先做一个好子女、好父母、好朋友，工作上做一个好员工。人生就这么简单、快乐！

四、修道,自强不息

《易经》曰:"积善之家必有余庆,积不善之家必有余殃。"《易经》就是圣人用来昭示因果的书籍。圣人无私欲,大道无形,也无话可说,可说的只有因果的道理。先天之命是先天业因所造,而今后的命决定于现在的"业因"。人命可贵,就利用难得的做人机会,来造未来之命。所以,要"反求诸己,不愿乎外"地努力不懈、自强不息,一切靠自己努力。当然,如果仅仅是立身修证,去追求事业、追求美好生活的善因善果,那么"心"就太小了。人人可以为尧舜,个人的生命也是道体变化而来,而不变的道也体现在个人身上。圣人已经为人类开示了由凡入圣的修证大道,如果个人还是见大海而慕雨滴就太可惜了,也辜负了圣人出世的本怀。如果人们遵从圣人开示的"内圣外王"之道,努力修证,就会把"大爱"散播到脚下的每一寸土地。

五、致用,行藏用舍

为善之道的选择是生命价值的选择,要发心才行。发心之后也要认得准、立得稳,遇到事情要站得住,不要违背了自己的道德原则和操守。君子的人生对于奉献社会、尽忠国家之类的世俗事务,要"以道为本,行藏用舍"。如果社会环境适合自己用命努力的就努力奋斗,如果环境和老板是"邪道",就要放弃名利,不要辜负了自己的修证。"放之则弥六合,卷之则退藏于密"是圣人的德行和智慧。凡夫就要对生活多加观察,慎言慎行了。"行藏用舍"是"用行、舍藏"的意思,如果可以发挥作用就站起来努力奋斗,如果不能发挥作用就放弃,坚守自己的道德。

第二节 儒 心

一、不怨天不尤人,无忧无惧

(一) 不怨天不尤人

人生的选择能否经得起事实的考验,这与平时的修证力量有关,如果心没有清净,对镜生"妄心",真心就走失了,很可能就会"怨天尤人","心"就立不稳了。

楚昭王打算聘任孔子,孔子经由陈国、蔡国到楚国去。陈国、蔡国作为小国,害怕孔子辅佐楚国,楚国强大了对他们不利,于是就派兵围阻孔子一行。孔子一行被困七天,粮食断绝,很多人都生了病。这事对孔子没什么影响,他照样慷慨激昂,"弦歌"不绝地讲述自己的学问。这时孔子找弟子谈话,了解大家的心态,用现在话讲就是了解情况,安抚大家,做思想工作。孔子问弟子,难道我们的道错误了吗?

"匪兕匪虎，率彼旷野"，既不是野牛，也不是老虎，却在旷野里奔驰，疲惫不堪。我们为什么会到如此不堪的地步？子路的心里就有些怨恨。他认为：如果是君子应该就不会受困；是不是师父的道还没有达到"仁"，别人不相信他们是不是师父还没有成为"智者"，别人不认同他们的行为。而且，师父不是讲因果报应嘛，善有善报，恶有恶报，而师父积德行善，弘扬道法这么久了，为什么命运会落入这么困顿的境地呢？子路的这种表现就是"怨天"了。不仅仅子路，生活中这样的修行者很多。他们常常有这样的感慨：善有善报，为什么我积德行善这么久，命运还是这么苦，而那些作恶多端的人却天天逍遥自在，老天啊，为什么会这样？这是没有做到知命。命运自有时节因缘，春天的花无论开得多么美丽，果实也不可能当下成熟。孔子一生周游列国，见了七十多个国君，也没有人愿意执行他的"王道"，可是孔子去世已几千年了，直到今天人们还能看到他的言论，这不是他努力弘道、服务大众的成果吗？

孔子向子路讲述了命运的道理。君子是否有机遇发挥作用，要靠时运；而君子贤或者不贤却取决于自己的品行。芝兰生于深林，不以无人而不芳；君子修道立德，不为穷困而改节，要立得稳、站得住。如果仁义之人都能得到别人的信任，历史上就不会有伯夷、叔齐饿死在首阳山的事；如果"智者"的话都能够实行，也不会有比干被挖去心肝的悲惨事件；如果忠信的人必有回报，进谏人的建议一定会被接受，历史上就不会有关龙逢、伍子胥进谏被杀的事。生死有命，晋文公重耳、越王勾践有霸王之才，却都历经磨难。所以，不要抱怨天道不公，要多思考自己德不立、道不修，要自强不息。

孔子用同样的话问子贡时，子贡没有怨天，但子贡仍然是心向外求，"尤人"。尤，即怨、归咎的意思。子贡认为孔子的道太高了，别人接纳不了，师父是否能降低一下自己的标准，让别人能接纳，使自己和别人"和光同尘"。孔子教育子贡，善于种植的不一定善于收获，君子修道，整顿纲纪，别人不一定都能理解、接受。你不努力修道，却考虑怎么让别人接纳自己，是你的志向不够远大，思考还不够深远。是啊，自己理解的道理，世界上的人都理解或者都愿意去理解吗？别人理解的道理，自己也愿意而且能够理解吗？学物理学的人，能让天下人都去学物理学吗？搞文学的人能让天下人都热爱文学吗？这就是一尊"佛"不能渡尽一切众生的道理。还是各安天命吧。

孔子也用同样的话问颜回，只有颜回认为，这没有什么大不了的，别人不接纳是别人的问题。孔子很欣慰，告诉颜回，如果颜回富裕了，自己愿意做他的管家。颜回是"知命"的君子。

楚昭王聘孔子，孔子往拜礼焉，路出于陈蔡。陈蔡大夫相与谋曰："孔子圣贤，其所刺讥皆中诸侯之病，若用于楚，则陈蔡危矣。"遂使徒兵距孔子。孔子不得行,绝粮七日,外无所通,藜羹不充,从者皆病。孔子愈慷慨,讲弦歌不衰。乃召子路而问焉,曰:"《诗》云:'匪兕匪虎,率彼旷野。'吾道非乎,奚为至于此?"子路愠,作色而对曰:"君子无所困,意者夫子未仁与,人之弗吾信也;意者夫子未智与,人之弗吾行也。且由也,昔者闻诸夫子,为善者天报之以福,为不善者天报之以祸,今夫子积德怀义,行之久矣,奚居之穷也。"子曰:"由未之识也,吾语汝,汝以仁者为必信也,则伯夷叔齐,不饿死首阳;汝以智者为必用也,则王子比干,不见剖心;汝以忠者为必报也,则关龙逢不见刑;汝以谏者为必听也,则伍子胥不见杀。夫遇不遇者,时也,贤不肖者,才也。君子博学深谋而不遇时者众矣,何独丘哉。且芝兰生于深林,不以无人而不芳,君子修道立德,不谓穷困而改节。为之者人也,生死者,命也。是以晋重耳之有霸心,生于曹卫;越王勾践之有霸心,生于会稽。故居下而无忧者,则思不远,处身而常逸者,则志不广,庸知其终始乎?"

　　子路出,召子贡,告如子路。子贡曰:"夫子之道至大,故天下莫能容夫子,夫子盍少贬焉?"子曰:"赐,良农能稼,不必能穑,良工能巧,不能为顺,君子能修其道,纲而纪之,不必其能容。今不修其道,而求其容。赐,尔志不广矣,思不远矣。"

　　子贡出,颜回入,问亦如之。颜回曰:"夫子之道至大,天下莫能容,虽然,夫子推而行之,世不我用,有国者之丑也,夫子何病焉? 不容,然后见君子。"孔子欣然叹曰:"有是哉,颜氏之子,使尔多财,吾为尔宰。"

孔子引用《诗经》里的《何草不黄》这首诗,充分体现了孔子周游列国不辞劳苦的精神。君子之德如水,发育万物,常处下而不居功!

何草不黄

佚　名

何草不黄? 何日不行? 何人不将? 经营四方。
何草不玄? 何人不矜? 哀我征夫,独为匪民。
匪兕匪虎,率彼旷野。哀我征夫,朝夕不暇。
有芃者狐,率彼幽草。有栈之车,行彼周道。

(二) 君子无忧

知命是非常难的。做到了知命,就快快乐乐、无忧无虑了。对于修身、行道的事,没有达到的就快乐地发心努力,达到的就安于所为,终生都很快乐,没有一天会忧愁。小人就不是这样,小人不知道命运的道理,对没有得到的事,担心得不到;对已经得到的又害怕失去,终生都在忧愁中,没有一天快乐。知命的君子少,现在大部分人都是无房忧房、无车忧车,如此等等,始有一、复少一,烦恼无边。

　　子路问于孔子曰:"君子亦有忧乎?"子曰:"无也。君子之修行也,其未得之,则乐其意,既得之,又乐其治,是以有终身之乐,无一日之忧。小人则不然,其未得也,患弗得之,既得之,又恐失之,是以有终身之忧,无一日之乐也。"

(三)君子无惧

　　子路询问是否有鬼神,孔子并没有回答他有鬼神或者没有鬼神。因为有些人问的问题不在问题本身,而在问问题的人本身,所以不需要回答。回答了这个问题未必能解决他自身的问题。孔子引导子路去服务别人,把心中的烦恼放下,爱心的滋长会清净烦恼。子路问有关生死的问题,这是因为子路心中有恐惧,谁不畏惧生死?孔子引导子路把人生的修证做好了,知道生命的价值,不辜负自己的人生,生死的道理看透了,也就无惧生死了。

　　季路问事鬼神,子曰:"未能事人,焉能事鬼?"曰:"敢问死。"曰:"未知生,焉知死?"

　　君子无惧,那曾子怎么有惧呢?对文意的理解不能局限于句子本身的文字。要不惧生死,就要做好自己的人生修证,曾子就是畏惧自己的修身不能做好,无功不受人赐。同样,君子无忧,君子只担忧自己的立身、立德没有做好,而不担忧其他。

　　曾子弊衣而耕于鲁,鲁君闻之而致邑焉,曾子固辞不受。或曰:"非子之求,君自致之,奚固辞也?"曾子曰:"吾闻受人施者常畏人,与人者常骄人,纵君有赐,不我骄也,吾岂能勿畏乎?"孔子闻之曰:"参之言足以全其节也。"

(四)勿信眼见、勿信耳闻

　　孔子和弟子被困缺粮,子贡悄悄携带东西在乡间换了些米。颜回和子路负责在屋檐下煮饭。灰尘落到了锅里,颜回就把脏米拿了出来,扔了觉得可惜,就直接吃了。子贡刚好看见颜回吃东西,就怀疑颜回的德行,并将此事告诉了孔子。孔子经过认真了解,知道了事实真相,就把真相告诉了其他弟子,其他人就更佩服颜回的品德了。君子知命而立,就要立定脚跟,只要自己行得端、立得正就没有过错、没有遗憾。同样,对于君子的行为,或者认定的贤人的行为,也要信得过,认得准。眼见为实、耳听为虚,但有时眼见也不一定为实。

　　孔子厄于陈蔡,从者七日不食。子贡以所赍货,窃犯围而出,告籴于野人,得米一石焉,颜回、仲由炊之于壤屋之下。有埃墨堕饭中,颜回取而食之,子贡自井望见之,不悦,以为窃食也。入问孔子曰:"仁人廉士,穷改节乎?"孔子曰:"改节即何称于仁廉哉?"子贡曰:"若回也,其不改节乎?"子曰:"然。"子贡以所饭告孔子。子曰:"吾信回之为仁久矣,虽汝有云,弗以疑也,其或者必有故乎。

汝止,吾将问之。"召颜回曰:"畴昔予梦见先人,岂或启佑我哉?子炊而进饭,吾将进焉。"对曰:"向有埃墨堕饭中,欲置之则不洁,欲弃之则可惜,回即食之,不可祭也。"孔子曰:"然乎,吾亦食之。"颜回出,孔子顾谓二三子曰:"吾之信回也,非待今日也。"二三子由此乃服之。

二、为政以德,素位而行

国学之道当然离不开为政的讨论。教纲讨论为政的"道",修证讨论为政的"发心"——仁爱;致用讨论为政的"德";此处讨论个人立身——素位而行的"心"。

(一)立身之道

事未立,先论心。立德立身是个人事业的根本。孔子向子张讲述了兴六德、除六弊的立身"入官"之道。这个官不可以仅仅理解为官位。官的本意是安于本职,后来把尽忠公事的具体职能范围命名为"官"。所以,对"官"的解释是"守职尽责",一切社会职业都是"官"。

素位而行就是不离本位,心不外求,发"守职尽责"的心。如何做到呢?

1. 兴六德

"己有善勿专,教不能勿怠,已过勿发,失言勿掎,不善勿遂,行事勿留。"自己有善业功德、有才能、有长处不要自以为是,要虚己容物;向别人解释、说明问题不要懈怠,不要不耐烦;已经过去的或者过去的错误不要再犯、不可再提;说错的话或者不切实际的话不要再作为行事的依据;随缘应物,不是随波逐流,善的事要随缘努力,不善的事就不能随缘而为了,不能阻止就远离;自己办理的事情要处理得清楚、明白、彻底,不要拖泥带水。这六个方面的德行做到了,立身就有根本了,本职工作就会干得顺遂了。

2. 除六弊

内心充满愤恨,喜怒无常容易惹上麻烦或者触犯刑律;拒绝接受别人的建议,思想就狭隘了;傲慢自用,反复不定,礼法就失去作用了;懒惰懈怠就会错失机遇;生活或者工作预算过于奢侈,生活就入不敷出,工作成本就太高,本钱就会出现不足了;专横独断,就会导致事情办不成功。这六个方面的弊病除掉,加上前述的六德,立身工作就不会有困难了。

以上是按孔子教育人们的立身之道。

子张问入官于孔子。孔子曰:"安身取誉为难。"子张曰:"为之如何?"孔子曰:"己有善勿专,教不能勿怠,已过勿发,失言勿掎,不善勿遂,行事勿留,君子入官,有此六者,则身安誉至而政从矣。且夫忿数者,官狱所由生也;距谏者,虑之所以塞也;慢易者,礼之所以失也;怠惰者,时之所以后也;奢侈者,财之所以不足也;专独者,事之所以不成也。君子入官,除此六者,则身安誉至而政从矣。"

(二) 得"民"之道

得民即取信。"民"不应该理解为老百姓,"得民"是取得大多数人信任的意思。孔子所处的时代,社会是非常开放平等的。后世的等级制度使人一想到"民"就有等级观念的意思,其实并非如此。"南面临官",这个"南面"是正身的意思。当然,如果拿"皇上"做例子,时间久了,"南面"就成专有名词了。

1. 发"公心"体民情

君子正身工作办事,怎么取得大多数人的信任?办大事就要行大道,公心就是大道。首先就是发公心,尽忠公事。其次是做事情时的决断和执行。选择、决断时要用智慧深入观察,执行时要把握大略,掌握好方向。最后再和自己恭、敬、忠、信的贤德相配合,遵从前面讨论的以孝为本的五伦心法大道,兴六德、除六弊以立身,办事兴利除害,而自己又无欲无求。这样差不多就算能"用心"体会民情了。

> 故君子南面临官,大域之中而公治之,精智而略行之。合是忠信,考是大伦,存是美恶,进是利而除是害,无求其报焉,而民之情可得也。

2. 言行尊人而下己

能用心体会民情了,在自己的言行上,立身就要正,尊重他人。治理事务,办事不强制、不凌虐百姓;统一思想工作,不说冒犯别人的话;考察实情,不要用欺诈的语言;以财养民,不耽误、浪费工作时间;布施仁爱,但不放宽制度、法律标准。如果能够做到这些,就会自动得到别人的赞誉,并取得大部分人的信任。

> 夫临之无抗民之恶,胜之无犯民之言,量之无佼民之辞,养之无扰于其时,爱之无宽于刑法,若此,则身安誉至而民得也。

3. 法象在内,不假外求

仁恕之道,当下就是平等,不必外求。"所见则迩,故明不可蔽也。"迩,文字上解释为"近",但这个"近"不是远近的近,是当下的意思。到哪里找仁恕之道呢?仁恕之道就在自己的身上。无欲无求、清净明朗的心,就是仁恕之心。所以,君子修道以立身,能亲亲,则能知天下人亲亲之心,能体会心法五伦,放之天下,无所不可。所以,治理之道就在自身。德贯乎心,藏乎志,形乎色,发乎声,则天下自治。天下不治则必争,争则必乱。治之道在仁恕之心,能体仁恕之心则无争,无争则天下大治。此心贯乎天下,源源不竭,企业、组织等可以譬类而观。

> 君子以临官,所见则迩,故明不可蔽也。所求于迩,故不劳而得也。所以治者约,故不用众而誉立。凡法象在内,故法不远而源泉不竭。是以天下积而本不寡,短长得其量,人志治而不乱政。德贯乎心,藏乎志,形乎色,发乎声,若此而身安誉至民咸自治矣。是故临官不治则乱,乱生则争者至,争之至又于乱。明君必宽裕以容其民,慈爱优柔之,而民自得矣。

（三）行政之道

1. 敬慎三伦

敬慎三伦。三伦包括自己的言行、职能部门及与自己亲近的人。

语言表达感情，言语和悦就能团结人；善行能得到大家的认可，百姓心中就不会有抱怨。行政之法在自心，但执行结果的实际影响却体现在百姓身上。自己的德行是否在行政中发挥了作用，是显现在百姓身上的。如果税赋过重，百姓的财富生产能力就会降低；如果只关注政府的财政收入，那么百姓的公共福利必然会减少。如果政令不严，渐渐就会生乱，也不会听从好的建议。如果认真考察，听取好的意见，那么大家就愿意提出更多、更好的意见。所以，"心"的德行是靠言行来体现，君子修德立身就很重要。而政令的"行"是靠有关职能部门推进的；自己"近臣"的"言行"有时会影响百姓，老百姓将心比心，从而也会影响政德。

> 行者，政之始也；说者，情之导也。善政行易而民不怨，言调说和则民不变。法在身则民象，明在己则民显之。若乃供己而不节，则财利之生者微矣；贪以不得，则善政必简矣。苟以乱之，则善言必不听也，详以纳之，则规谏日至。言之善者，在所日闻；行之善者，在所能为。故君上者，民之仪也；有司执政者，民之表也；迩臣便僻者，群仆之伦也。故仪不正则民失，表不端则百姓乱，迩臣便辟，则群臣污矣。是以人主不可不敬乎三伦。

2. 以身为本，修身反道，谨其左右

孔子再次强调不可忽视身边"近臣"的影响。而处理好这件事的根本之法还是自己修身反道，立身为本，对自己亲近的人要加以"选择"。一事一时施政的成功还不能代表成绩，要始终如一，这就要求时时不忘立身之本。

> 君子修身反道，察里言而服之，则身安誉至，终始在焉。故夫女子必自择丝麻，良工必自择貌材，贤君必自择左右。劳于取人，佚于治事。君子欲誉，则必谨其左右。为上者譬如缘木焉，务高而畏下滋甚。六马之乖离，必于四达之交衢；万民之叛道，必于君上之失政。上者尊严而危，民者卑贱而神，爱之则存，恶之则亡，长民者必明此之要。故南面临官，贵而不骄，富而能供，有本而能图末，修事而能建业，久居而不滞，情近而畅乎远，察一物而贯乎多，治一物而万物不能乱者，以身本者也。

（四）治民之道

1. 知民之情，达民之性

统治百姓或者领导一个组织，要了解人的性、情。人性就是人的贪欲、嗔恚、嫉妒、愚痴等自私的一面，人情就是父子、夫妻、朋友等之间仁爱的一面。统治者或领导者要了解人性，尊重人情，因势利导，教以仁爱之道。道德律法是要个人牺牲自

己的爱好、贪欲等等,但这往往使人难以接受,必须因势利导。先尊重人的爱好,然后施之以仁爱,待达到价值观统一时,人们才会自动接纳文明的礼法。这就是仁爱和宽恕并施的无为之道。所以,老百姓不愿意、没有能力干的事不能强求。只有满足了老百姓的愿望,老百姓才亲附;只有执政公平,老百姓才没有抱怨。

> 君子莅民,不可以不知民之性,而达诸民之情。既知其性,又习其情,然后民乃从命矣。故世举则民亲之,政均则民无怨。故君子莅民,不临以高,不导以远,不责民之所不为,不强民之所不能。以明王之功,不因其情,则民严而不迎,笃之以累年之业;不因其力,则民引而不从。若责民所不为,强民所不能,则民疾,疾则僻矣。

2. 以仁恕为始,以和为贵

"水至清则无鱼,人至察则无徒。"正身立德要自己努力才能达到;而自己要先有主动追求道德的心才会努力;主动追求道德的前提是先认同道德的价值,要自己发心,心中的善根要培植成熟。既然文明传播的实效全靠接受者的个人努力,传播文明就不能强求。对人的缺点就不能太较真,首先要宽恕,然后施以仁爱。古代皇帝帽子面前的玉串就是用来遮挡眼睛的,帽子两边的带子是用来掩盖耳朵的,其主要功能是蔽目、掩聪,提醒为政者不可抓住人的缺点不放,要多宽恕,少刻薄。

老百姓有小罪,多观察他有没有善良的方面,从而赦免他;老百姓有大罪,必须查明原因,用仁爱加以劝化;老百姓如果有死罪,如果能够使他生还,他可能会改过自新。所以为政从仁恕的道德开始。仁爱和宽恕的政德会使社会达到和谐的至高境界。人民相互亲爱,社会的伦理大道就弘扬传播开了。

> 古者圣主冕而前旒,所以蔽明也;纮紞充耳,所以掩聪也。水至清则无鱼,人至察则无徒。枉而直之,使自得之。优而柔之,使自求之。揆而度之,使自索之。

> 民有小罪,必求其善,以赦其过。民有大罪,必原其故,以仁辅化。如有死罪,其使之生,则善也。是以上下亲而不离,道化流而不蕴,故德者政之始也。政不和则民不从其教矣。不从教,则民不习,不习则不可得而使也。

3. 虚己身先,御之以道

治道要有效果,还要看自己的执行效果,而执行的效果还是看自己的德行和发心。如果不发挥自己的善德、能力或者长处,能够虚心学习,自己就会取得大家的信任;如果发布的政令,自己能够率先执行,大家也会快速跟进;如果希望老百姓尽快服从自己,自己就要以仁爱和宽恕的大道来布政。如果自己毫无忠信可言,就不会有人亲附;如果言行不一、表里不一,就不会取得大家的信任。

> "君子欲言之见信也,莫善乎先虚其内;欲政之速行也,莫善乎以身先之;

欲民之速服也,莫善乎以道御之,故虽服必强。自非忠信,则无可以取亲于百姓者矣;内外不相应,则无已取信于庶民者矣。此治民之至道矣,入官之大统矣。"子张既闻孔子斯言,遂退而记之。

三、自强不息,不愿乎外

(一)学无止境

学无止境有两重含义:一是修证每位改变,未知所止,所以没有止境;二是道无处不在,无时不在,不可须臾离也,就无所谓停止。如果有人问,修证到什么时间、什么程度能有所成就?没有时间,也没有所谓成就。治国事君或者参加某种工作,侍奉双亲,和妻子、儿女过稳定的生活,交朋友,耕田等,都离不开道,所以干任何事情、在任何时间都可以修证,没有停止一说。那么修证真的没有成功一说吗?成功了又干什么呢?还不是要治国事君或者参加某种工作,侍奉双亲,和妻子、儿女过稳定的生活,交朋友,耕田等,做这些事情吗?所以,子贡怎么会倦于学、困于道呢?因为他认为道在某个地方,或者道是某种东西,追求不止,就会很累。其实人从来没有失去道,追求道也就不会得到什么,没有失去的东西怎么找到呢?孔子的回答,子贡理解了吗?答案是:没有。子贡不像子路,孔子指示子路:"时哉时哉!"子路就悟道了。孔子指示子贡:"自望其广,则罜如也,视其高,则填如也,察其从,则隔如也,此其所以息也矣!"子贡感叹:"大哉乎死也!"孔子指坟墓而望息,希望子贡息心,熄灭向外求道的心,看来子贡没有明白。

孔子指示子路,子路明白了之后,子路说什么了吗?读者朋友明白了吗?

> 子贡问于孔子曰:"赐倦于学,困于道矣,愿息于事君,可乎?"孔子曰:"《诗》云:'温恭朝夕,执事有恪。'事君之难也,焉可息哉!"曰:"然则赐愿息而事亲。"孔子曰:"《诗》云:'孝子不匮,永锡尔类。'事亲之难也,焉可息哉!"曰:"然赐请愿息于妻子。"孔子曰:"《诗》云:'刑于寡妻,至于兄弟,以御于家邦。'妻子之难也,焉可息哉!"曰:"然赐愿息于朋友。"孔子曰:"诗云:'朋友攸摄,摄以威仪。'朋友之难也,焉可息哉!"曰:"然则赐愿息于耕矣。"孔子曰:"《诗》云:'昼尔于茅,宵尔索绹,亟其乘屋,其始播百谷。'耕之难也,焉可息哉!"曰:"然则赐将无所息者也。"孔子曰:"有焉,自望其广,则罜如也,视其高,则填如也,察其从,则隔如也,此其所以息也矣。"子贡曰:"大哉乎死也!君子息焉,小人休焉,大哉乎死也!"(《孔子家语》)

> 色斯举矣,翔而后集。曰:"山梁雌雉,时哉时哉!"子路共之,三嗅而作。(《论语》)

(二)择贤而仕,不可则去

孔子打算从卫国过黄河,到晋国见赵简子。这时孔子听说赵简子杀了窦鸣犊和舜华这两个人,孔子就"西河返驾"不再去晋国。孔子临黄河而感叹:"美哉水,洋洋乎! 丘之不济此,命也夫!"孔子为什么会返回呢? 孔子认为窦鸣犊和舜华这两个人,在赵简子不得志时辅佐赵简子,可赵简子等到得志了就杀了他们二人,这是不义的举动。孔子希望有贤君推行仁政,赵简子如此不贤,孔子已经没有西去的必要了。"刳胎杀夭,则麒麟不至其郊;竭泽而渔,则蛟龙不处其渊;覆巢破卵,则凤凰不翔其邑,何则? 君子违伤其类者也。"君子择贤而仕,不贤则去;择贤而事,不可则去。"鸟兽之于不义,尚知避之,况于人乎。"

> 孔子自卫将入晋,至河,闻赵简子杀窦犫鸣犊及舜华,乃临河而叹曰:"美哉水,洋洋乎! 丘之不济此,命也夫!"子贡趋而进曰:"敢问何谓也?"孔子曰:"窦犫鸣犊、舜华,晋之贤大夫也,赵简子未得志之时,须此二人而后从政,及其已得志也,而杀之。丘闻之刳胎杀夭,则麒麟不至其郊;竭泽而渔,则蛟龙不处其渊;覆巢破卵,则凤凰不翔其邑,何则? 君子违伤其类者也。鸟兽之于不义,尚知避之,况于人乎。"遂还息于邹,作《槃琴》以哀之。

(三) 自强不息,不愿乎外

1. 行修则名自立,心莫外求

"不患人之不己之,患不知人。"修身行道要反身而诚,在自心用功,不要求别人理解自己,要善于理解并帮助别人。如果自己的立身之道做好了,自然会有好的名声。这里比无忧无惧就更进一步了,不要有思虑之心,不要有求道求名的心。心不要不用功,也不要用功,无思无想,随缘处世,守职尽责,清净自在,不要向外求。

> 子路问于孔子曰:"有人于此,夙兴夜寐,耕芸树艺,手足胼胝,以养其亲,然而名不称孝,何也?"孔子曰:"意者身不敬与、辞不顺与、色不悦与。古之人有言曰,人与己与不汝欺,今尽力养亲而无三者之阙,何谓无孝之名乎。"孔子曰:"由,汝志之,吾语汝,虽有国士之力,而不能自举其身,非力之少,势不可矣。夫内行不修,身之罪也,行修而名不彰,友之罪也。行修而名自立。故君子入则笃行,出则交贤,何谓无孝名乎。"

2. 困而励志,不舍初心

既然心不外求,那么君子求道就不要在乎外在的环境,要不舍初心。遇到了困难正好可以激愤励志。君子好乐为无骄,小人好乐为无惧。君子遇到了困难,也可以借助音乐来激发志向。孔子和弟子在遇到困难时通过唱歌、跳舞来抒发心情,激励志气,这是身心一如的修证之法,音乐也可以助道。一切文艺作品只要发心"正",都可以助道。

> 孔子遭厄于陈蔡之间,绝粮七日,弟子馁病,孔子弦歌。子路入见曰:"夫子之歌,礼乎?"孔子弗应,曲终而曰:"由来,吾语汝,君子好乐,为无骄也,小人

好乐,为无慑也,其谁之子,不我知而从我者乎?"子路悦,援戚而舞,三终而出,明日免于厄。子贡执辔曰:"二三子从夫子而遭此难也,其弗忘矣。"孔子曰:"善,恶何也?夫陈蔡之间,丘之幸也,二三子从丘者,皆幸也。吾闻之,君不困不成王,烈士不困行不彰,庸知其非激愤厉志之始,于是乎在?"

3. 勿以世俗之恶累于身

社会的名声不好可以励志,生活事业遭遇困境可以励志,世俗的不理解和恶意也可以励志。总之是心不外求,历练自己的品性,安住仁心,烈火焚身,炼出真金,最后获得心的"自由"。好比"孙悟空"的"火眼金睛","铜头铁臂"要在"烈火焚身"的修证中历练出来,还要在"九九八十一难"中考验过来,修证谈何容易! 儒家修证不离世俗,如陆地行舟,历事练心就更难了! 孔子和弟子到宋国去,在匡地,大约在今河南睢县,又遭到了别人的武力围堵。子路拿出武器准备和他们决战,孔子制止了他。孔子告诉子路,修习仁义不遭遇世俗的困难是不可能的,这不是我们的过错。于是子路和孔子就弹琴唱歌,围困他们的武装就撤走了。孔子说:"不观高崖,何以知颠坠之患? 不临深泉,何以知没溺之患? 不观巨海,何以知风波之患?"一切困难都是对德行的磨炼。

> 孔子之宋,匡人简子以甲士围之。子路怒,奋戟将与战。孔子止之曰:"恶有修仁义而不免世俗之恶者乎? 夫《诗》《书》之不讲,礼乐之不习,是丘之过也,若以述先王,好古法而为咎者,则非丘之罪也。命之夫。歌,予和汝。"子路弹琴而歌,孔子和之,曲三终,匡人解甲而罢。孔子曰:"不观高崖,何以知颠坠之患? 不临深泉,何以知没溺之患? 不观巨海,何以知风波之患? 失之者其在此乎? 士慎此三者,则无累于身矣。"

(四) 学习土德为下之道

立德要深察为下之道。譬如土的德行,"多其功而不意,弘其志而无不容"。向深处挖就会挖出泉水,在土壤里种植就会长出大树、长出五谷杂粮。草木依赖土地成长,鸟兽依赖土地繁育。生命的出生依赖土地生长,生命的死亡又靠土地来埋葬。土地对一切生命都有如此大的功功,而它自身从来没有自己有功德的想法。土地滋育万物,而万物都能包容它。

> 子贡问于孔子曰:"赐既为人下矣,而未知为人下之道,敢问之。"子曰:"为人下者,其犹土乎。汩之之深则出泉,树其壤则百谷滋焉,草木植焉,禽兽育焉,生则出焉,死则入焉,多其功而不意,弘其志而无不容,为人下者以此也。"

(五) 无思、无虑

经过艰难困苦的磨炼才能成为圣人。下面这些段落是关于孔子修证的功德讨论。孔子在世及其以后的年代,儒家有明心、知道之士,但都没有达到孔子"无思无虑"的修证。君子修证,仁者安仁,历事磨炼,最后达到无思、无虑,"饱食终日,无所用心"的真正的无为之道。当然,凡夫的"无所用心"是懒惰和愚痴,圣人"无所用心"而心地清明,没有烦恼,只有无为的仁爱之心。子曰:"饭疏食饮水,曲肱而枕之,乐亦在其中矣;不义而富且贵,于我如浮云。"吃饱了饭,喝点水,把胳膊肘拐起来,头枕在上面,躺下来,快乐无比,这就达到心灵真正的"自由"了。对于世法完全是随缘应付,没有任何追求、没有任何挂碍,"不义而富且贵,于我如浮云。"

达到大圣人"无思无虑"的无为之道,其品德就令人高山仰止了。所以子贡问:"君子也有厌恶的东西吗?"其实大圣人的心中是平等的,不仅没有厌恶的东西,连厌恶这个概念也没有。但孔子没有正面回答,"我没有厌恶的概念"。孔子的心如如不动,不受别人的牵引,而是随缘引导子贡。"厌恶说别人坏话的、厌恶居下而诽谤上的、厌恶勇敢而无礼的、厌恶果敢却死板的"等等,实际是让子贡克服这些缺点。真正的无为之道,大圣人最后都不愿意说话了,孔子回答"我不想说话了"。像达摩祖师面壁九年一样,没有接受自己道法的人出现,善业的机缘不成熟,圣人就"藏"起来了。如果说儒家修证的"知"就是真心,就是佛教的"明心",那孔子的真心是什么样貌?孔子自己回答"空空如也",空的,连"空"的概念也没有,所以是"空空"。"如也",就是虽然是"空"的,但心中了了分明,如如不动,心里非常清净明朗。"我叩其两端而竭焉",心中什么"上下、长短、方圆、黑白、善恶"等等"两端"的分别都"竭"了,穷尽了,没有了,合乎中道。中庸之道就是没有任何分别心的平等大道。

子贡曰:"君子亦有恶乎?子曰:"有恶。恶称人之恶者,恶居下流而讪上者,恶勇而无礼者,恶果敢而窒者。"

"子曰'予欲无言。'子贡曰:'子如不言,则小子何述焉?'子曰:'天何言哉?四时行焉,百物生焉,天何言哉?'"

《论语·子罕》,子曰:"吾有知乎哉?无知也。有鄙夫问于我,空空如也。我叩其两端而竭焉。"

(六)俟命而行

圣人达到无为的中庸之道,当然是知命的,就真正俟命而行了。俟,等待。到这里就无法形容大圣人的德行了。孔子其犹龙也,待时而动。《易经》乾卦,"初九,潜龙勿用"。龙之为物,能大能小,能屈能伸,以喻乾德。初未尝非龙,特在下,则宜潜而勿用,如大舜耕历山,如孔子立郑国东门。"如丧家之狗,然乎哉!然乎哉!"孔子自嘲。

孔子适郑,与弟子相失,独立东郭门外。或人谓子贡曰:"东门外有一人焉,其长九尺有六寸,河目隆颡,其头似尧,其颈似皋繇,其肩似子产,然自腰已下,不及禹者三寸,累然如丧家之狗。"子贡以告,孔子欣然而叹曰:"形状末也,如丧家之狗,然乎哉!然乎哉!"

（七）正道直行，死而不休

国学的道德选择是个人生命价值的选择，这种选择建立在圣人对宇宙和人生规则的深刻认识上，而不是建立在凡夫的哲学构思之上。这是一种真切而实际的人生选择。中国历史上圣人辈出，圣人早已勘破宇宙的真相，并阐述他们这种真实选择的道理，激励并引导后人。这也是东方文明独有的人类精神财富。圣人的道法还在，愿人们能够深入其中，真正有助于自己的人生。这种道德价值选择的坚定和可贵，是一笔重要的精神财富，使文明生生不息，滋养了无数代人。中国人常常期望家业兴旺，国家强盛，社会和谐，而这一切的根本离不开个人道德价值选择的坚定不移。

下面的案例情境非常简单，但表现出的道德选择却非常坚定——"正道直行，死而不休"。

1. 正道直行

孔子在去卫国的路上再次受到武力胁迫，他的弟子公良儒为保护师父，联合众人，挺剑而出，终于帮孔子摆脱了困境。

这是卫道者公良儒，正道直行的坚定。

> 孔子适卫，路出于蒲，会公叔氏以蒲叛卫而止之。孔子弟子有公良儒者，为人贤长有勇力，以私车五乘从夫子行，喟然曰："昔吾从夫子遇难于匡，又伐树于宋，今遇困于此，命也夫，与其见夫子仍遇于难，宁我斗死。"挺剑而合众，将与之战。蒲人惧，曰："苟无适卫，吾则出子。"以盟，孔子而出之东门，孔子遂适卫。子贡曰："盟可负乎？"孔子曰："要我以盟，非义也。"

2. 不可则去

孔子见卫灵公，进谏善言，灵公见飞雁过而仰视，对孔子的话不以为意。孔子就离开了卫国。孔子一生之所以周游列国见君主七十多人，就是因为他从不违背自己的道德原则，取人以贤，不可则去。

这是弘道者孔子，正道直行的坚定。

> 卫侯闻孔子之来，喜而于郊迎之。问伐蒲，对曰："可哉？"公曰："吾大夫以为蒲者，卫之所以恃晋楚也，伐之，无乃不可乎？"孔子曰："其男子有死之志，吾之所伐者，不过四五人矣。"公曰："善！"卒不果伐。他日，灵公又与夫子语，见飞雁过而仰视之，色不悦。孔子乃逝。

3. 死而不休

卫国有蘧伯玉很贤良而国家却不任用，弥子瑕不贤国家却反而任用他。卫国的史鱼在朝为官，认为这两件事自己进谏卫灵公不能成功，是自己作为国家公务人员的失职，所以他不让儿子在自己死后埋葬他，要儿子把尸体放在窗下。"生而不能正君，则死无以成礼，我死，汝置尸牖下，于我毕矣。"卫灵公吊唁时知道了实情，就接纳了史鱼的建议,任用了蘧伯玉,免了弥子瑕的职。

这是行道者史鱼,正道直行的坚定——死而不休。

> 卫蘧伯玉贤而灵公不用,弥子瑕不肖反任之,史鱼骤谏而不从。史鱼病将卒,命其子曰:"吾在卫朝不能进蘧伯玉,退弥子瑕,是吾为臣不能正君也,生而不能正君,则死无以成礼,我死,汝置尸牖下,于我毕矣。"其子从之。灵公吊焉,怪而问焉,其子以其父言告公,公愕然失容曰:"是寡人之过也。"于是命之殡于客位。进蘧伯玉而用之,退弥子瑕而远之。孔子闻之曰:"古之列谏之者,死则已矣,未有若史鱼死而尸谏,忠感其君者也,不可谓直乎。"

第三节 人生的进退

一、以道为本,行藏用舍

发心求道,立身处世,面对人生的种种选择,如何决断呢? 当然是以道为本,永远不偏离自己的道德选择。如前文已经讨论的卫道、弘道、行道者正道直行,至死不休的精神。但是如果当时的社会的环境没有自己发挥才能的机会呢? 择贤而事,如果没有碰到贤者呢? 现代社会可以选择自己从事独立工作,但如果机遇不成熟呢? 就"行藏用舍",有机会就去努力,用之则行;没有机会就舍之则藏,放弃世缘,安心办道。达摩见梁武帝,话不投机,面壁九年,终于遇二祖慧可而传法。当然,自己也要努力不懈,不可则去,像孔子周游列国一样,自强不息。

(一) 屈而不毁其节,志达而不犯于义

孔子引导子路,君子的理想是"达"道,让道义得到弘扬,而不是自己得到施展。所以,屈节就是等待实机,求伸就是及时把握机遇。屈或者伸都是无为之道,并不是屈为了伸,而是该屈就屈,该伸就伸,都要"达道"。所以,屈时不能毁节,得志时不能不义。

> 子路问于孔子曰:"由闻丈夫居世,富贵不能有益于物,处贫贱之地,而不能屈节以求伸,则不足以论乎人之域矣。"孔子曰:"君子之行己,期于必达于己。可以屈则屈,可以伸则伸。故屈节者,所以有待,求伸者,所以及时。是以虽受屈而不毁其节,志达而不犯于义。"

(二) 屈而失其节,孔子叹之

子贡屈而失节,孔子很无奈。

齐国田常想作乱齐国而专权,当时齐国鲍氏、晏氏为卿大夫,实力还比较强大,田常就想移兵攻打鲁国以转移齐国的视线。孔子认为鲁国是父母之邦,要想办法让鲁国免遭战争的危害。孔子召集弟子,告诉他们打算屈节于田常,以救鲁国,问谁愿意出使齐国。子路、子张、子石都自告奋勇,孔子没有答应。孔子认为子贡有辩才,就派子贡出使齐国。子贡一出,说田常,存鲁,乱齐,破吴,强晋而霸越。十年之内,五个国家都发生了变化。

子贡搞了一次外交,世界局势都发生了变化,是不是做得很好呢?史书及很多后人都赞叹子贡多能。这大违圣人的仁恕、平等之道!孔子的本愿是保护父母之邦——鲁国而已。乱齐,破吴,强晋而霸越是子贡游说的结果,不是孔子的愿望。君子仁恕、平等,以天下无事为繁荣。鲁国、齐国、吴国、晋国、越国平等一如,其他国家的百姓不是生命吗?子贡做得过分失节了。孔子很是失望,但是他能说什么呢?孔子告诫:"美言伤信",要慎言!

孔子在卫,闻齐国田常将欲为乱,而惮鲍晏,因欲移其兵以伐鲁。孔子会诸弟子而告之曰:"鲁父母之国,不可不救,不忍视其受敌,今吾欲屈节于田常以救鲁,二三子谁为使?"于是子路曰:"请往齐。"孔子弗许。子张请往,又弗许。子石请往,又弗许。三子退谓子贡曰:"今夫子欲屈节以救父母之国,吾三人请使而不获往,此则吾子用辩之时也,吾子盍请行焉?"子贡请使,夫子许之。

遂如齐,说田常曰:"今子欲收功于鲁实难,不若移兵于吴则易。"田常不悦,子贡曰:"夫忧在内者攻强,忧在外者攻弱,吾闻子三封而三不成,是则大臣不听令,战胜以骄主,破国以尊臣,而子之功不与焉,则交日疏于主,而与大臣争,如此则子之位危矣。"田常曰:"善,然兵甲已加鲁矣,不可更,如何?"子贡曰:"缓师,吾请于吴,令救鲁而伐齐,子因以兵迎之。"田常许诺。子贡遂南说吴王曰:"王者不灭国,霸者无强敌,千钧之重,加铢两而移,今以齐国而私千乘之鲁,与吾争强,甚为王患之。且夫救鲁以显名,以抚泗上诸侯,诛暴齐以服晋,利莫大焉,名存亡鲁,实困强齐,智者不疑。"吴王曰:"善,然吴常困越,越王今苦身养士,有报吴之心,子待我先越,然后乃可。"子贡曰:"越之劲不过鲁,吴之强不过齐,而王置齐而伐越,则齐必私鲁矣,王方以存亡继绝之名,弃齐而伐小越,非勇也,勇而不避难,仁者不穷约,智者不失时,义者不绝世,今存越示天下以仁,救鲁伐齐,威加晋国,诸侯必相率而朝,霸业盛矣。且王必恶越,臣请见越君,令出兵以从,此则实害越而名从诸侯以伐齐。"吴王悦,乃遣子贡之越。越王郊迎,而自为子贡御,曰:"此蛮夷之国,大夫何足俨然辱而临之?"子贡曰:"今者吾说吴王以救鲁伐齐,其志欲之,而心畏越,曰:'待我伐越而后可,则破越必矣。'且无报人之志,而令人疑之,拙矣,有报人之意,而使人知之,殆乎,事未发而先闻者,危矣,三者举事之患矣。"勾践顿首曰:"孤尝不料力,而兴吴难,受困会稽,痛于骨髓,日夜焦唇干舌,徒欲与吴王接踵而死,孤之愿也,今大夫幸告以利害。"子贡曰:"吴王为人猛暴,群臣不堪,国家疲弊,百姓怨上,大臣内变,申胥以谏死,大宰嚭用事,此则报吴之时也。王诚能发卒佐之,以邀射其志,而重宝以悦其心,卑辞以尊其礼,则其伐齐必矣,此圣人所谓屈节求其达者也。彼战不胜王之福,若胜,则必以兵临晋,臣还北请见晋君共攻之,其弱吴必矣。锐兵尽于齐,重甲困于晋,而王制其弊焉。"越王顿首,许诺。子贡返五日,越使大夫文种,顿首言于吴王曰:"越悉境内之士三千人以事吴。"吴王告子贡曰:"越王欲身从寡人,可乎?"子贡曰:"悉人之率众,又从其君,非义也。"吴王乃受越王卒,谢留勾践。遂自发国内之兵以伐齐,败之。子贡遂北见晋君,令承其弊,吴晋遂遇于黄池,越王袭吴之国,吴王归与越战,灭焉。

孔子曰:"夫其乱齐存鲁,吾之始愿,若能强晋以弊吴,使吴亡而越霸者,赐之说之也。美言伤信,慎言哉。"

(三) 志达而不害于义,孔子赞之

子贱志达而不害义,孔子很欣赏。子贱是孔子的弟子。子贱善谏。因善谏而让鲁君将单父的行政权交给他。子贱善治。治理单父这个地方,以德为本,便宜行事。子贱治理政事也很有成效,孔子使人暗中"观政",单父的老百姓即使在黑夜单独做事也很有"礼"。孔子认为,"诚于此者刑乎彼",即诚心所在的地方,刑法就用不上了。子贱的"德政"已"达道"了。

孔子弟子有宓子贱者,仕于鲁,为单父宰,恐鲁君听谗言,使己不得行其政,于是辞行。故请君之近史二人与之俱至官。宓子戒其邑吏,令二史书,方书辄掣其肘,书不善,则从而怒之。二史患之,辞请归鲁。宓子曰:"子之书甚不善,子勉而归矣。"二史归报于君曰:"宓子使臣书而掣肘,书恶而又怒臣,邑吏皆笑之,此臣所以去之而来也。"鲁君以问孔子。子曰:"宓不齐,君子也,其才任霸王之佐,屈节治单父,将以自试也,意者以此为谏乎?"公寤,太息而叹曰:"此寡人之不肖,寡人乱宓子之政,而责其善者,非矣。微二史,寡人无以知其过,微夫子,寡人无以自寤。"遽发所爱之使告宓子曰:"自今已往,单父非吾有也,从子之制,有便于民者,子决为之,五年一言其要。"

宓子敬奉诏,遂得行其政,于是单父治焉。躬敦厚,明亲亲,尚笃敬,施至仁,加恳诚,致忠信,百姓化之。齐人攻鲁,道由单父。单父之老请曰:"麦已熟矣,今齐寇至,不及人人自收其麦,请放民出,皆获传郭之麦,可以益粮,且不资于寇。"三请而宓子不听。俄而齐寇逮于麦,季孙闻之怒,使人以让宓子曰:"民寒耕热耘,曾不得食,岂不哀哉?不知犹可,以告者而子不听,非所以为民也。"宓子蹴然曰:"今兹无麦,明年可树,若使不耕者获,是使民乐有寇,且得单父一岁之麦,于鲁不加强,丧之不加弱,若使民有自取之心,其创必数世不息。"季孙闻之,赧然而愧曰:"地若可入,吾岂忍见宓子哉。"

三年,孔子使巫马期远观政焉。巫马期阴免衣,衣弊裘,入单父界,见夜渔者得鱼辄舍之。巫马期问焉,曰:"凡渔者为得,何以得鱼即舍之?"渔者曰:"鱼之大者名为𧸛,吾大夫爱之,其小者名为鱬,吾大夫欲长之,是以得二者,辄舍之。"巫马期返,以告孔子曰:"宓子之德至,使民暗行,若有严刑于旁,敢问宓子何行而得于是?"孔子曰:"吾尝与之言曰:'诚于此者刑乎彼。'宓子行此术于单父也。"

二、亲亲不失,故旧不遗

原壤是孔子的旧交,可能并非贤人。孔子曾骂原壤:"幼而不孙弟,长而无述焉,老而不死,是为贼!"原壤的母亲去世了,孔子帮忙料理后事,为他母亲准备棺材。子路劝孔子不要接触这种不良之人。孔子认为人都是平等的,"凡民有丧,匍匐救之",何况是旧交呢? 即使不是朋友也要帮助。这个原壤在他母亲去世时还在唱歌,孔子假装没有听到。亲亲不失,故旧不遗,孔子的心是平等的,施人以仁,平等地对待每一个人,哪怕是不贤之人。孔子是真仁者。

孔子之旧曰原壤,其母死,夫子将助之以沐椁。子路曰:"由也,昔者闻诸夫子曰:'无友不如,己者,过则勿惮改。'夫子惮矣,姑已若何?"孔子曰:"凡民有丧,匍匐救之,况故旧乎? 非友也,吾其往。"及为椁,原壤登木曰:"久矣,予之不托于音也。"遂歌曰:"狸首之班然,执女手之卷然。"夫子为之隐,佯不闻以过之。子路曰:"夫子屈节而极于此,失其与矣,岂未可以已乎?"孔子曰:"吾闻之亲者不失,其为亲也;故者不失,其为故也。"

本章用《诗经》里《淇奥》这首诗,来结束关于"儒心"的讨论。

淇　奥

瞻彼淇奥,绿竹猗猗,
有匪君子,如切如磋,如琢如磨。
瑟兮僩兮,赫兮咺兮,
有匪君子,终不可谖兮。
瞻彼淇奥,绿竹青青,
有匪君子,充耳琇莹,会弁如星。
瑟兮僩兮,赫兮咺兮,
有匪君子,终不可谖兮。
瞻彼淇奥,绿竹如簀,
有匪君子,如金如锡,如圭如璧。
宽兮绰兮,猗重较兮,善戏谑兮,不为虐兮。

第九章

古代国学的立国之纲

本书讨论的国家概念与政治、哲学等学科研究的国家概念不同。政治、哲学的国家概念有很多,也并不一致,如暴力机器理论等,这些理论对国家性质的研究各有侧重。在中国的国学传统里,国家是指一种"大一统"的文明。创建、传播、传承并守护这种文明就是国家的职责。本部分专门讨论古代国学的"王道"传承、国家的理念和制度精神。

第一节 "王道"的传承

一、"王道"的世系

"王道"的传承是在王者之间进行的。由于历史太过久远,很多事迹已经不能考证。但是,"王道"的精神理念被保存下来了。这些内容的一部分是孔子的传道记录,如《论语》《孔子家语》等,后世还有人辑录《孔子集语》之类。另一部分是儒家的《诗经》《尚书》《周礼》《乐经》《易经》《春秋》等六经,除《乐经》失传外,其他经典仍然完备。《乐经》的大意也还可以从《史记》的《乐书》中了解一部分。

由于历史久远,"王道"的传承世系有很多说法,本节选取孔子的说法,也是最普遍的说法。从黄帝起,到颛顼、帝喾、帝尧、帝舜这是"五帝"的传承,最后由帝舜传给大禹,这包括了帝位的传承,也包括道法的传承。关于三代世系的文献很多,本书重点关注儒门心法的讨论。

孔子主要介绍五帝和禹的功业,至于他们的修证道德,孔子并没有细讲。"予,非其人也。"宰予没有资格听受这些道法的内容。因为,"王道"的修证,德行不足的人是接受不了的。司马迁也认为"五帝德",儒家或无传。孔子之后没有人真正传承下来。关于五帝及大禹的功德事业,本书把原文放在下面供有兴趣的读者探讨。

（一）黄帝

宰我问于孔子曰："昔者吾闻诸荣伊曰：'黄帝三百年。'请问黄帝者，人也，抑非人也，何以能至三百年乎？"孔子曰："禹汤文武周公，不可胜以观也，而上世黄帝之问，将谓先生难言之故乎。"宰我曰："上世之传，隐微之说，卒采之辩，暗忽之意，非君子之道者，则予之问也固矣。"孔子曰："可也，吾略闻其说。黄帝者，少典之子，曰轩辕。生而神灵，弱而能言。幼齐睿，庄、敦、敏、诚、信；长聪明。治五气，设五量，抚万民，度四方。服牛乘马，扰驯猛兽，以与炎帝战于阪泉之野，三战而后克之。始垂衣裳，作为黼黻。治民以顺天地之纪，知幽明之故，达生死存亡之说。播时百谷，尝味草木。仁厚及于鸟兽昆虫，考日月星辰。劳耳目，勤心力，用水火财物以生民。民赖其利，百年而死；民畏其神，百年而亡；民用其教，百年而移，故曰黄帝三百年。"

（二）颛顼

宰我曰："请问帝颛顼。"孔子曰："五帝用说，三王有度，汝欲一日遍闻远古之说，躁哉！予也。"宰我曰："昔予也闻诸夫子曰：'小子毋或宿'，故敢问。"

孔子曰："颛顼，黄帝之孙，昌意之子，曰高阳，渊而有谋，疏通以知远，养财以任地，履时以象天，依鬼神而制义，治气性以教众，洁诚以祭祀。巡四海以宁民，北至幽陵，南暨交趾，西抵流沙，东极蟠木，动静之神，小大之物，日月所照，莫不底属。"

（三）帝喾

宰我曰："请问帝喾。"孔子曰："玄枵之孙，乔极之子，曰高辛。生而神异，自言其名。博施厚利，不于其身；聪以知远，明以察微。仁以威，惠而信，以顺天地之义。知民所急，修身而天下服。取地之财而节用焉，抚教万民而诲利之，历日月之生朔而迎送之，明鬼神而敬事之。其色也和，其德也重，其动也时，其服也衰。春、夏、秋、冬育护天下，日月所照，风雨所至，莫不从化。"

（四）帝尧

宰我曰："请问帝尧。"孔子曰："高辛氏之子，曰陶唐。其仁如天，其智如神。就之如日，望之如云。富而不骄，贵而能降。伯夷典礼，夔龙典乐，舜时而仕，趋视四时，务元民始之，流四凶而天下服。其言不忒，其德不回，四海之内，舟舆所及，莫不夷说。"

（五）帝舜

宰我曰："请问帝舜。"孔子曰："乔牛之孙，瞽瞍之子也，曰有虞。舜孝友闻于四方，陶渔事亲，宽裕而温良，敦敏而知时，畏天而爱民，恤远而亲近。承受大命，依于二女,睿明智通,为天下帝。命二十二臣率尧旧职,躬己而已,天平地成,巡狩四海,五载一始,三十年在位,嗣帝五十载。陟方岳,死于苍梧之野而葬焉。"

(六) 禹

宰我曰:"请问禹。"孔子曰:"高阳之孙,鲧之子也,曰夏后。敏给克齐,其德不爽,其仁可亲,其言可信。声为律,身为度,亹亹穆穆,为纪为纲。其功为百神之主,其惠为民父母。左准绳,右规矩,履四时,据四海。任皋繇、伯益,以赞其治;兴六师以征不序。四极之民,莫敢不服。"

孔子曰:"予,大者如天,小者如言,民悦至矣。予也,非其人也。"宰我曰:"予也不足以戒,敬承矣。"他日,宰我以语子贡,子贡以复孔子。子曰:"吾欲以颜状取人也,则于灭明改矣;吾欲以言辞取人也,则于宰我改之矣;吾欲以容貌取人也,则于子张改之矣。"宰我闻之,惧,弗敢见焉。

二、"王道"的传承

(一) 帝尧传虞舜

尧曰:"咨! 尔舜,天之历数在尔躬,允执其中。四海困穷,天禄永终。"

(二) 帝舜传禹

舜亦以命禹。曰:"予小子履,敢用玄牡,敢昭告于皇皇后帝:有罪不敢赦,帝臣不蔽,简在帝心。朕躬有罪,无以万方;万方有罪,罪在朕躬。"周有大赉,善人是富。"虽有周亲,不如仁人。百姓有过,在予一人。"谨权量,审法度,修废官,四方之政行焉。兴灭国,继绝世,举逸民,天下之民归心焉。所重:民、食、丧、祭。宽则得众,信则民任焉,敏则有功,公则说。

三、五德相生,教化更新

(一) 五行配五德

"五帝"是只有五位帝王吗? 这里给出了关于"五帝"称号来源的解释。圣人出世建立功德和事业是坚持"行藏用舍"的无为之道。他们随顺世俗的机遇而开展自己的事业,不同的机遇就是天道"五行"相生运转的规律。不同圣者内在的道德修证是没有差别的,但天道"五行"相生,他们所显现出来的功德和事业却是不一样的。五行——木、火、土、金、水,这是先天相生的次序。关于五行学说,起源于《易经》,而《易经》的道理,在伏羲创始中华文明时就产生了。而《易经》昭示的因果道理由孔子进行了详细的阐发。自然物质和时间有五行的变化规律;这些规律应在人体,人体也有五行变化的规律;而人体的五行变化必然反映在心理上,导致个人的心理和事业有五行变化的规律;个人的心理又反映在社会文化上,从而社会文化也有五行相生的规律。圣人随顺社会文化五行变化的规律,建立自己的功德和事业,这些功德和事业在显现上也就有了五行变化的差别,这种差别就是不同圣人的"五德"相生而循环。所以,"五帝"并非五个人,五行配五德,相生一周合称为"五帝"。"古之王者,易代而改号,取法五行,五行更王,终始相生,亦象其义。"太皞配木、炎帝配火、黄帝配土、少皞配金、颛顼配水,这是"五帝"的"五德"。

> 季康子问于孔子曰:"旧闻五帝之名,而不知其实,请问何谓五帝?"孔子曰:"昔丘也闻诸老聃曰:'天有五行,水火金木土,分时化育,以成万物。'其神谓之五帝。古之王者,易代而改号,取法五行,五行更王,终始相生,亦象其义。故其为明王者而死配五行,是以太皞配木,炎帝配火,黄帝配土,少皞配金,颛顼配水。"

(二)五帝相承,五德相生

五德从木开始,因为木代表东方,代表事物生长的力量和性质。五帝称王从木德开始,然后根据五行相生的道理,依木、火、土、金、水次序相承。历史上有名的圣人出仕为官也建立了不朽的功业,他们的德行也可以按五行相配称为木正、火正、土正、金正、水正,他们死后按照生前五行的官职名称,别称"五祀",而不能称为"帝",因为他们是"帝"王的辅佐之臣。

> 康子曰:"太皞氏其始之木何如?"孔子曰:"五行用事,先起于木,木东方万物之初皆出焉,是故王者则之,而首以木德王天下,其次则以所生之行,转相承也。"康子曰:"吾闻勾芒为木正,祝融为火正,蓐收为金正,玄冥为水正,后土为土正,此五行之主而不乱称曰帝者,何也?"孔子曰:"凡五正者,五行之官名,五行佐成上帝而称五帝,太皞之属配焉,亦云帝,从其号。昔少皞氏之子有四叔,曰重、曰该、曰修、曰熙,实能金木及水,使重为勾芒,该为蓐收,修及熙为玄冥,颛顼氏之子曰黎为祝融,共工氏之子曰勾龙为后土,此五者,各以其所能业为官职。生为上公,死为贵神,别称五祀,不得同帝。"

颛顼为水德、帝喾为木德、帝尧为火德、帝舜为土德,那么大禹创建的夏朝为金德、殷商为水德。这又是五德。按五行相生的道理,周朝就是木德。

> 康子曰:"如此之言,帝王改号于五行之德,各有所统,则其所以相变者,皆主何事?"孔子曰:"所尚则各从其所王之德次焉。夏后氏以金德王,色尚黑,大事敛用昏,戎事乘骊,牲用玄;殷人用水德王,色尚白,大事敛用日中,戎事乘翰,牲用白;周人以木德王,色尚赤,大事敛用日出,戎事乘骝,牲用骍。此三代之所以不同。"康子曰:"唐虞二帝,其所尚者何色?"孔子曰:"尧以火德王,色尚黄,舜以土德王,色尚青。"

（三）自殷商起，明不可与等，德不及"五帝"

圣人作为国家领袖如果能称为"帝"，他就是老百姓的父母、整个天下的大家长、天下人的精神导师。他个人的精神和道德——"帝德"就是国家立国的精神纲领。除了这些个人道德外，他还要建立不朽的功业，做出实际的成就来。这样的德行实在是非常高的。大禹创建的夏朝为金德、殷商为水德，按五行相生的道理，周朝就是木德。但自大禹治水之后，从殷商开始，就没有人配称"帝"了。孔子说是"明不可与等"，这个"明"就是道德的光明、心的光明。后代没有能与"五帝"的德行相匹配的人了。德行的性质可以配五行，但帝位就不相称了。

> 康子曰："陶唐、有虞、夏后，殷、周独不配五帝，意者德不及上古耶，将有限乎？"孔子曰："古之平治水土，及播殖百谷者众矣，唯勾龙氏兼食于社，而弃为稷神，易代奉之，无敢益者，明不可与等。故自太皞以降，逮于颛顼，其应五行而王，数非徒五而配五帝，是其德不可以多也。"

（四）自孔子而后，"王道"绝传

因为中国自孔子之后没有真正道德上的"王者"，"王道"在人与人之间的道法传承已经断绝，这本来是已经无话可说了。但既然孔子是中国最后的王者，他一生从事教化事业，总结并保存了"王道"文化，那么学习孔子的道德和教育就是学习古代的"王道"。

古代国学立国的精神理念保存在《尚书》里，国学文化的道德根本以《孝经》为代表。如果按照文明五行五德相生的道理，周朝就是木德，那么周朝之后呢？这个就不好说了，因为周朝之后"王道"绝传了，凡夫"德不胜习"，道德不能克服自私、争斗的习气，朝代的更替就不是相生了，而可能是相克了。圣人的德是相和、相生的关系；而凡夫的运是相争，是相杀、相克的关系。既然是相克的关系就不能称德了，只能称社会"五行"的时运了。

第二节　古代国家创制的精神原则

"王道"传承问题年代久远，"隐微"之论，聊作参考。德治的主要精神理念保存在《尚书》里。这里以国家整体为视角，概括古代国家制度创立的精神原则。

一、以德为本，以法为制

（一）总述德法并用之道

国家创制的理念原则是德、法并用。治理社会如果以驭马来譬喻的话，国家中枢机关（古代以君王为代表）好比人，中枢机关工作人员或者君王的随从，代表中枢机关的行为或者双手。德和法好比马嚼口和马络头，政府各个部门及地方政府官员代表马的缰绳，法律的惩罚措施代表马鞭子。有道德的引导，有通过选"贤与能"任命的各级官员，贯彻"大一统""王道"文明仁爱与公正，再辅之以刑罚，社会就安定和谐了。"壹其德法，正其百官，以均齐民力，和安民心，故令不再而民顺从，刑不用而天下治。"若国家在道德上达到价值观的统一，法律的制定公平、公正，各级政府官员都能修身正德仁爱、公平的行政，那么老百姓就能团结一致，人与人之间的关系就和谐了，人心也就安定了。这时不用刑罚措施，社会、国家甚至世界也会安定。古代的五帝和夏商周的三王之所以为人称道和感念，就是因为他们治国时，德泽深厚，法令严明。

对于道德问题，儒家遵循"民可，使由之"，提倡个人的文化自觉，实现"以法为制"的无为而治。但是如果道德问题出现了偏差，就提倡"不可，使知之"的精神，国家要进行文化道德教育和引导。如果社会出现了混乱，"天下失道"，国家就文治和武功并施，使社会恢复"王道"。从历史事实来看，中国的历史朝代兴兴衰衰，但仍然保持中国文明。

按孔子的说法，治国没有道德和法制，仅仅用惩罚性举措，老百姓用脚投票就流失了，就算没有流失的，也不会团结了，国可能会灭亡。治国没有道德和法制，则老百姓也就没有提升道德和理性的目标和途径，价值观混乱，人民就会因迷惑而失去伦理和道德根本。国家、个人失德，就不能维持文明的基本运转了。

闵子骞为费宰，问政于孔子。子曰："以德以法。夫德法者，御民之具，犹御马之有衔勒也。君者，人也；吏者，辔也；刑者，策也。夫人君之政，执其辔策而已。"子骞曰："敢问古之为政。"孔子曰："古者天子以内史为左右手，以德法为衔勒，以百官为辔，以刑罚为策，以万民为马，故御天下数百年而不失。善御马正衔勒，齐辔策，均马力，和马心，故口无声而马应辔，策不举而极千里；善御民，壹其德法，正其百官，以均齐民力，和安民心，故令不再而民顺从，刑不用而天下治。是以天地德之，而兆民怀之，夫天地之所德，兆民之所怀，其政美，其民而众称之。今人言五帝三王者，其盛无偶，威察若存，其故何也？其法盛，其德厚，故思其德，必称其人，朝夕祝之，升闻于天，上帝俱歆，用永厥世，而丰其年。

"不能御民者，弃其德法，专用刑辟，譬犹御马，弃其衔勒而专用棰策，其不制也，可必矣。夫无衔勒而用棰策，马必伤，车必败；无德法而用刑，民必流，国必亡。治国而无德法，则民无修，民无修则迷惑失道，如此上帝必以其为乱天道也。苟乱天道，则刑罚暴，上下相诛，莫知念忠，俱无道故也。今人言恶者，必比之于桀纣，其故何也？其法不听，其德不厚，故民恶其残虐，莫不吁嗟，朝夕祝之,升闻于天,上帝不蠲,降之以祸罚,灾害并生,用殄厥世。故曰德法者御民之本。"

(二) 政府职能部门的设置

古代政府职能部门按照冢宰、司徒、宗伯、司马、司寇、司空六种职能设置。这六个职能部门的设置体现了以德为本,以法为制的制度设计理念,理论立意十分高远。按现代的理解,冢宰负责组织和行政中枢职责,所以说"冢宰之官以成道";司徒负责民政、文化教育和生产,所以说"司徒之官以成德";宗伯大概负责社会制度和"礼仪"之类的工作,所以说"宗伯之官以成仁";司马,掌邦政,"司马之官以成圣";司寇实践法令,负责司法,"司寇之官以成义";司空负责社会工程和水利,"司空之官以成礼"。中央机关管理六个职能部门,譬喻为用手执掌马缰绳。职能部门职责明确,各尽其职,中央机关和职能部门管理有序,国家治理水平就提高了。现代社会经济形势比古代复杂,但是譬类而观,性质和类别并没有大的变化。

古之御天下者,以六官总治焉,冢宰之官以成道,司徒之官以成德,宗伯之官以成仁,司马之官以成圣,司寇之官以成义,司空之官以成礼。六官在手以为缰,均仁以为纳,故曰御四马者执六缰,御天下者正六官。是故善御马者正身以总缰,均马力,齐马心,回旋曲折,唯其所之,故可以取长道,可赴急疾,此圣人所以御天地与人事之法则也。天子以内史为左右手,以六官为缰,已而与三公为执六官,均五教,齐五法。故亦唯其所引,无不如志,以之道则国治,以之德则国安,以之仁则国和,以之圣则国平,以之礼则国安,以之义则国义,此御政之术。

过失人之情,莫不有焉,过而改之,是为不过。故官属不理,分职不明,法政不一,百事失纪曰乱,乱则饬冢宰;地而不殖,财物不蓄,万民饥寒,教训不行,风俗淫僻,人民流散曰危,危则饬司徒;父子不亲,长幼失序,君臣上下,乖离异志曰不和,不和则饬宗伯;贤能而失官爵,功劳而失赏禄,士卒疾怨,兵弱不用曰不平,不平则饬司马;刑罚暴乱,奸邪不胜曰不义,不义则饬司寇;度量不审,举事失理,都鄙不修,财物失所曰贫,贫则饬司空。故御者同是车马,或以取千里,或不及数百里,其所谓进退缓急,异也。夫治者同是官法,或以致平,或以致乱者,亦其所以为进退缓急异也。

(三) 考德正法,道德和法制的监察

除了国家的顶层设计、政府职能部门设置、法律和礼法的制定外,古代还有完善的监察制度,负责道德、行政、礼仪、文化等国家治理的监督、监察和改进。古代在冬季进行考核监察,以"正法";在春季进行组织考核,评功论过,实施奖惩。

古者天子常以季冬考德正法,以观治乱,德盛者治也,德薄者乱也。故天

子考德,则天下之治乱,可坐庙堂之上而知之,夫德盛则法修,德不盛则饬,法与政成德而不衰。故曰王者又以孟春论之德及功能。能德法者为有德,能行德法者为有行,能成德法者为有功,能治德法者为有智。故天子论吏而德法行,事治而功成。夫季冬正法,孟春论吏,治国之要。"

二、以易为德本

以德以法的国家制度设计,必须与"道"相合。子夏讲述了道生天、地、万物的状况。天地、宇宙万物的生长各从其类,各从其性;一切生灵各从其类、各从其性,生生灭灭,变易不居。子夏总结:"王者动必以道动,静必以道静,必顺理以奉天地之性,而不害其所主,谓之仁圣。"人类社会的规律只是自然规律的一部分,治理社会国家要与自然的易道变化相一致。万物、生灵各从其类,各从其性,王者统御万民要合"易道",那么治理国家社会,创建社会文明是不是也应该要与人的类别、性情相合而不是相害呢? 正是如此。但是子贡认为,子夏讲述易道的道理虽然精微,却"非治世之待"。这些抽象的道理,并非治理社会最迫切需要的。

子夏问于孔子曰:"商闻易之生人及万物,鸟兽昆虫,各有奇耦,气分不同,而凡人莫知其情,唯达德者能原其本焉。天一,地二,人三,三(三)如九,九九八十一,一主日,日数十,故人十月而生;八九七十二,偶以从奇,奇主辰,辰为月,月主马,故马十二月而生;七九六十三,三主斗,斗主狗,故狗三月而生;六九五十四,四主时,时主豕,故豕四月而生;五九四十五,五为音,音主猿,故猿五肠生;四九三十六,六为律,律主鹿,故鹿六月而生;三九二十七,七主星,星主虎,故虎七月而生;二九一十八,八主风,风为虫,故虫八月而生;其余各从其类矣。鸟鱼生阴而属于阳,故皆卵生。鱼游于水,鸟游于云,故立冬则燕雀入海化为蛤。蚕食而不饮,蝉饮而不食,蜉蝣不饮不食,万物之所以不同。介鳞夏食而冬蛰,龁吞者八窍而卵生,咀嚼者九窍而胎生,四足者无羽翼,戴角者无上齿,无角无前齿者膏,无角无后齿者脂,昼生者类父,夜生者似母,是以至阴主牝,至阳主牡。敢问其然乎?"孔子曰:"然,吾昔闻老聃亦如汝之言。"

子夏曰:"商闻山书曰:'地东西为纬,南北为经,山为积德,川为积刑,高者为生,下者为死,丘陵为牡,溪谷为牝,蚌蛤龟珠,与日月而盛虚。是故坚土之人刚,弱土之人柔,墟土之人大,沙土之人细,息土之人美,耗土之人丑。食水者善游而耐寒,食土者无心而不息,食木者多力而不治,食草者善走而愚,食桑者有绪而蛾,食肉者勇毅而捍,食气者神明而寿,食谷者智惠而巧,不食者不死而神。故曰:羽虫三百有六十,而凤为之长;毛虫三百有六十,而麟为之长;甲虫三百有六十,而龟为之长;鳞虫三百有六十,而龙为之长;倮虫三百有六十,而人为之长。此乾坤之美也。'殊形异类之数,王者动必以道动,静必以道静,

必顺理以奉天地之性,而不害其所主,谓之仁圣焉?"子夏言终而出,子贡进曰:
"商之论也何如?"孔子曰:"汝谓何也?"对曰:"微则微矣,然则非治世之待也。"
孔子曰:"然,各其所能。"

第三节　以礼布德

子贡认为易道"微则微矣,然则非治世之待也"。易道虽然精微,抽象的道理却
并不是治理社会的迫切需要,那么什么是治理社会的迫切需要呢? 就是在易道基
础之上的"礼"。属于人类的文明才是治理社会迫切需要的。所以儒家道、德、礼、
仪的道理是一以贯之、条理分明、系统而完整的。

一、"礼"以易立

"王者动必以道动,静必以道静,必顺理以奉天地之性,而不害其所主,谓之仁
圣焉?"圣人创建文明也是遵循天道的易理,顺应人类的性情。孔子从易道开始讲
述圣人制"礼"合于易道的来源。从理论的意义上来讲,易道是根本,这由子夏陈述
而不是孔子陈述,文脉上是正中偏述;人道的文明来源于易道,却由孔子直接讲述,
这是偏中正述了。儒家传道最重视人类文明,人伦道德是人类区别于其他生灵的
根本。生生之为易,制礼、作仪要符合易道。

(一) 人性、人命由易变化而来

人类生命的起源是制夫妇之"礼"的基础,因为"礼"要顺人情、合人性,就要先
认识人的性和命。"分于道谓之命,形于一谓之性,化于阴阳,象形而发谓之生,化
穷数尽谓之死。"命,是天地万物之一部分,故为"分于道",是从道化生而来的。"形
于一谓之性",由道化生而来成为人性的一体就是人,成为动物性的一体就是动物,
由阴阳变化成长为具体的形体。成为人就是人性、成为动物就是动物性的论断,是
不是循环论证呢? 不是的。其实关于人的"我的自性"里既有动物性也有人性,这
时人类的文明就显得特别重要。只有人类文明的熏陶才体现人性强于动物性,保
持其"为人"。这就是笔者不认同西方"自由主义"部分原因。道变化的气与父母的
阴阳合一了,父母是人类,自己自然也就是人类了。所以,这是道教《文昌孝经》讲
的,孝的道理也来源于易。从恩德的角度看,作为人的生命是父母给的,自己一生
的幸福,人性的及肉体的基础都来源于父母。所以,中国的伦理是与自然合一的。
人生生死死都合于易,这是人伦道德的根本。天地本宁静,万物何荣枯! 生,来于
无为;死,归于无为。圣人根据天地的无为之道,发展出了以夫妇家庭为根本,以孝

道为核心的伦理秩序,也是希望人性能顺应自然天道。人心顺、家庭顺、社会顺、国家顺、世界顺,则宇宙顺!中国人伦道德的礼法秩序,是根据这种理想创制的。而且人人可以持尧舜的平等仁爱之心,使文明"大一统"。

> 鲁哀公问于孔子曰:"人之命与性何谓也?"孔子对曰:"分于道谓之命,形于一谓之性,化于阴阳,象形而发谓之生,化穷数尽谓之死。故命者,性之始也,死者,生之终也,有始则必有终矣。人始生而有不具者五焉,目无见、不能食、不能行、不能言、不能化。及生三月而微煦,然后有见,八月生齿,然后能食,三年脑合,然后能言,十有六而精通,然后能化。阴穷反阳,故阴以阳变,阳穷反阴,故阳以阴化。是以男子八月生齿,八岁而龀,女子七月生齿,七岁而龀,十有四而化,一阳一阴,奇偶相配,然后道合化成,性命之端,形于此也。"

(二) 性、命之端,圣人因之制夫、妇家庭之礼

性、命之端,就是生命的出生。自己的气和父母合一,入胎成为人类。所以,人类生生不息,离不开夫妇。人类社会道德秩序的建立就从家庭开始。性、命之端出生礼仪,人类社会的"礼"从"婚礼"开始。然后,根据男女的性、情和特长,确定男、女的家庭地位和分工。男有男德,女有女德;夫有夫德,妇有妇德。

> 公曰:"男子十六精通,女子十四而化,是则可以生民矣。而礼男子三十而有室,女子二十而有夫也,岂不晚哉?"孔子曰:"夫礼言其极,不是过也。男子二十而冠,有为人父之端,女子十五许嫁,有适人之道,于此而往,则自婚矣。群生闭藏乎阴,而为化育之始,故圣人因时以合偶男子,穷天数也极。霜降而妇功成,嫁娶者行焉。冰泮而农桑起,婚礼而杀于此。男子者,任天道而长万物者也。知可为,知不可为,知可言,知不可言,知可行,知不可行行,是故审其伦而明其别谓之知,所以效匹夫之听也。女子者,顺男子之教而长其理者也,是故无专制之义,而有三从之道。幼从父兄,既嫁从夫,夫死从子,言无再醮之端,教令不出于闺门,事在供酒食而已,无阃外之非仪也,不越境而奔丧,事无擅为,行无独成,参知而后动,可验而后言,昼不游庭,夜行以火,所以效匹妇之德也。"

传统价值标准的约束和利益都是对双方而言的,对每一个人都有道德要求。譬如妻子没有生活门路的不能休弃;与自己共同为父母守孝三年的妻子不能休弃;自己先贫贱,后富贵,陪自己度过贫贱日子的妻子不能休弃等,这也体现了圣人的仁心。圣人顺男女之性,十分重视婚姻家庭秩序的建立。

> 孔子遂言曰:"女有五不取:逆家子者,乱家子者,世有刑人子者,有恶疾子者,丧父长子。妇有七出,三不去。七出者:不顺父母出者,无子者,淫僻者,嫉妒者,恶疾者,多口舌者,窃盗者。三不去者:谓有所取无所归;与共更三年之丧;先贫贱,后富贵。凡此圣人所以顺男女之际,重婚姻之始也。"

（三）家庭成，则孝德可立

家庭建立了，孝道也就确立了。社会恩、爱、节、义的道德就有了根本；人类互相尊敬、互相关爱的美德也就有了基础。丧礼是孝道的重要组成部分。首先，丧礼的制定依据父母对子女的养育之恩，这是"礼"承载的"德"。国家的"君父"也和百姓一样守孝三年，这是为了体现"大一统"的平等文化，这是根据"义"制定的礼。其次，制定礼的规矩和次序，这称为礼的"节"，要依据具体事项的实际情况灵活处理。譬如，丧礼表达悲哀，珍爱生命，感恩父母，不可能无限期。父母养育子女，子女三岁离开父母的怀抱，古代的丧期也定为三年。

> 孔子曰："礼之所以象五行也，其义四时也。故丧礼有举焉，有恩有义，有节有权。其恩厚者其服重，故为父母斩衰三年，以恩制者也。门内之治恩掩义，门外之治义掩恩。资于事父以事君而敬同，尊尊贵贵，义之大也。故为君亦服衰三年，以义制者也。三日而食，三月而沐，期而练，毁不灭性，不以死伤生，丧不过三年，齐衰不补，坟墓不修，除服之日，鼓素琴，示民有终也。凡此以节制者也。

> 资于事父以事母而爱同。天无二日，国无二君，家无二尊，以治之。故父在为母齐衰期者，见无二尊也。百官备，百物具，不言而事行者，扶而起；言而后事行者，杖而起；身自执事行者，面垢而已，此以权制者也。亲始死三日不怠，三月不懈，期悲号。三年忧哀之杀也，圣人因杀以制节也。"

二、礼以布德

制定礼的道理已经明确了，下面就讨论"礼"的功用，承载道德，也就是"布德"。

（一）制中

制中就是合于中道，不偏不倚。什么是中道呢？就是"儒心"篇讨论的无忧无惧、无思无虑、知命而安的清净心。格物致知，已经"致知"的，这清净心就是"知"，心清净了，只有仁爱之心，所以称为"仁者安仁"。当然，如果一个人是凡夫，还没有格物致"知"，那么时时做到心无烦恼，也勉强可以称为中道。一个人的心已经了解中道的道理，行为如果没有规矩，心也就很容易起妄念烦恼，失去"中道"。一个不了解中道的人，行为没有规矩，放旷不羁，他的心不能安定下来，心就永远没有时机契合中道。所以，礼就是在行为上制定规矩，把心安下来，这就是制中。

> 孔子闲居，子张子贡言游侍，论及于礼。孔子曰："居，汝三人者，吾语汝，以礼周流，无不遍也。"子贡越席而对曰："敢问如何？"子曰："敬而不中礼谓之野，恭而不中礼谓之给，勇而不中礼谓之逆。"子曰："给夺慈仁。"子贡曰："敢问将何以为此中礼者？"子曰："礼乎，夫礼所以制中也。"

（二）布仁施义

制中进一步详细解释就是"领恶全好"，引导恶的走向善，引导善的走向完美。善就是仁德。国家祭祀天地、诸侯祭祀宗庙、百姓祭祀祖先的"礼"，就是把仁爱传达给上天和鬼神，传达给自己的祖先。古代乡村有乡射之礼，就是把仁爱传达给乡间百姓。招待宾客的礼就是把仁爱传达给宾客。知道了布仁施义的道德功能，治理国家的道理就简单了。家庭有礼，家庭就和睦；社会有礼，社会就和谐；国家、军队、祭礼、丧礼如此等等，秩序井然，行为都会合宜，政令也就畅通了。

> 子贡退，言游进曰："敢问礼也，领恶而全好者与？"子曰："然。"子贡问何也？ 子曰："郊社之礼，所以仁鬼神也；禘尝之礼，所以仁昭穆也；馈奠之礼，所以仁死丧也；射飨之礼，所以仁乡党也；食飨之礼，所以仁宾客也。
>
> 明乎郊社之义，禘尝之礼，治国其如指诸掌而已。是故居家有礼，故长幼辨；以之闺门有礼，故三族和；以之朝廷有礼，故官爵序；以之田猎有礼，故戎事闲；以之军旅有礼，故武功成。是以宫室得其度，鼎俎得其象，物得其时，乐得其节，车得其轼，鬼神得其享，丧纪得其哀，辩说得其党，百官得其体，政事得其施，加于身而措于前，凡众之动，得其宜也。"

（三）即事而治

当然，礼要像上文所讲的，达到国家、社会等一切行为秩序井然的状态，就要即事而治地制定合适的"礼"。每一件事情都要中规中矩。办一件事情如果没有礼，也就是没有规矩和次序，那就像黑夜里没有灯光一样，茫茫然无所适从。这样国家、社会、军队、家庭等等，动静都没有合适的规矩，就难以做到秩序井然，政令也难以畅通，治理国家就困难了。

> 言游退，子张进曰："敢问礼何谓也？"子曰："礼者，即事之治也，君子有其事必有其治。治国而无礼，譬犹瞽之无相，伥伥乎何所之。譬犹终夜有求于幽室之中，非烛何以见。故无礼则手足无所措，耳目无所加，进退揖让无所制。是故以其居处，长幼失其别，闺门三族失其和，朝廷官爵失其序，田猎戎事失其策，军旅武功失其势，宫室失其度，鼎俎失其象，物失其时，乐失其节，车失其轼，鬼神失其享，丧纪失其哀，辩说失其党，百官失其体，政事失其施，加于身而措于前，凡动之众失其宜，如此则无以祖洽四海也。"

（四）以诗、音乐及舞蹈配礼

礼要制中，就要与心相合。为了增加礼的文化效果，礼乐可以并用。这样，礼代表事体，用音乐来调整规矩和次序，人心就会更快地安定、和谐。这就是"调节"这个词的古代来源。礼如果能够恰当地承载仁义，知道礼也就知道仁义了。人们的行为如果"中"规"中"矩，那么人的一举一动、一言一行都是礼。甚至于人们相互交流,不必亲自见面说话,只用礼乐相互示意,就能够明白对方的意思。

礼代表道理,音乐调整规矩和次序,要"礼""节"合一。诗也可以表达礼,古代没有诗的礼是荒谬的。如果有礼没有音乐,那么礼就显得没有"文采",礼表达的德行就不够仁厚,礼也就显得有点"虚"。所以,中国文化是礼、乐、诗合一的,共同承载道德。

> 子曰:"慎听之,汝三人者,吾语汝,礼犹有九焉,大飨有四焉,苟知此矣,虽在畎亩之中,事之圣人矣。两军相见,揖让而入门;入门而悬兴;揖让而升堂;升堂而乐阕;下管象舞;夏籥序兴;陈其荐俎;序其礼乐;备其百官,如此而后君子知仁焉。行中规,旋中矩,銮和中采茨,客出以雍,彻以振羽。是故君子无物而不在于礼焉。入门而金作,示情也;升歌清庙,示德也;下管象舞,示事也。是故古之君子,不必亲相与言也,以礼乐相示而已。
>
> 夫礼者,理也,乐者,节也。无礼不动,无节不作。不能诗,于礼谬;不能乐,于礼素,于德薄,于礼虚。"子贡作而问曰:"然则夔其穷与?"子曰:"古之人与,上古之人也,达于礼而不达于乐谓之素,达于乐而不达于礼谓之偏。夫夔达于乐而不达于礼,是以传于此名也,古之人也。凡制度在礼,文为在礼,行之其在人乎。"三子者既得闻此论于夫子也,焕若发矇焉。

(五) 尽礼即是达"王道"

"恺悌君子,民之父母。"性情柔和、平易近人的君子,是老百姓的父母,是"王者"。在这里,孔子将自己仁爱、平等的"王道"政治的最高理想所达到的礼乐交通的文明社会状态和盘托出了。

1. "五至"的礼乐文明素养

五至就是"志、诗、礼、乐、情",志向达到了境界,诗也达到了境界;诗达到了境界,礼也达到了境界;礼达到了境界,音乐也达到了境界;音乐达到了境界,人的心情也达到了境界。个人的文化素养,在一念之间、一举一动之间,"志、诗、礼、乐、情"达到完美合一的境界,这里孔子用丧礼的"哀"的指代人的心情。这实际上就是指个人的道德修为,已经达到"王者"的无为之道。

2. "五起"内在道德

"无声之乐,无体之礼,无服之丧",就是三无。礼、仪、音乐和人的清净本心融为一体。心对自己的一举一动没有礼的分别,对音乐没有声音的分别,对仪态没有服装的分别,不需要刻意表现而自然合体。这就是"仁者""王者"。

达到"三无"的"王者",内心的大爱已经像天覆护一切,像大地承载一切,像太阳照耀一切一样平等,"天无私覆,地无私载,日月无私照"。这样的民之父母,毫无私心地为人民服务,足迹遍及全世界。三无与"天无私覆,地无私载,日月无私照"及"劳天下"合而为五,就是孔子讲述的"五起"的内在道德。

子夏侍坐于孔子曰："敢问《诗》云恺悌君子,民之父母,何如斯可谓民之父母?"孔子曰："夫民之父母,必达于礼乐之源,以致五至而行三无,以横于天下,四方有败,必先知之,此之谓民之父母。"子夏曰："敢问何谓五至?"孔子曰："志之所至,诗亦至焉;诗之所至,礼亦至焉;礼之所至,乐亦至焉;乐之所至,哀亦至焉。诗礼相成,哀乐相生,是以正明目而视之,不可得而见;倾耳而听之,不可得而闻;志气塞乎天地,行之充于四海,此之谓五至矣。"子夏曰："敢问何谓三无?"孔子曰："无声之乐,无体之礼,无服之丧,此之谓三无。"子夏曰："敢问三无何诗近之?"孔子曰："夙夜基命宥密,无声之乐也;威仪逮逮,不可选也,无体之礼也;凡民有丧,扶伏救之,无服之丧也。"

子夏曰："言则美矣,大矣,言尽于此而已?"孔子曰："何谓其然?吾语汝,其义犹有五起焉。"子夏曰："何如?"孔子曰："无声之乐,气志不违;无体之礼,威仪迟迟;无服之丧,内恕孔悲。无声之乐,所愿必从;无体之礼,上下和同;无服之丧,施及万邦。既然而又奉之以三无私,而劳天下,此之谓五起。"

子夏曰："何谓三无私?"孔子曰："天无私覆,地无私载,日月无私照。其在诗曰:'帝命不违,至于汤齐;汤降不迟,圣敬日跻;昭假迟迟,上帝是祗,帝命式于九围',是汤之德也。"子夏蹴然而起,负墙而立曰:"弟子敢不志之。"

三、观礼知政

"王道"的政治理想非常高远,而文明又是具体而微的,一个人的举手投足都体现了他所属国家的文明。所以,通过对细微之处的观察,可以理解国家文明的状况。从细微处可以观德,从细微之处也可以观察"王道"推行的难易。孔子观察乡射之礼,并与众弟子亲自演习,知道观礼可以知贤,习礼可以修身而育贤。孔子观察乡饮的酒礼,秩序井然,认为"王道"仁爱之德的推行并非难事。"贵贱既明,降杀既辩,和乐而不流,弟长而无遗,安燕而不乱,此五者足以正身安国矣。"人们地位分明,礼节繁简适宜,关系和睦而不放旷,长幼有序而不遗漏,安乐而不失礼仪,从这五个方面观察,德治的推行并非难事。子贡观察祭神的礼仪,看到全国百姓都欢喜若狂,不理解有什么快乐。孔子认为一张一弛,文武之道,人们辛勤劳动一百天,借助节日,快乐一天,这也是仁爱之道。这好比今天很多学校都有运动会,很多单位都有年度体育比赛之类,这也体现了一张一弛的治道。

(一)观礼知贤

孔子观于乡射,喟然叹曰:"射之以礼乐也,何以射,何以听,修身而发,而不失正鹄者,其唯贤者乎?若夫不肖之人,则将安能以求饮?《诗》云:'发彼有的,以祈尔爵。'祈,求也,求所中以辞爵。酒者,所以养老,所以养病也。求中以辞爵,辞其养也,是故士使之射而弗能,则辞以病,悬弧之义。"于是退而与门人习射于矍相之圃，盖观者如堵墙焉。射至于司马，使子路执弓矢出列延，谓射之者曰："奔军之将，亡国之大夫，与为人后者不得入，其余皆入，盖去者半。"又使公罔之裘序点，扬觯而语曰："幼壮孝悌，耆老好礼，不从流俗，修身以俟死者在此位，盖去者半。"序点扬觯而语曰："好学不倦，好礼不变，旄期称道而不乱者，在此位，盖仅有存焉。"射既阕，子路进曰："由与二三子者之为司马，何如？"孔子曰："能用命矣。"

（二）观礼知政德

孔子曰："吾观于乡而知王道之易易也。主人亲速宾及介，而众宾从之，至于正门之外，主人拜宾及介，而众自入，贵贱之义别矣，三揖至于阶，三让以宾升，拜至献酬辞让之节繁，及介升则省矣，至于众宾升而受爵，坐祭立饮，不酢而降，杀之义辩矣。工入升歌三终，主人献宾，笙入三终，主人又献之，间歌三终，合乐三阕，工告乐备而遂出，一人扬觯，乃立司正焉。知其能和，乐而不流，宾酬主人，主人酬介，介酬众宾，宾少长以齿，终于沃洗者焉，知其能弟长而无遗矣。降脱屦，升坐修爵无算，饮酒之节，旦不废朝，暮不废夕，宾出主人迎送，节文终遂焉。知其能安燕而不乱也。贵贱既明，降杀既辩，和乐而不流，弟长而无遗，安燕而不乱，此五者足以正身安国矣，彼国安而天下安矣。故曰：'吾观于乡，而知王道之易易也。'"

（三）观礼知"治道"

子贡观于蜡。孔子曰："赐也，乐乎？"对曰："一国之人皆若狂，赐未知其为乐也。"孔子曰："百日之劳，一日之乐。一日之泽，非尔所知也。张而不弛，文武弗能，弛而不张，文武弗为。一张一弛，文武之道也。"

四、君子尊礼，无敢轻议

关于礼的功用这部分的论述，以祭天礼仪的重要性结束，再次表明"礼"即天道。祭天的礼就是尊重天道。"王道"来源于"天道"，祭天是大规模报答天道的根本祭祀。万物由天道的易理变化而来，而人自己的根来源于祖先，祭天时同时祭祀祖先，也是感谢祖先的恩德，尊重祖先的传统道德。"天垂象，圣人则之"，天道的规则，由圣人在人世间加以发挥，所以祭祀上天时兼祭祀祖先，这是国家的礼仪。这里的祖先特指建立国家的"圣人"或者开国之君了。

定公问于孔子曰："古之帝王必郊祀其祖以配天，何也？"孔子对曰："万物本于天，人本乎祖，郊之祭也，大报本反始也，故以配上帝。天垂象，圣人则之，郊所以明天道也。"公曰："寡人闻郊而莫同，何也？"孔子曰："郊之祭也，迎长日之至也，大报天而主日配以月，故周之始郊，其月以日至，其日用上辛，至于启蛰之月,则又祈谷于上帝,此二者天子之礼也。鲁无冬至,大郊之事降杀于天子,是以不同也。"公曰:"其言郊,何也?"孔子曰:"兆丘于南,所以就阳位也,于郊,故谓之郊焉。"曰:"其牲器何如?"孔子曰:"上帝之牛角茧栗,必在涤三月,后稷之牛唯具,所以别事天神与人鬼也,牲用骍,尚赤也,用犊,贵诚也,扫地而祭于其质也,器用陶匏,以象天地之性也,万物无可称之者,故因其自然之体也。"公曰:"天子之郊,其礼仪可得闻乎?"孔子对曰:"臣闻天子卜郊,则受命于祖庙,而作龟于祢宫,尊祖亲考之义也。卜之日,王亲立于泽宫,以听誓命,受教谏之义也,既卜,献命库门之内,所以诚百官也。将郊,则天子皮弁以听报,示民严上也。郊之日,丧者不敢哭,凶服者不敢入国门,氾扫清路,行者必止,弗命而民听,敬之至也。天子大裘以黼之,被裘象天,乘素车,贵其质也,旗十有二旒,龙章而设以日月,所以法天也,既至泰坛,王脱裘矣,服衮以临,燔柴戴冕,璪十有二旒,则天数也。臣闻之诵诗三百,不足以一献,一献之礼,不足以大飨,大飨之礼,不足以大旅,大旅具矣,不足以飨帝,是以君子无敢轻议于礼者也。"

第四节　法以为治

一、刑罚的功用

(一)礼以化德,刑罚或无所用

五刑就是五种惩罚措施,分别对应社会秩序的五礼。奸邪窃盗,靡法妄行,是由于人的贪心造成的。如果国家有制度,百姓知道事情的限度,贪心就会得到遏制。不孝是因为没有仁爱之心,没有仁爱之心是因丧祭的礼节不明确,老百姓没有得到仁爱的教化。如果丧祭的礼节明确了,人们知道感恩和仁爱,就会孝顺父母了。杀上、叛乱是由于社会地位的秩序不明确,人们没有相互敬爱的道德造成的。如果社会秩序明确,人们知道义与不义,就不会有这种事发生了。社会混乱争斗是由于长幼的秩序不明确,人们不知道相互敬爱、忍让造成的。如果长幼有序,相互敬让,社会就不会出现混乱争斗了。淫靡成风是因社会没有男女之别的礼节造成的。如果人人都遵守男女之别的礼节,就不会有男女淫靡的风气了。所以,如果社会礼仪道德文化推行得非常成功,人们就不会做出不法的事,也就不会触犯五刑。

冉有问于孔子曰:"古者三皇五帝不用五刑,信乎?"孔子曰:"圣人之设防,贵其不犯也,制五刑而不用,所以为至治也。

"凡夫之为奸邪窃盗靡法妄行者,生于不足。不足生于无度,无度则小者偷盗,大者侈靡,各不知节。是以上有制度,则民知所止,民知所止则不犯。故虽有奸邪贼盗靡法妄行之狱,而无陷刑之民。

"不孝者生于不仁,不仁者生于丧祭之无礼也。明丧祭之礼所以教仁爱也,能教仁爱,则丧思慕,祭祀不解,人子馈养之道。丧祭之礼明,则民孝矣。故虽有不孝之狱,而无陷刑之民。

"杀上者生于不义,义所以别贵贱,明尊卑也,贵贱有别,尊卑有序,则民莫不尊上而敬长。朝聘之礼者,所以明义也,义必明则民不犯,故虽有杀上之狱,而无陷刑之民。

"斗变者生于相陵,相陵者生于长幼无序,而遗敬让,乡饮酒之礼者,所以明长幼之序,而崇敬让也,长幼必序,民怀敬让,故虽有斗变之狱,而无陷刑之民。

"淫乱者生于男女无别,男女无别,则夫妇失义,礼聘享者所以别男女,明夫妇之义也。男女既别,夫妇既明,故虽有淫乱之狱,而无陷刑之民。

"此五者,刑罚之所以生,各有源焉。不豫塞其源,而辄绳之以刑,是谓为民设阱而陷之。"

(二)法以设防

既然礼乐的文化教化成功,百姓就不会触犯五刑,那么五刑的法治是不是没有用处呢?法治可以起到防范败德行为的作用。礼乐的教化虽然推行了,可能还有部分人并不能得到道德的感化,这时就要进行法治教育,使他们遵循礼乐的教化,而惩罚只是最后的措施。如果部分老百姓不能遵守礼仪就要重新对他们进行相关的教育,譬如关于提倡俭朴生活的礼仪、丧祭的礼仪、社会地位秩序的礼仪、长幼秩序的礼仪、男女之别的礼仪等等教育,加强他们的思想认识。

刑罚之源,生于嗜欲不节,夫礼度者,所以御民之嗜欲,而明好恶顺天之道,礼度既陈,五教毕修,而民犹或未化,尚必明其法典以申固之。其犯奸邪靡法妄行之狱者,则饬制量之度;有犯不孝之狱者,则饬丧祭之礼;有犯杀上之狱者,则饬朝觐之礼;有犯斗变之狱者,则饬乡饮酒之礼;有犯淫乱之狱者,则饬婚聘之礼。三皇五帝之所化民者如此,虽有五刑之用,不亦可乎!孔子曰:"大罪有五,而杀人为下,逆天地者罪及五世,诬文武者罪及四世,逆人伦者罪及三世,谋鬼神者罪及二世,手杀人者罪及其身,故曰大罪有五,而杀人为下矣。"

(三)以礼御心

"礼"被用来管束、调节行为,使心合于伦理道德,所以说"以礼御心"。"刑不上于大夫,礼不下于庶人"的说法真正的意义就是刑不上于大夫,大夫亦不失其罪,自取自裁;庶人不能充礼,不责之以备礼,故礼不下于庶人。

冉有问于孔子曰:"先王制法,使刑不上于大夫,礼不下于庶人,然则大夫犯罪,不可以加刑,庶人之行事,不可以治于礼乎?"孔子曰:"不然,凡治君子以礼御其心,所以属之以廉耻之节也,故古之大夫,其有坐不廉污秽而退放之者,不谓之不廉污秽而退放,则曰簠簋不饬;有坐淫乱男女无别者,不谓之淫乱男女无别,则曰帷幕不修也;有坐罔上不忠者,不谓之罔上不忠,则曰臣节未著;有坐罢软不胜任者,不谓之罢软不胜任,则曰下官不职;有坐干国之纪者,不谓之干国之纪,则曰行事不请。此五者,大夫既自定有罪名矣,而犹不忍斥,然正以呼之也,既而为之讳,所以愧耻之,是故大夫之罪,其在五刑之域者,闻而谴发,则白冠厘缨,盘水加剑,造乎阙而自请罪,君不使有司执缚牵掣而加之也。其有大罪者,闻命则北面再拜,跪而自裁,君不使人捽引而刑杀。曰:'子大夫自取之耳,吾遇子有礼矣,以刑不上大夫而大夫亦不失其罪者,教使然也。'所谓礼不下庶人者,以庶人遽其事而不能充礼,故不责之以备礼也。"冉有跪然免席曰:"言则美矣,求未之闻。"退而记之。

二、刑政相参,德法并用

(一) 刑政相参,德法并用之理

古代国家治理是德法并用。用道德教育百姓,用礼建立社会文明和秩序,用行政手段引导百姓,用刑罚设立禁令,惩罚那些不遵守禁令的行为。

仲弓问于孔子曰:"雍闻至刑无所用政,至政无所用刑。至刑无所用政,桀纣之世是也;至政无所用刑,成康之世是也。信乎?"孔子曰:"圣人之治化也,必刑政相参焉,太上以德教民,而以礼齐之。其次以政焉导民,以刑禁之,刑不刑也。化之弗变,导之弗从,伤义以败俗,于是乎用刑矣。颛五刑必即天伦。行刑罚则轻无赦,刑侀也,侀成也,壹成而不可更,故君子尽心焉。"

(二) 法制、法治以社会伦理为基础

古代的刑罚是依于礼、源于德、本于道、存于心的。

仲弓曰:"古之听讼尤罚丽于事,不以其心,可得闻乎?"孔子曰:"凡听五刑之讼,必原父子之情,立君臣之义以权之,意论轻重之序,慎测浅深之量以别之,悉其聪明,正其忠爱以尽之。大司寇正刑明辟以察狱,狱必三讯焉,有指无简,则不听也,附从轻,赦从重,疑狱则泛与众共之,疑则赦之,皆以小大之比成也。是故爵人必于朝,与众共之也;刑人必于市,与众弃之也。古者公家不畜刑人,大夫弗养也,士遇之涂,以弗与之言,屏诸四方,唯其所之,不及与政,弗欲生之也。"

仲弓曰:"听狱,狱之成成何官?"孔子曰:"成狱成于吏,吏以狱成告于正,正既听之,乃告大司寇。听之,乃奉于王,王命三公卿士参听棘木之下,然后乃以狱之成疑于王。王三宥之以听命,而制刑焉,所以重之也。"仲弓曰:"其禁何禁?"孔子曰:"巧言破律,遁名改作,执左道与乱政者杀;作淫声,造异服,设伎奇器,以荡上心者杀;行伪而坚,言诈而辩,学非而博,顺非而泽,以惑众者杀;假于鬼神,时日卜筮,以疑众者杀。此四诛者不以听。"仲弓曰:"其禁尽于此而已?"孔子曰:"此其急者,其余禁者十有四焉。命服命车,不粥于市;珪璋璧琮,不粥于市;宗庙之器,不粥于市;兵车旍旗,不粥于市;牺牲秬鬯,不粥于市;戎器兵甲,不粥于市;用器不中度,不粥于市;布帛精粗,不中数,广狭不中量,不粥于市;奸色乱正色,不粥于市;文锦珠玉之器,雕饰靡丽,不粥于市;衣服饮食,不粥于市;果实不时,不粥于市;五木不中伐,不粥于市;鸟兽鱼鳖不中杀,不粥于市。凡执此禁以齐众者,不赦过也。"

第五节 礼 与 国 运

没有道德和礼制,国家治理很难成功。从儒家的国学理念来看,国运的兴衰由道德和文化的兴衰决定,以"礼制"的兴衰为表现形式。如果国家尊礼明德,社会就从乱到治,社会文化也会繁荣。"礼"就是制度,它承载了国家治理的仁爱、平等的大道。国运变化了,制度也会变化;制度变化了,国运也会跟着变化。所以,事关国家全局的政策和制度的制定不可不慎重。

孔子简述了关于大同世界的道德状况。按照孔子的说法,实际上大同世界不是未来的理想,而是过去的事实。我国夏、商、周三代以及三皇五帝的时代就是公天下的大同世界。而周朝道德的衰落,使完美的仁爱、平等的礼乐文明的国家衰落成为政教不善、弊病百出的"疵国"。孔子的理想是恢复礼制文明,使社会重新达到三代及以前的文明状态。大顺即大同,或者大顺比大同的理想更为高远。大同是人类社会的道德秩序达到完美,而"大顺"社会的"礼"则把自然秩序和人类秩序完美合一了。

孔子为鲁司寇,与于蜡,既宾事毕,乃出游于观之上,喟然而叹。言偃侍曰:"夫子何叹也?"孔子曰:"昔大道之行,与三代之英,吾未之逮也,而有记焉。大道之行,天下为公,选贤与能,讲信修睦。故人不独亲其亲,不独子其子。老有所终,壮有所用,矜寡孤疾,皆有所养。货恶其弃于地,不必藏于己。力恶其不出于身,不必为人。是以奸谋闭而不兴,盗窃乱贼不作,故外户而不闭,谓之大同。今大道既隐，天下为家。各亲其亲，各子其子，货则为己，力则为人。大人世及以为常，城郭沟池以为固。禹、汤、文、武，成王、周公，由此而选，未有不谨于礼。礼之所兴，与天地并，如有不由礼而在位者，则以为殃。"言偃复问曰："如此乎，礼之急也。"孔子曰："夫礼，先王所以承天之道，以治人之情。列其鬼神，达于丧祭乡射冠婚朝聘。故圣人以礼示之，则天下国家可得以礼正矣。"言偃曰："今之在位，莫知由礼，何也？"孔子曰："呜呼哀哉！我观周道，幽厉伤也，吾舍鲁何适？夫鲁之郊及禘皆非礼，周公其已衰矣。杞之郊也禹，宋之郊也契，是天子之事守也。天子以杞宋二王之后，周公摄政致太平，而与天子同是礼也。诸侯祭社稷宗庙，上下皆奉其典，而祝嘏莫敢易其常法，是谓大嘉。今使祝嘏辞说，徒藏于宗祝巫史，非礼也，是谓幽国；盏斝及尸君，非礼也，是谓僭君；冕弁兵车，藏于私家，非礼也，是谓胁君；大夫具官，祭器不假，声乐皆具，非礼也，是为（谓）乱国。故仕于公曰臣，仕于家曰仆。三年之丧，与新有婚者，期不使也。以衰裳入朝，与家仆杂居齐齿，非礼也，是谓臣与君共国；天子有田，以处其子孙，诸侯有国，以处其子孙，大夫有采，以处其子孙，是谓制度；天子适诸侯，必舍其宗庙，而不礼籍入，是谓天子坏法乱纪；诸侯非问疾吊丧，而入诸臣之家，是谓君臣为谑。夫礼者，君之柄，所以别嫌明微，傧鬼神，考制度，列仁义，立政教，安君臣上下也。故政不正则君位危，君位危则大臣倍，小臣窃，刑肃而俗弊则法无常，法无常则礼无别，礼无别则士不仕，民不归，是谓疵国。

是故夫政者，君之所以藏身也，必本之天效以降命，命降于社，之谓教地；降于祖庙，之谓仁义；降于山川，之谓兴作；降于五祀，之谓制度，此圣人所以藏身之固也。圣人参于天地，并于鬼神以治政也。处其所存，礼之序也，玩其所乐，民之治也。天生时，地生财，人其父生而师教之，四者君以政用之，所以立于无过之地。君者，人所明，非明人者也；人所养，非养人者也；人所事，非事人者也。夫君者，明人则有过，故养人则不足，事人则失位，故百姓明君以自治，养君以自安，事君以自显，是以礼达而分定。人皆爱其死，而患其生，是故用人之智去其诈，用人之勇去其怒，用人之仁去其贪。国有患，君死社稷为之义，大夫死宗庙为之变。

凡圣人能以天下为一家，以中国为一人，非意之，必知其情，从于其义，明于其利，达于其患，然后为之。何谓人情？喜、怒、哀、惧、爱、恶、欲，七者弗学而能。何谓人义？父慈、子孝、兄良、弟悌、夫义、妇听、长惠、幼顺、君仁、臣忠十者谓之人义。讲信修睦，谓之人利，争夺相杀，谓之人患。圣人之所以治人七情，修十义，讲信修睦，尚辞让，去争夺，舍礼何以治之。饮食男女，人之大欲存焉，死亡贫苦，人之大恶存焉。欲恶者，人之大端，人藏其心，不可测度，美恶皆在其心，不见其色，欲一以穷之，舍礼何以哉？故人者，天地之德，阴阳之交，鬼神之会,五行之秀。天秉阳,垂日星,地秉阴,载于山川,播五行于四时,和四气而后月生,是以三五而盈,三五而缺,五行之动,共相竭也。五行四气十二月,还相为本;五声五律十二管,还相为宫;五味六和十二食,还相为质;五色六章十二衣,还相为主。故人者,天地之心,而五行之端,食味别声被色而生者。圣人作则,必以天地为本,以阴阳为端,以四时为柄,以日星为纪,月以为量,鬼神以为徒,五行以为质,礼义以为器,人情以为田,四灵以为畜。以天地为本,故物可举;以阴阳为端,故情可睹;以四时为柄,故事可劝;以日星为纪,故业可别;月以为量,故功有艺;鬼神以为徒,故事有守;五行以为质,故事可复也;礼义以为器,故事行有考;人情以为田,四灵以为畜。何谓四灵?麟凤龟龙谓之四灵。故龙以为畜,而鱼鲔不谂;凤以为畜,而鸟不獝;麟以为畜,而兽不狱;龟以为畜,而人情不失。先王秉蓍龟,列祭祀,瘗,缯,宣,祝嘏,设制度,祝嘏辞说。故国有礼,官有御,职有序。

先王患礼之不达于下,故缩帝于郊,所以定天位也;祀社于国,所以列地利也;禘祖庙,所以本仁也;旅山川,所以候鬼神也;祭五祀,所以本事也。故宗祝在庙,三公在朝,三老在学,王前巫而后史,卜筮瞽侑,皆在左右,王中心无为也,以守至正。是以礼行于郊,而百神受职,礼行于社,而百货可极,礼行于祖庙,而孝慈服焉,礼行于五祀,而正法则焉。故郊社宗庙山川五祀,义之修而礼之藏。

夫礼必本于太一,分而为天地,转而为阴阳,变而为四时,列而为鬼神,其降曰命,其官于天也,协于分艺,其居于人也,曰养。所以讲信修睦,而固人之肌肤之会,筋骸之束者;所以养生送死,事鬼神之大端;所以达天道,顺人情之大窦。唯圣人为知礼之不可以已也,故破国丧家亡人,必先去其礼。礼之于人,犹酒之有蘖也,君子以厚,小人以薄。圣人修义之柄,礼之序,以治人情。人情者,圣王之田也,修礼以耕之,陈义以种之,讲学以耨之,本仁以聚之,播乐以安之。故礼者,义之实也,协诸义而协则礼,虽先王未有可以义起焉;义者艺之分,仁之节,协于艺,讲于仁,得之者强,失之者丧;仁者义之本,顺之体,得之者尊。故治国不以礼,犹无耜而耕;为礼而不本于义,犹耕之而弗种;为而不讲于学,犹种而弗耨;讲之以学,而不合以仁,犹耨而不获;合之以仁,而不安之以乐,犹获而弗食;安之以乐,而不达于顺,犹食而不肥。四体既正,肤革充盈,人之肥也;父子笃,兄弟睦,夫妇和,家之肥也;大臣法,小臣廉,官职相序,君臣相正,国之肥也;天子以德为车,以乐为御,诸侯以礼相与,大夫以法相序,士以信相考,百姓以睦相守,天下之肥也。是谓大顺。

顺者,所以养生送死,事鬼神之常也。故事大积焉而不苑,并行而不谬,细行而不失,深而通,茂而有间,连而不相及,动而不相害,此顺之至也。明于顺,然后乃能守危。夫礼之不同不丰杀,所以持情而合危也,山者不使居川,渚者不使居原,用水火金木,饮食必时,冬合男女,春颁爵位,必当年德,皆所顺也。

用民必顺,故无水旱昆虫之灾,民无凶饥妖孽之疾。天不爱其道,地不爱其宝,人不爱其情,是以天降甘露,地出醴泉,山出器车,河出马图,凤凰麒麟,皆在郊棷,龟龙在宫沼,其余鸟兽及卵胎,皆可俯而窥也。则是无故,先王能循礼以达义,体信以达顺,此顺之实也。"

第六节　国家礼制

现采取以事代理,以少明多、以一代类的方式对国家礼制进行简述。

一、礼制

君王的加冕礼和百姓的成人冠礼是生者敬德明道的礼。庙制的祭祀之礼,是对死者感恩敬德的礼。二者齐备,人伦的生死之道就完备了。

(一) 以冠礼敬德明道

古代君主继位要举行加冕礼,以敬德明道。老百姓成年也要举行冠礼庆祝"成人",同时尊德明道,提醒人立身处世,要承担"成人"的道德和责任。

邾隐公既即位,将冠,使大夫因孟懿子问礼于孔子。子曰:"其礼如世子之冠。冠于阼者,以著代也,醮于客位,加其有成,三加弥尊,导喻其志,冠而字之,敬其名也。虽天子之元子,犹士也,其礼无变,天下无生而贵者故也。行冠事必于祖庙,以裸享之,礼以将之,以金石之乐节之,所以自卑而尊先祖,示不敢擅。"懿子曰:"天子未冠即位,长亦冠也。"孔子曰:"古者王世子虽幼,其即位则尊为人君,人君治成人之事者,何冠之有。"懿子曰:"然则诸侯之冠,异天子与?"孔子曰:"君薨而世子主丧,是亦冠也已,人君无所殊也。"懿子曰:"今邾君之冠,非礼也。"孔子曰:"诸侯之有冠礼也,夏之末造也,有自来矣,今无讥焉。天子冠者,武王崩,成王年十有三而嗣立,周公居冢宰,摄政以治天下,明年夏六月,既葬,冠成王而朝于祖,以见诸侯,亦有君也。周公命祝雍作颂曰:'祝王达而未幼。'祝雍辞曰:'使王近于民,远于年,啬于时,惠于财,亲贤而任能。'其颂曰:'令月吉日,王始加元服,去王幼志,服衮职,钦若昊命,六合是式,率尔祖考,永永无极。'此周公之制也。"懿子曰:"诸侯之冠,其所以为宾主,何也?"孔子曰:"公冠则以卿为宾,无介公自为主,迎宾揖升自阼,立于席北,其醴也则如士,缬之以三献之礼,既醴,降自阼阶。诸侯非公而自为主者,其所以异,皆降自西阶,玄端与皮弁,异朝服素毕,公冠四,加玄冕祭,其酬币于宾,则束帛乘马,王太子庶子之冠拟焉,皆天子自为三其礼,与士无变,缬食宾也,皆同。"懿子曰:"始冠必加缁布之冠,何也?"孔子曰:"示不忘古,太古冠布斋则缁之,其緌也吾未之闻,今则冠而币之,可也。"懿子曰:"三王之冠,其异何也?"孔子曰:"周弁,殷哻,夏收,一也。三王共皮弁。素緌委貌,周道也;章甫,殷道也;毋追,夏后氏之道也。"

(二) 以庙制敬道统

庙是敬德、明道的场所。庙制的作用主要有三种:一是表示道统的传承、延续;二是感恩祖先的功德,人祭之、鬼享之;三是别尊卑、明次序。国家有国家的公庙、家庭有家庭的私庙,各有礼制。

> 卫将军文子将立三军之庙于其家,使子羔访于孔子。子曰:"公庙设于私家,非古礼之所及,吾弗知。"子羔曰:"敢问尊卑上下立庙之制,可得而闻乎?"孔子曰:"天下有王,分地建国设祖宗,乃为亲疏贵贱多少之数。是故天子立七庙,三昭三穆,与太祖之庙七,太祖近庙,皆月祭之,远庙为祧,有二祧焉,享尝乃止;诸侯立五庙,二昭二穆,与太祖之庙而五,曰祖考庙,享尝乃止;大夫立三庙,一昭一穆,与太庙而三,曰皇考庙,享尝乃止;士立一庙,曰考庙,王考无庙,合而享尝乃止;庶人无庙,四时祭于寝。此自有虞以至于周之所不变也。凡四代帝王之所谓郊者,皆以配天,其所谓禘者,皆五年大祭之所及也。应为太祖者,则其庙不毁,不及太祖,虽在禘郊,其庙则毁矣。古者祖有功而宗有德,谓之祖宗者,其庙皆不毁。"

> 子羔问曰:"祭典云:'昔有虞氏祖颛顼而宗尧,夏后氏亦祖颛顼而宗禹,殷人祖契而宗汤,周人祖文王而宗武王。'此四祖四宗,或乃异代,或其考祖之有功德,其庙可也。若有虞宗尧,夏祖颛顼,皆异代之有功德者也,亦可以存其庙乎?"孔子曰:"善,如汝所闻也。如殷周之祖宗,其庙可以不毁,其他祖宗者,功德不殊,虽在殊代,亦可以无疑矣。《诗》云:'蔽芾甘棠,勿翦勿伐,邵伯所憩。'周人之于邵公也,爱其人犹敬其所舍之树,况祖宗其功德而可以不尊奉其庙焉。"

二、礼乐交通

文以载道,文化建设对伦理道德有非常重要的影响。音乐、绘画、诗歌、舞蹈、影视等等可以表现作者的道德水平。如果作者的道德不正,文艺作品也会走偏,对社会风气和道德教化就会有负面影响。以音乐为例,辩乐可以知道作者的内在道德,通过观赏音乐也可以了解国家的道德风化及政治治理状况。

(一) 辨乐明德

孔子学琴,通过曲谱发现作者有"王者"之德。而此曲谱正是周文王所作。

孔子学琴于师襄子。襄子曰："吾虽以击磬为官，然能于琴，今子于琴已习，可以益矣。"孔子曰："丘未得其数也。"有间，曰："已习其数，可以益矣。"孔子曰："丘未得其志也。"有间，曰："已习其志，可以益矣。"孔子曰："丘未得其为人也。"有间，曰："孔子有所谬然思焉，有所睪然高望而远眺。"曰："丘迨得其为人矣，近黮而黑，颀然长，旷如望羊，奄有四方，非文王其孰能为此？"师襄子避席叶拱而对曰："君子圣人也，其传曰文王操。"

（二）观乐知德

按照乐理，由动发出声音。声音可以分为金、水、木、火、土五行。五行代表五德。如果用音节与礼法相配就可以正德。音乐表达了人的情感，从音乐可以知道其传达的德性。

子路鼓琴，孔子闻之，谓冉有曰："甚矣由之不才也。夫先王之制音也，奏中声以为节，流入于南，不归于北。夫南者，生育之乡，北者，杀伐之域。故君子之音温柔居中，以养生育之气，忧愁之感不加于心也，暴厉之动，不在于体也。夫然者，乃所谓治安之风也。小人之音则不然，亢丽微末，以象杀伐之气，中和之感，不载于心，温和之动，不存于体，夫然者乃所以为乱之风。昔者舜弹五弦之琴，造南风之诗，其诗曰：'南风之熏兮，可以解吾民之愠兮，南风之时兮，可以阜吾民之财兮。'唯修此化，故其兴也勃焉，德如泉流，至于今王公大人述而弗忘。殷纣好为北鄙之声，其废也忽焉，至于今王公大人举以为诫。夫舜起布衣，积德含和而终以帝，纣为天子，荒淫暴乱而终以亡，非各所修之致乎。由今也匹夫之徒，曾无意于先王之制，而习亡国之声，岂能保其六七尺之体哉？"冉有以告子路，子路惧而自悔，静思不食，以至骨立。夫子曰："过而能改，其进矣乎。"

（三）观乐知政

《武》是舞蹈的名字。孔子观赏乐舞《武》时，对舞蹈和音乐进行了全面的点评。乐舞《武》讲述了武王伐商并推行德治从而使天下太平的故事。

周宾牟贾侍坐于孔子，孔子与之言及乐曰："夫武之备诫之以久，何也？"对曰："病疾不得其众。""咏叹之，淫液之，何也？"对曰："恐不逮事。""发扬蹈厉之已蚤，何也？"对曰："及时事。""武坐致右而轩左，何也？"对曰："非武坐。""声淫及商，何也？"对曰："非武音也。"孔子曰："若非武音，则何音也？"对曰："有司失其传也。"孔子曰："唯，丘闻诸苌弘，若非吾子之言是也，若非有司失其传，则武王之志荒矣。"宾牟贾起，免席而请曰："夫武之备诫之以久，则既闻命矣。敢问迟之而又久立于缀，何也？"子曰："居，吾语尔。夫乐者，象成者也。总干而山立，武王之事也；发扬蹈厉，太公之志也；武乱皆坐，周邵之治也。且夫武始成而北出，再成而灭商，三成而南反，四成而南国是疆，五成而分陕，周公左，邵公右，六成而复缀，以崇其天子焉。众夹振焉而四伐，所以盛威于中国；分陕而进，所以事蚤济；久立于缀，所以待诸侯之至也。今汝独未闻牧野之语乎，武王克殷而反商之政，未及下车，则封黄帝之后于蓟，封帝尧之后于祝，封帝舜之后于陈。下车又封夏后氏之后于杞，封殷之后于宋，封王子比干之墓，释箕子之囚，使人行商容之旧，以复其位，庶民弛政，庶士倍禄。既济河西，马散之华山之阳而弗复乘，牛散之桃林之野而弗复服。车甲则衅之，而藏之诸府库，以示弗复用。倒载干戈而包之以虎皮，将率之士，使为诸侯，命之曰鞬櫜，然后天下知武王之不复用兵也。散军而修郊射，左射以狸首，右射以驺虞，而贯革之射息也；裨冕搢笏，而虎贲之士脱剑；郊祀后稷，而民知尊父焉；配明堂而民知孝焉；朝觐然后诸侯知所以臣；耕籍然后民知所以敬亲。六者天下之大教也。食三老五更于太学，天子袒而割牲，执酱而馈，执爵而酳，冕而总干，所以教诸侯之弟也。如此则周道四达，礼乐交通。夫武之迟久，不亦宜乎。"

三、以教辅政，其美如玉

（一）玉有十德

中国文化的根本在道德，连身上的配饰、房屋中的装饰也用来表德体道。玉有十德可以用来譬喻修身明道的君子。这是中国玉文化的道德起源。爱物实是爱德。"言念君子，温其如玉。"政教化德，礼乐文明的社会如果人人都是君子，玉就譬喻社会文化道德，不仅有十德，而且还有真、善、美的艺术价值。政教之德，其美如玉。

> 子贡问于孔子曰："敢问君子贵玉而贱珉何也？为玉之寡而珉多欤？"孔子曰："非为玉之寡故贵之，珉之多故贱之。夫昔者君子比德于玉，温润而泽，仁也；缜密以栗，智也；廉而不刿，义也；垂之如坠，礼也；叩之，其声清越而长，其终则诎然乐矣，瑕不掩瑜，瑜不掩瑕，忠也；孚尹旁达，信也；气如白虹，天也；精神见于山川，地也；珪璋特达，德也；天下莫不贵者，道也。《诗》云：'言念君子，温其如玉。'故君子贵之也。"

（二）入国辨德，其教可知

玉代表文化，玉能喻德，国家文化就代表了国家的道德。孔子讲述了根据一个国家的文化观察这个国家的教育状况和政治状况的方法。"其为人也，温柔敦厚，诗教也；疏通知远，书教也；广博易良，乐教也；洁静精微，易教也；恭俭庄敬，礼教也；属辞比事，春秋教也。"诗、书、礼、乐、易、春秋六经齐备则政教完整，六经各与道相对应。六经教育不完整，不能合于道，文化就各有得失。不是中国文化的国家，没有儒家六经，但可能有与六经相对应的精神内容。

孔子曰："入其国,其教可知也。其为人也,温柔敦厚,《诗》教也;疏通知远,《书》教也;广博易良,《乐》教也;洁静精微,《易》教也;恭俭庄敬,《礼》教也;属辞比事,《春秋》教也。故《诗》之失,愚,《书》之失,诬,《乐》之失,奢,《易》之失,贼,《礼》之失,烦,《春秋》之失,乱。其为人也,温柔敦厚而不愚,则深于诗者矣;疏通知远而不诬,则深于《书》者矣;广博易良而不奢,则深于《乐》者矣;洁静精微而不贼,则深于《易》者矣;恭俭庄敬而不烦,则深于《礼》者;属辞比事而不乱,则深于春秋者矣。天有四时者,春夏秋冬,风雨霜露,无非教也;地载神气,吐纳雷霆,流形庶物,无非教也。清明在躬,气志如神,有物将至,其兆必先。是故天地之教,与圣人相参。其在《诗》曰:'嵩高惟岳,峻极于天,惟岳降神,生甫及申,惟申及甫,惟周之翰。'四国于蕃,四方于宣,此文武之德也;矢其文德,协此四国,此文王之德也。凡三代之王,必先其令问。《诗》云:'明明天子,令问不已,三代之德也。'"

(三) 言可履、行可乐

"以教辅政,其美如玉",以玉喻德,文质相符。然而,任何高尚而美好的文明都需要教育和传承,其目的是使社会和谐、人民幸福。所以,文末再次提出礼乐文明的目的是建立社会道德秩序,"言可履、行可乐",使人的日常生活有可依循的道德规则,充满高尚、美好的文化精神。

子张问圣人之所以教。孔子曰:"师乎,吾语汝,圣人明于礼乐,举而措之而已。"子张又问,孔子曰:"师,尔以为必布几筵,揖让升降,酌献酬酢,然后谓之礼乎? 尔以必行缀兆,执羽籥,作钟鼓,然后谓之乐乎? 言而可履,礼也;行而可乐,乐也。圣人力此二者,以躬己南面,是故天下太平,万民顺伏,百官承事,上下有礼也。夫礼之所以兴,众之所以治也;礼之所以废,众之所以乱也。目巧之室,则有奥阼,席则有上下,车则有左右,行则并随,立则有列序,古之义也。室而无奥阼,则乱于堂室矣;席而无上下,则乱于席次矣;车而无左右,则乱于车上矣;行而无并随,则乱于阶涂矣;列而无次序,则乱于著矣。昔者明王圣人,辩贵贱长幼,正男女内外,序亲疏远近,而莫敢相踰越者,皆由此涂出也。"

《诗经·有女同车》表达了对儒家国学礼乐文明的向往。

有女同车

有女同车,颜如舜华。

将翱将翔,佩玉琼琚。

彼美孟姜,洵美且都。

有女同行,颜如舜英。

将翱将翔,佩玉将将。

彼美孟姜,德音不忘。

下 篇

儒门国学修证纲要——
《论语》科判

第一章

国学修证纲要导引

第一节　以儒为本的国学文明

一、儒家思想的基本精神

就人类基本的道德精神而言,东西方文明有一些共同的基本观念。如西方强调博爱、平等、自由。爱达到博的境界,就是平等之爱。心如果平等,则无远近亲疏,无贪、嗔、痴等情绪和烦恼的束缚,没有束缚的心就达到了自由的境界。故博爱、平等、自由三位一体,是一件事情的三个方面。但是,如果对教法的理解不全面,关于博爱、平等、自由从单一的角度、片面地去理解,思想就变得庞杂而无头绪,争论迭起,学派大兴。西方哲学家笛卡儿(Rene Descartes)的天赋理念、洛克(John Locke)的天赋自由等理论,就是三位一体割裂而出现的理论。三个方面分别无限发挥,就会产生无穷的理论。理性主义发挥智慧的一面,经验主义强调感官认知,执着于境界。但如果没有三位一体的爱,则出现人、我的分离,主观和客观的对立,西方近代科学的兴起即源于此。主、客观的分离也使"人文"自身变为"人文科学",从而使人自身变成客观的一部分,也使人文科学失去了改造人的作用。失去人类自我改造功能的现代西方文明,虽然在国家顶层设计上是强调平等的,但是在社会运转上,强调的是尊重个人自由、个人理性、个人利益。西方文明强调的自由只是意识的运动,而非中国传统文化所指的道德和理智达到圣人境界的"心"的自由。

而东方文明的基本思想,如佛教,其教法的根本是慈悲和平等。平等代表智慧的一面,悲智双运,总摄一切佛法。悲智双运的极点,心周边法界,尽微尘平等,即佛,即解脱的境界。这种解脱的境界即真正的自由。大乘佛法的修行首重发心,发四无量心——慈、悲、喜、舍。各种禅修都在慈、悲、喜、舍四无量心的摄持下进行。

世界其他宗教和善法也都包括博爱、平等和自由三个方面的内容,尽管名字可能会有不同。当然,这三个方面的极致是果,在因地,或者在路途中,就会产生无穷的教法,产生种种文明。道,道体是果,道路是因。

儒家思想在博爱、平等和自由这三个方面，与西方文明、佛教并无差别，只是没有明确提出"自由"的概念，自由包含在平等里，或者说在中、西文明的初始交流中，翻译没有找到相应的中国词汇，如佛教的解脱、儒家格物致知的"知"，都包含有"自由"的含义。

儒家思想有两个特点：一是不离世俗，"以俗说法，示第一义"；二是强调国家的教化作用。个人修证达到悲智（儒家用仁、智二字表达）双运的极点——"内圣外王"，那他的心已经解脱，表现上就是无所追求、平淡无奇，就是"无为"的状态，这就是心的自由，这样的老百姓就是"天民"。如果这种高尚道德品格的人——"王者"，负起教化众生的责任，使人人都达到仁爱、平等，也就是人人都达到自由的状态，则人人皆为尧舜，于是天下太平，世界大同。所以，古汉语"王"的另一含义是"自在"，心得自在就是"心王"。

二、儒学与诸子百家的关系

当然以儒家思想为代表的中华文化随着时间的推移也会出现嬗变，从而产生种种分支和学派。这些分支和学派的进一步发展也会产生种种理论。百家学术都由儒家思想产生，产生的原因大概有以下几点：

（一）对教法的理解产生的偏差

对仁智双运的理解偏差：从单一方面去理解仁，或者单独强调智慧的一面；或者是对果地的智慧和因地的道路理解产生的偏差。

（二）修证不同产生的理解偏差

孔子的修证已达无为之道，但其他诸子未必如此。《管子》的核心是白心篇，也讲修证，但是管子没有成为大圣人，属于贤者；荀子走止观的修证路线，心尚未达真境，故有性恶说；王阳明走格物致知的修行路线，所悟尚浅，以孔子而言，实无物可格。

（三）后人的误解

如姜尚实是儒家。其著作《三略》的上略讲军事，下略讲文治，以中略为核心，中略讲"王道"。天下失道，以武功匡扶之，辅以文治，使天下复归大道。而后人解读《三略》为兵家。

（四）致用之学产生的分支

《易》为心的妙用，道体的变化，运用于医学、技术、天文、武术等。"放之则弥六合，卷之则退藏于密。"至于如今各种琴、棋、书、画等等，皆雕虫小技，实乃文化的枝节而非根本。当然这些学问以"道"统帅之，形成中华文化自己鲜明的特色。

如此等等不能尽述。

三、国学即是以儒家思想为本的精神文明

需要注意的一个问题是，人们讨论儒家，都认为自孔子始，但其实儒家是代表整个中华民族从其起源至今的文化精神的。而在礼崩乐坏的时代，孔子整理并保存了中华文化的整体框架。所以儒门经典都非孔子所创，孔子是述而不作的，儒学即国学。诸子百家皆在文化精神出现偏差时产生的，百家学术皆出自儒家而各有得失。人们将儒家和其他百家并列，但实际上国学当以儒家六经为核心。国学思想博大，短文中不能尽述，如佛教传入中国，成为中华传统文化的一部分，但佛教并非专研世俗伦理的学问，故不属于古代国家的"立国"精神，并非国学。

儒家的根本经典，《尚书》代表古代国家的精神纲领；《礼》代表的是古代国家制度；《乐》《诗》代表以儒家道德伦理为基础的国家文化建设，以备"王"道；《易》讲大道的变化；《春秋》则以《尚书》《周礼》为基础，论治道的得失。儒门的心法大道是《孝经》，圣人"行在《孝经》，而志在《尚书》"。

第二节　国学修证纲要

一、儒家国学文明的教法总纲

"建国君民，教学为先。"为了实现"人人皆为尧舜"的道德理想，需要国家的文明教化。儒家的核心思想是"仁、智"双运。古汉语中"智"通"知"。

（一）以孝道培养仁爱

人的自我改造，培养仁爱、提升智慧，从孝开始。孝就是爱，仁者爱人，"孝弟也者，其为仁之本与"。

（二）推己及人培养平等

儒家怎么培养平等的一面呢？推己及人，由近及远。《尚书·尧典》载："钦、明、文、思、安安，允恭克让，光被四表，格于上下。克明俊德，以亲九族。九族既睦，平章百姓。百姓昭明，协和万邦。"推己及人，由近及远。这是从国家治理方面讲的。

从个人修为上展开，则为"学而时习之，不亦说乎？有朋自远方来，不亦乐乎"。受自己修证德行的感化，使"近者悦""远者来"，最后达到"人不知而不愠，不亦君子乎？"的境界，实现内心的平等。

（三）以礼开展道德教化

通过"礼"实现由因至果，由"有为"至"无为"的道德教化和个人修证。缘人情

而制"礼",依人性而作"仪"。"人情"就是仁爱,君臣、父母、兄弟、朋友、妻子之间的爱。"人性"就是人的贪欲、嗔恨等情绪化、自私的一面。"礼"就是开发人慈爱的一面,摈除人的贪欲等自私的一面,提升智慧和平等。所以,"礼"同时包括了培养仁爱和提升智慧这两个方面的教化功能。

儒家国学的"人身五伦心法大道",即通过忠、孝、悌、信、别,施行君臣、父母、兄弟、朋友、妻子间的平等。其心法就是"诚、敬"。诚即无妄、真,敬即无我、谦。诚敬的极致就是悟道,从而达到"仁智"双运,再上升成为圣人。

圣人为教化百姓而制"礼","建国君民,教学为先"就是"国学"的本意。儒家文化也会嬗变,变成宗法制度。心法大道失去之后,教法无法培养人的仁爱和智慧,就变成束缚人的绳索。所以,法久成弊,"五帝不同乐,三王不同礼",礼乐随时代而变,孔子所强调的《周礼》为周公所创。

二、国学修证纲要的具体内容

个人道德修证的内容包括在国家文明的教育大纲里。"钦、明、文、思、安安,允恭克让,光被四表,格于上下。克明俊德,以亲九族。九族既睦,平章百姓。百姓昭明,协和万邦。"这段话基本概括了中国文化的精神,也包括了个人国学修证的简略纲要。

(一) 个人修证

"钦"即敬,心清净而无我。"明"指心中的光明、真心。佛教、道教指开悟本心。"文"即条理,心得本则不乱。"思"即心无杂念,思顺天理。"安安"指安其所安,安心、安身,安己、安人,修己以安人。

(二) 安人

"允恭克让"中允即信,心诚信,并取信于人;恭即敬、无我;克即能;让即利他。"光被四表,格于上下"指心中的光明遍及上下四方,此处指爱心,也包括了平等心。"克明俊德,以亲九族"中俊的本义是顶级、超群。个人的道德修证如果实现"九族亲睦",则达到"近者悦"的境界。

(三) 治国

"九族既睦,平章百姓"指个人的道德达到"远者来"的境界。

(四) 安天下

"百姓昭明,协和万邦"中昭即光明,协和万邦即实现世界大同的社会理想。

《尚书·尧典》里的以上内容,论述的是帝尧从"近悦远来"到成为"协和万邦"的王者的个人修证过程。对于一般的人来讲,修证的主要目的是达到"心"王,实现心的自由,而非外在的王者。个人的基本生活遵循素位而行的原则,担负起社会生活的本职责任。个人由凡入圣的修证过程深密而悠远,非简短文字所能叙述完整。孔子一生教学资料的总结包括两部分:一部分是前述儒家国学的思想体系,而另一部分就是关于个人国学修证的心法纲要——《论语》。虽然国学思想体系里也包括了个人修证的内容,国学修证纲要里也包括有国学思想体系的论述,然而各有侧重。《论语》单提心法,以修心为纲。

第三节　研读《论语》的方法

儒家国学修证的心法纲要既然包括在《论语》里,那么认真研读《论语》就十分有必要。《论语》因收集孔子的言论和孔子与弟子等的对话而成书,故而儒生如果不能体道,容易将《论语》逐句解读,失去学问的体系。这是《论语》里的国学修证纲要久久不能显明的原因之一。

个人愚见,读《论语》当有三法:一是先明儒家学说体系,得道体之大全,再读《论语》,可窥全貌;二是结合现代科学研究法及成果,可见《论语》在现代文化建设中的地位和作用,"为道日损"乃东方人治学之法,"为学日益"为现代科学治学之法,如何"损""益",心当自明;三是承上二法,再以《论语》之全文作一篇文章读,以《论语》之各篇分别作一篇文章读,由大及小,再由小及大,慎思明辨,其义自现。

《论语》共二十篇,关于其全篇结构及思想主旨无人详加研究。每篇以第一句话的前两字为篇名,注者多认为其篇名取前二字仅为方便,别无他意。亦有人认为二十篇为一有结构、有条理之整体,但并未指出其结构、条理之所在。多数人仅认为此为孔门弟子选编孔子言行之语录,虽有条理,但文句次序未必有深意。

对《论语》篇章结构研究不深,实是中国文化之憾事。因为,这一方面忽略了《论语》的文学价值,另一方面对《论语》的理解多偏向于寻章摘句式的个人生活经验的点滴体悟,却忽略了儒家学说的整体架构。

从文学价值而言,《论语》全篇构思之巧,布局谋篇之高妙,在中国文学史上亦应有重要地位。从儒学思想价值体系而言,《论语》全篇有系统、有条理地论述了儒家学说的目的、修学次第、核心价值观念及其体系,并隐含了孔子的个人生平。这种系统性和条理性一直未被认真研究,所以人们解读《论语》时仅偏重于寻章摘句、旁征博引式的点滴感悟,只见树木而不见森林。

一直没有人认真研究《论语》的思想体系大概有四个原因:一是儒门弟子为重视孔子的言行,在孔子的每句话前都加了"子曰",在形式上好像每句话都是独立的,实际上整篇文章有系统的条理和鲜明的中心思想。二是二十篇的各篇并未再分条目,只以独立的文句简单排列,中间没有文句连接,很难让人认为是连贯的文章。三是中国百家学术的追求皆在于道,而"道"超越了逻辑上的是与非、主观与客观的二元对立,在语言上都是随顺事相的随机指示,而非概念上的直接表达,如果没有人指点,很难自己领悟。四是与中国文化的传承方式有关。中国文化对开发人的仁爱、提升人的智慧的最终结果有极高的要求,也就是要达到"道"的层面,而这是离不开师父的指导的。"三王四代唯其师",道是非师不传的。所谓"师道",无师不成道。所谓"有缘者得,无心者会",直接的概念表达是毫无意义的。所以,《论语》的教法和修证体系在明理的师徒之间应该是一对一的传承。

既然如此,要弄清《论语》全篇结构与思想应先将《论语》中独立语句前的"子曰"忽略掉,从整体到局部,再从局部到整体反复认真阅读,就不难发现其文章层次。但是,对于个人修证而言,因为道本无言,是师父随机指示的,这个场景和机缘对理解每一句话的真实含义是非常重要的,所以,在个人修习时笔者仍然建议保留《论语》原来的文句,一字不可更改。因为一旦改动,随着时代的变迁,道学日衰,文义就更加众说纷纭了。另外,儒家经典的话一定要观察是从国家治理、教化众生、个人修证这三个方面的哪一个方面入手讲的,因为这三个方面结合起来才是儒学的整体。

如上详加研究,就会发现《论语》二十篇各篇都是一独立文章,有清晰的段落和层次,而二十篇整体又是一篇大文章。整部《论语》包括了儒家的学说体系、修学次第和政治理想,同时也隐含了孔子的个人生平和评价。各篇取第一句话前两字为篇名,而该句话基本上概括了本章的主旨或作为引出主旨的话题。各篇的文章结构有先总论后分论,有并列,有先分论后总论以及先分论再最后总结等模式。

有人会说,既然是道法传承的关系,不宜用概念性的表达,会者自会,又何必分段多此一举呢? 答曰:时代的需要。今日科技发达,道学衰微,如果文化传承仍然沿袭师徒口头秘传的方式,则儒法将绝。而且今日亦非帝制时代,"王道"亦非不可公开讨论的话题。道是天下的大道,孔子虽未明说,可也是公然授徒的,有何避讳的必要。以现在的学术思维理解,"王道"就是指古代国家的宪法精神。儒学既然是致用之学,在现今时代,其修证体系已经不可能按古代的方式传承了,所以,笔者就抛砖引玉,直述其义。

《论语》即孔子与弟子的论道之语。为什么不说"道"字呢? 道不可论,不可说。可说者,因机示教,因指见月。故《论语·述而》曰:"不愤不启,不悱不发,举一隅,不以三隅反,则不复也。"《论语·述而》中孔子自称为"述而不作",述先王之道,无所创新。道,没有可以创新的内容。

第二章

儒 门 教 法

《论语》共二十篇,前十篇讲述儒家国学修证的教法,从《学而》始至《乡党》终,讲述达到"内圣"人格的学习过程。第十篇《乡党》主要通过孔子的衣、食、住、行等表明了教法的果德,即圣人的形象。内圣为心,外王为用,依教奉行,内外无别,即儒行。《乡党》篇以子路悟道结束,代表了教法的完成。

第一节　君子立身修证心要:《学而》篇第一

《论语》第一篇为《学而》,论述儒家学习的目的是达到仁,包括本体的道及其妙用,学习的内容是以孝悌为本的礼,并讲述了学习的次第和方法。

一、修学的内容及次第

(一)修学的次第

子曰:"学而时习之,不亦说乎? 有朋自远方来,不亦乐乎? 人不知而不愠,不亦君子乎?"

学习的次第体现为个人的德行,由"近者悦"至"远者来",最后达到"人不知而不愠"的君子境界。

(二)修学的内容

有子曰:"其为人也孝弟,而好犯上者,鲜矣。不好犯上而好作乱者,未之有也。君子务本,本立而道生。孝弟也者,其为仁之本与?"子曰:"巧言令色,鲜矣仁!"曾子曰:"吾日三省乎吾身:为人谋而不忠乎? 与朋友交而不信乎? 传不习乎?"

修学的内容是以孝悌为本的人身五伦心法大道,包括君臣、父子、兄弟、朋友、妻子五伦,其心法分别是忠、孝、悌、信、别。五伦心法以仁爱为本,其行法是礼,其存心是诚敬。心如诚敬则无妄,做到无我而专一,则去道不远。

五伦心法成则近者悦。

（三）修学的外用——为政

子曰："道千乘之国,敬事而信,节用而爱人,使民以时。"子曰："弟子入则孝,出则弟,谨而信,泛爱众而亲仁,行有余力,则以学文。"

个人的德行能够感化远方之人,有"远者来"才能有教化之事,才能谈为政。所以,德行是古代为政者必须具备的基本素质。而教化的根本是仁德,"行有余力,则以学文",文化事业是细枝末节。

二、孝道的心法——诚敬

子夏曰："贤贤易色,事父母,能竭其力。事君,能致其身。与朋友交,言而有信。虽曰未学,吾必谓之学矣。"子曰："君子不重则不威,学则不固。主忠信。无友不如己者。过则勿惮改。"

贤人之贤,而易其好恶之心,好善而有诚。色,颜色,容色之好恶。重,厚重,主内心;威,威严,主外容,内外一致,表里如一。

仁爱的核心是诚敬,诚敬即心无我而专一。心内无思虑亦无忧惧,外不妄求,则达平等之境。"主忠信",对每一个朋友都如此,都一样忠诚、守信。

三、孝道之外用

曾子曰："慎终追远,民德归厚矣。"子禽问于子贡曰："夫子至于是邦也,必闻其政。求之与? 抑与之与?"子贡曰："夫子温、良、恭、俭、让以得之。夫子之求之也,其诸异乎人之求之与?"

子曰："父在,观其志。父没,观其行。三年无改于父之道,可谓孝矣。"

有子曰："礼之用,和为贵。先王之道斯为美。小大由之,有所不行。知和而和,不以礼节之,亦不可行也。"有子曰："信近于义,言可复也。恭近于礼,远耻辱也。因不失其亲,亦可宗也。"

孝道教化的成功体现为厚德载物,实现家庭和睦、社会和谐、国家安定,其核心即"和",人心"和"。

四、孝道的行法

子曰："君子食无求饱,居无求安。敏于事而慎于言,就有道而正焉。可谓好学也已。"

践行孝道的心法是素位而行,无忧无惧,不愿乎外。立足本位责任、本职工作,内无忧患和恐惧,外无贪欲,无非分之想,则何求之有? 慎言慎行,践行正道,就是好学君子。

子贡曰："贫而无谄，富而无骄，何如？"子曰："可也。未若贫而乐，富而好礼者也。"子贡曰："《诗》云：'如切如磋，如琢如磨。'其斯之谓与？"子曰："赐也，始可与言诗已矣！告诸往而知来者。"

外无谄就是无求，然内心未必无忧，乐则无忧矣；不自傲未必能敬人，好礼则仁爱、诚敬皆备矣。文以载道，借诗以明道也，通《诗经》。

子曰："不患人之不己知，患不知人也。"

"患不知人者"，欲知人而安之，指君子的仁爱之心。"不患人之不己知"与《论语》最后一篇《尧曰》的最后一句"不知命无以为君子"相照应。"患人之不己知"，恐人不知道自己的德行。君子但立身行道，一切皆命中本具，则何惧之有、何患之有？

心乎爱矣，素位而行，存于诚敬。外不妄求，内无忧惧，心地渐渐清明，如此则离道不远，最终达到无思无虑的状态。心地清明而无思虑，还有何道可求？得道君子，知人安人，故"不患人之不己知，患不知人也"。

此文结构先总论、再分论、最后总结。"不患人之不己知，患不知人也"与篇首"人不知而不愠，不亦君子乎"又相互照应。

此篇为孔门所传儒法总纲，如百川之归海，总摄儒家六经心要，切勿等闲视之。

第二节　社会教化的纲领

国学修证纲要的导引部分已经提到过仁爱和平等。"建国君民，教学为先"，儒家这一套学问是古代的立国之学，就是国学。人人可以为尧舜，但是在成为尧舜的过程中，每个人既是受教育者，又是教育者。治理国家遵照伦理的道德原则，治国、教民、天下归仁。所以，作为教法，它自然是站在国家层面来论述的，"民可，使由之；不可，使知之"。教化的根本目的是提升人的道德和智慧水准。当然，人们也在"为政"的实践中，检验并提高自己的道德和智慧。所以，儒门教法的整体就包括三部分：一是"为政"的原则和根本；二是教化的工具，以德为基础的礼制；三是治理国家的最终目标，天下归仁，实现仁爱、平等的大同世界理想。而教法的整体以孝为基础展开。

一、以德治世，《为政》篇第二

此篇讲述"为政"的基本原则——"德"。当然，这道、德、仁、义，本来是无话可说的。比如这"道"就包括了仁爱、平等的极则,实在是无可言说。但是,在"道"指道路时,不得不有所言说。这"德"字也包括了本体的道和道德的妙用——仁爱。就究竟的意义而言,道、德、仁、义的每一个字都既能表达"果",也能够表达"因"。如果表达"果",那它们的意思就是一样的;如果表达因,那它们就有差别。

(一)"为政"的基本原则是"德"

> 子曰:"为政以德,譬如北辰,居其所,而众星共之。"子曰:"《诗》三百篇,一言以蔽之,曰:'思无邪'。"子曰:"道之以政,齐之以德,民免而无耻。道之以德,齐之以礼,有耻且格。"

"政"者"正"也,平等、公正。

(二)德的基本内涵,"孝""顺"与"诚""敬"

"孝"就是仁爱,随"顺"他人就是无我。存诚敬,思无邪,即专一其心。孝顺、诚敬就是正心,缺一不可。德是原则、手段,又是目的。如果心存仁爱,诚敬待人,无我而专一,久久就可"悟道",由原则而达目的。所以,《六祖坛经》里,六祖大师云:

> 心平何劳持戒,行直何用修禅。
> 恩则孝养父母,义则上下相怜。
> 让则尊卑和睦,忍则众恶无喧。
> 若能钻木出火,淤泥定生红莲。
> 苦口的是良药,逆耳必是忠言。
> 改过必生智慧,护短心内非贤。
> 日用常行饶益,成道非由施钱。
> 菩提只向心觅,何劳向外求玄。
> 听说依此修行,天堂只在目前。

如果比较一下《论语》里的以下内容,就能明白二者的说法是一样的:

> 子曰:"吾十有五而志于学,三十而立,四十而不惑,五十而知天命,六十而耳顺,七十而从心所欲不逾矩。"

> 孟懿子问孝。子曰:"无违。"樊迟御,子告之曰:"孟孙问孝于我,我对曰无违。"樊迟曰:"何谓也?"子曰:"生,事之以礼,死,葬之以礼,祭之以礼。"孟武伯问孝。子曰:"父母,唯其疾之忧。"子游问孝。子曰:"今之孝者,是谓能养,至于犬马,皆能有养,不敬,何以别乎?"子夏问孝。子曰:"色难。有事,弟子服其劳,有酒食,先生馔,曾是以为孝乎?"子曰:"吾与回言终日,不违如愚,退而省其私,亦足以发。回也不愚。"子曰:"视其所以,观其所由,察其所安,人焉廋哉?人焉廋哉?"

此段讲孝、顺、诚、敬。这里无违就是顺；"唯其疾之忧"，就是仁心、诚心和敬心。

（三）"为政"的方法

> 子曰："温故而知新，可以为师矣。"

此处接《学而》篇，"学而时习之"，讲学习的方法。

1. 处事

> 子曰："君子不器。"子贡问君子。子曰："先行其言而后从之。"子曰："君子周而不比，小人比而不周。"

"为政"者要周而不比，广泛听取意见，不可固执己见。如果固执己见，就是"器"，心专注于具体领域，就无法实现平等与公正。

> 子曰："学而不思则罔，思而不学则殆。"子曰："攻乎异端，斯害也已。"子曰："由！诲汝知之乎！知之为知之，不知为不知，是知也。"

不可攻乎异端，这和上文"君子不器"语义相同，不能偏执。学即实践，思即理论，二者要统一。此处仍然是"学而时习之"的发挥。

2. 立身

> 子张学干禄。子曰："多闻阙疑，慎言其余，则寡尤。多见阙殆，慎行其余，则寡悔。言寡尤，行寡悔，禄在其中矣。"

此处在教法之初论述"为政"的工作方法。这只是凡夫学习立身的方法，不是悟道君子真正的立身之道。

3. 化民

> 哀公问曰："何为则民服？"孔子对曰："举直错诸枉，则民服；举枉错诸直，则民不服。"季康子问："使民敬、忠以劝，如之何？"子曰："临之以庄则敬，孝慈则忠，举善而教不能则劝。"或谓孔子曰："子奚不为政？"子曰："书云：'孝乎惟孝，友于兄弟，施于有政。'是亦为政。奚其为为政？"

人与人的一切交往，社会关系的处理都是"为政"，都需要"正心、诚意"。

（四）诚信为本

> 子曰："人而无信，不知其可也。大车无輗，小车无軏，其何以行之哉！"子张问："十世可知也？"子曰："殷因于夏礼，所损益，可知也。周因于殷礼，所损益，可知也。其或继周者，虽百世，可知也。"

"为政以德"，怎么以诚信为本呢？德是内化的，"德充于中，而符应于外"，"符应于外"就是"信"。从个人修养上来讲,信是入道的基础。不相信善恶因果,就谈不上发心学道,这是"内信"。从修道上而言,取信于人,也是存"诚敬"的表现;无信,即无诚敬,无诚、无敬则无忠孝仁爱,故曰:"人而无信,不知其可也。"这是"外信"。制礼定法皆以信为本,存"诚敬"。

> 子曰:"非其鬼而祭之,谄也。"

即非而祭,此心有所求。无欲无求则可,有求则心无"诚敬"矣。

> 见义不为,无勇也。

义而不为,"信"不足也。信不足,则不能学道。不要与不相信因果的人谈"道",徒劳精神。

二、以礼开发民智,《八佾》篇第三

缘人情而制礼,依人性而作仪。人情,就是人仁爱的一面,但要达到"心正"的境界,摈除人的私心杂念,与道相契,就需要"礼"的约束,使心"存诚敬"。所以,制定礼的依据包括了"伦理"和"诚敬",伦理开发人的"仁爱",诚敬提升人的"智慧",除此之外,也考虑执行的难易等因素。当然,站在"道"的层面,从《易》理的角度来看,"礼"即"理",是大道运行的自然法则,简易、变易、不易。简易即"无为"或"顺",自然而包容;变易就是变动不居;不易就是道的本体如如不动。"为政"的原则是德,"为政"的工具是"礼"。"礼"不仅是维持社会秩序的手段,也是开发民智和提升社会道德水平,使天下归仁的教化方法。以德为政,以信为本,民心已附,再以礼教化,则天下一统,皆归于"道"。声之文者为音,通于伦理则为乐,音乐可以正人心,辅教化,故礼不离乐。

(一) 礼的根本和作用

> 孔子谓季氏:"八佾舞于庭,是可忍也,孰不可忍也?"三家者以《雍》彻。子曰:"相维辟公,天子穆穆,奚取于三家之堂?"子曰:"人而不仁,如礼何? 人而不仁,如乐何?"

礼的作用有二:一是个人修证的根本;二是治理国家,维持国家和社会秩序,并教化众生、开发民智。个人修证上,礼法的根本是仁爱。从果的角度而言,仁既包括道的本体,也包括道的外用,即德。如果没有仁爱,仅有礼仪的形式是毫无意义的。反过来,有仁爱而不符合礼仪的形式,那么这仁爱就没有诚敬的态度,心不正,与道是不能相符的。

季氏,即鲁大夫季孙氏。佾是音逸,指舞列,天子八、诸侯六、大夫四、士二。季氏以大夫而僭用天子之乐,孔子言其此事尚忍为之,则何事不可忍为。三家指鲁大夫孟孙、叔孙、季孙之家。《雍》，《周颂》篇名。彻，祭毕而收其俎也。天子宗庙之祭，则歌《雍》以彻，是时三家僭而用之。相，助也。辟公，诸侯也。穆穆，深远之意，天子之容也。此《雍》诗之辞，孔子引之，言三家之堂非有此事，亦何取于此义而歌之乎？

鲁国的卿、大夫不遵礼法，就破坏了国家和社会秩序，也反映了他们自己道德的败坏。

林放问礼之本。子曰："大哉问！礼，与其奢也，宁俭；丧，与其易也，宁戚。"子曰："夷狄之有君，不如诸夏之亡也。"

林放，鲁国人。礼的根本是人的仁爱之心。夷狄有君，虽有礼体但无仁心，仍然不能称文明社会；诸夏即使无君，但人有仁心，仍然是文明的国家。

季氏旅于泰山。子谓冉有曰："女弗能救与？"对曰："不能。"子曰："呜呼！曾谓泰山，不如林放乎？"子曰："君子无所争，必也射乎！揖让而升，下而饮，其争也君子。"

子夏问曰："'巧笑倩兮，美目盼兮，素以为绚兮。'何谓也？"子曰："绘事后素。"曰："礼后乎？"子曰："起予者商也！始可与言诗已矣。"夏礼，吾能言之，杞不足征也；殷礼，吾能言之，宋不足征也。文献不足故也，足则吾能征之矣。

礼，诸侯祭封内山川，季氏祭之，僭也。绘事，绘画之事也。后素，后于素也。绘画之事，谓先以粉地为质，而后施五采，犹人有美质，然后可加文饰，指礼必以仁心为本。

子曰："禘，自既灌而往者，吾不欲观之矣。"或问禘之说。子曰："不知也。知其说者之于天下也，其如示诸斯乎？"指其掌。祭如在，祭神如神在。子曰："吾不与祭，如不祭。"

禘，王者之大祭。灌者，方祭之始，用酒灌地，以降神也。鲁之君臣，当此之时，诚意未散，犹有可观，自此以后，则浸以懈怠而无足观矣。鲁祭非礼，孔子本不欲观，至此而失礼之中又失礼，故发此叹。

王孙贾问曰："与其媚于奥，宁媚于灶，何谓也？"子曰："不然，获罪于天，无所祷也。"

媚，亲顺也。室西南隅为奥。灶者，五祀之一，凡祭五祀，皆先设主而祭于其所。逆理，则获罪于天矣，岂媚于奥灶所能祷而免乎？言但当顺理，非特不当媚灶，亦不可媚于奥。

心无诚敬，礼不循理，则礼崩乐坏。

177

（二）以周礼为本

子曰："周监于二代。郁郁乎文哉，吾从周。"子入大庙，每事问。或曰："孰谓邹人之子知礼乎？入大庙，每事问。"子闻之曰："是礼也。"子曰："射不主皮，为力不同科，古之道也。"子贡欲去告朔之饩羊。子曰："赐也，尔爱其羊，我爱其礼。"

周朝立国有平等、仁爱的盛德，孔子盛赞周德、周礼。

（三）以礼乐以行教化

子曰："事君尽礼，人以为谄也。"定公问："君使臣，臣事君，如之何？"孔子对曰："君使臣以礼，臣事君以忠。"

子曰："关雎，乐而不淫，哀而不伤。"哀公问社于宰我。宰我对曰："夏后氏以松，殷人以柏，周人以栗。曰使民战栗。"子闻之曰："成事不说，遂事不谏，既往不咎。"子曰："管仲之器小哉！"或曰："管仲俭乎？"曰："管氏有三归，官事不摄。焉得俭？""然则管仲知礼乎？"曰："邦君树塞门，管氏亦树塞门。邦君为两君之好，有反坫，管氏亦有反坫。管氏而知礼，孰不知礼？"

子语鲁太师乐，曰："乐其可知也。始作，翕如也。从之，纯如也，皦如也，绎如也，以成。"仪封人请见，曰："君子之至于斯也，吾未尝不得见也。"从者见之。出曰："二三子，何患于丧乎？天下无道也久矣，天将以夫子为木铎。"子谓韶："尽美矣，又尽善也。"谓武："尽美矣，未尽善也。"子曰："居上不宽，为礼不敬，临丧不哀。吾何以观之哉？"

重述礼乐之本为仁，其心为诚敬。

三、治道之果——天下归仁，《里仁》篇第四

（一）仁者安仁

子曰："里仁为美。择不处仁，焉得知？"子曰："不仁者，不可以久处约，不可以长处乐。仁者安仁，知者利仁。"子曰："唯仁者能好人，能恶人。"子曰："苟志于仁矣，无恶也。"

里有两种解释：一是指内部，以仁心为美，凡事的抉择以仁爱为出发点；二是指古代五家为邻，五邻为里，里仁是指君子居住的地方，邻里有仁爱之心。这两种解释在道法上都说得通。道心未坚，身与仁人同处，则道业日进，所谓日新、日新、日日新，此为外仁。道心未坚，安住自己之仁心，无恶人、无恶于人，道业日隆，此为内仁。内外统一，则天下归仁。故，首重君子无终食之间违仁。

道心未坚，勿交邪僻之人，恐随波逐流，流浪而去！用现代的话说，要居住在道

德高尚的社区。然而,高尚社区也不是人人都能居住的,重要的是要时时提醒自己志于仁,心中连不好的念头也不要有,凡事看积极面,充满正能量。

"知"指悟德之真心。"知者利仁",唯仁者可以"知",唯"知者"为真"仁"。致"知"则无私欲,仁心方正。

> 子曰:"富与贵是人之所欲也,不以其道得之,不处也。贫与贱是人之所恶也,不以其道得之,不去也。君子去仁,恶乎成名? 君子无终食之间违仁,造次必于是,颠沛必于是。"

> 子曰:"我未见好仁者恶不仁者。好仁者无以尚之,恶不仁者其为仁矣,不使不仁者加乎其身。

恶不仁者,即不仁。

> 有能一日用力于仁矣乎? 我未见力不足者。盖有之矣,我未之见也。"子曰:"人之过也,各于其党。观过,斯知仁矣!"

君子无好恶,一体平等,故君子无党。有党,则反身而观,必有不仁。仁者安仁,心无不仁之见。

(二)知者利仁

> 子曰:"朝闻道,夕死可矣。"子曰:"士志于道,而耻恶衣恶食者,未足与议也。"子曰:"君子之于天下也,无适也,无莫也,义之与比。"

知者,无私欲之真心,无妄也,人无私欲则仁德内充。无适,吾谁适从是也;无莫,不肯也;唯知者能与义比,故知者利仁。

> 子曰:"君子怀德,小人怀土。君子怀刑,小人怀惠。"子曰:"放于利而行,多怨。"

> 子曰:"能以礼让为国乎? 何有? 不能以礼让为国,如礼何?"子曰:"不患无位,患所以立。不患莫已知,求为可知也。"

此段仍是知者利仁的发挥。

(三)忠恕而已

> 子曰:"参乎,吾道一以贯之。"曾子曰:"唯。"子出,门人问曰:"何谓也?"曾子曰:"夫子之道,忠恕而已矣。"子曰:"君子喻于义,小人喻于利。"子曰:"见贤思齐焉,见不贤而内自省也。"

有僧问马祖大师,"和尚为什么说即心即佛?"师云:"为止小儿啼。"僧云:"啼止时如何?"师云:"非心非佛。"曾子答门人曰:"忠恕而已。""而已",就是止小儿啼。到底何谓"一以贯之"呢? 非一非二……

（四）孝顺为本

子曰："事父母几谏，见志不从，又敬不违，劳而不怨。"子曰："父母在，不远游，游必有方。"子曰："三年无改于父之道，可谓孝矣。"子曰："父母之年，不可不知也。一则以喜，一则以惧。"子曰："古者言之不出，耻躬之不逮也。"子曰："以约失之者鲜矣。"

孝为仁爱之德，顺可至知。故"孝""顺"二字，大道备矣。

子曰："君子欲讷于言而敏于行。"

行胜于言。

（五）量力而行

子曰："德不孤，必有邻。"子游曰："事君数，斯辱矣。朋友数，斯疏矣。"

事君谏不行，则当去；导友善不纳，则当止。言者轻，听者厌。求荣而反辱；求亲而反疏。

第三节 发心和修道

一、发心，《公冶长》篇第五

发心学道为君子。此篇述君子的人格，发心学道，无欲则刚，最后成为"仁者"的修行目标。

（一）发心为本

子谓公冶长，"可妻也。虽在缧绁之中，非其罪也"。以其子妻之。子谓南容，"邦有道，不废；邦无道，免于刑戮"。以其兄之子妻之。

《诗》云："白圭之玷，尚可磨也；斯言之玷，不可为也！"南容三复白圭，孔子赞其德行。

子谓子贱，"君子哉若人！鲁无君子者，斯焉取斯？"子贡问曰："赐也何如？"子曰："女器也。"曰："何器也？"曰："瑚琏也。"或曰："雍也，仁而不佞。"子曰："焉用佞？御人以口给，屡憎于人。不知其仁，焉用佞？"子使漆雕开仕。对曰："吾斯之未能信。"子说。道不行，乘桴浮于海。从我者其由与？子路闻之喜。子曰："由也好勇过我，无所取材。"

凡夫发心为有为之心；圣者发心为真心、无为之心。不知其仁，则无真心。好勇而无真仁，信道而不得道。故子路信道而追随孔子，因未得道，故无所取材。

（二）为政为用

孟武伯问："子路仁乎？"子曰："不知也。"又问。子曰："由也，千乘之国，可使治其赋也，不知其仁也。""求也何如？"子曰："求也，千室之邑，百乘之家，可使为之宰也，不知其仁也。""赤也何如？"子曰："赤也，束带立于朝，可使与宾客言也，不知其仁也。"

子谓子贡曰："女与回也孰愈？"对曰："赐也何敢望回。回也闻一以知十，赐也闻一以知二。"子曰："弗如也！吾与女弗如也。"

仁心不能以外相观，未得真心，虽有事功，终是妄念，"不知其仁"。故，唯颜回为真仁者。

（三）无欲则刚

宰予昼寝。子曰："朽木不可雕也，粪土之墙不可圬也，于予与何诛。"子曰："始吾于人也，听其言而信其行；今吾于人也，听其言而观其行。于予与改是。吾未见刚者。"或对曰："申枨。"子曰："枨也欲，焉得刚？"

子贡曰："我不欲人之加诸我也，吾亦欲无加诸人。"子曰："赐也，非尔所及也。"

子贡曰："夫子之文章，可得而闻也，夫子之言性与天道，不可得而闻也。"

性与天道，夫子亦不可得而闻也，何况子贡？

（四）以仁为归

子路有闻，未之能行，唯恐有闻。子贡问曰："孔文子何以谓之文也？"子曰："敏而好学，不耻下问，是以谓之文也。"子谓子产，"有君子之道四焉：其行己也恭，其事上也敬，其养民也惠，其使民也义。"子曰："晏平仲善与人交，久而敬之。"子曰："臧文仲居蔡，山节藻棁，何如其知也？"子张问曰："令尹子文三仕为令尹，无喜色；三已之，无愠色。旧令尹之政，必以告新令尹。何如？"子曰："忠矣。"曰："仁矣乎？"曰："未知，焉得仁？""崔子弑齐君，陈文子有马十乘，弃而违之。至于他邦，则曰：'犹吾大夫崔子也。'违之。之一邦，则又曰：'犹吾大夫崔子也。'违之。何如？"子曰："清矣。"曰："仁矣乎？"曰："未知，焉得仁？"

无欲则刚。无忧无惧，无思无虑，心地清明则真知现。真知现则仁爱之心方可达平等，此乃凡圣之别也。故凡夫之爱未达真知，则不可称"仁"，故曰："未知，焉得仁？"凡夫为政，虽有小功，亦不可谓仁。圣人无功，亦可称"仁"。"仁"者，平等之爱,唯得道者方可谓"仁人"。

> 季文子三思而后行。子闻之,曰:"再,斯可矣。"子曰:"宁武子邦有道则知,邦无道则愚。其知可及也,其愚不可及也。"子在陈曰:"归与!归与!吾党之小子狂简,斐然成章,不知所以裁之。"

弟子不明道法,孔子忧心。

(五) 人生当发心学道

> 子曰:"伯夷叔齐,不念旧恶,怨是用希。"子曰:"孰谓微生高直? 或乞醯焉,乞诸其邻而与之。"子曰:"巧言令色,足恭,左丘明耻之,丘亦耻之。匿怨而友其人,左丘明耻之,丘亦耻之。"

> 颜渊、季路侍。子曰:"盍各言尔志?"子路曰:"愿车马、衣轻裘,与朋友共。敝之而无憾。"颜渊曰:"愿无伐善,无施劳。"子路曰:"愿闻子之志。"子曰:"老者安之,朋友信之,少者怀之。"

> 子曰:"已矣乎! 吾未见能见其过而内自讼者也。"子曰:"十室之邑,必有忠信如丘者焉,不如丘之好学也。"

孔子鼓励弟子以学道为本! 学道之首在发心。

二、修道,《雍也》篇第六

发心学道就开始了"内圣"的人格培养。安住本心,其妙用则可实现"外王",故有"雍也可使南面"。简即简易,心不动也,《雍也》篇讲仁心之妙用。但这只是在妙用上达到仁的要求,"可使南面",如果"依于仁、进于道"才能真正成为"圣人"。故此篇继发心之后讲修道。

(一) 不动与无为

> 子曰:"雍也可使南面。"仲弓问子桑伯子,子曰:"可也简。"仲弓曰:"居敬而行简,以临其民,不亦可乎? 居简而行简,无乃大简乎?"子曰:"雍之言然。"

> 哀公问:"弟子孰为好学?"孔子对曰:"有颜回者好学,不迁怒,不贰过。不幸短命死矣! 今也则亡,未闻好学者也。"

雍达不动之境,然心有凝滞,未若颜回之无为。

(二) 明道与修道

> 子华使于齐,冉子为其母请粟。子曰:"与之釜。"请益。曰:"与之庾。"冉子与之粟五秉。

釜,六斗四升。庾,十六斗。秉,十六斛。

子曰："赤之适齐也,乘肥马,衣轻裘。吾闻之也,君子周急不继富。"原思为之宰,与之粟九百,辞。子曰："毋!以与尔邻里乡党乎!"

五家为邻,二十五家为里,万二千五百家为乡,五百家为党。

以上弟子皆未达仁义之境,心有偏私,处事不当。

子谓仲弓曰："犁牛之子骍且角,虽欲勿用,山川其舍诸?"

犁,杂文。骍,赤色。周人尚赤,牲用骍。角,角周正,中牺牲也。用,用以祭也。山川,山川之神也。

人达仁义之境,处事方能得当,则天生我"材",必有其用。悟道君子,是真人"材"。人虽不用,神必不舍。

子曰："回也其心三月不违仁,其余则日月至焉而已矣。"

日月至焉,一日一月,忽然契合,此为明道。三月不违,此为修道。从心所欲而不逾矩,方为得道。

(三) 修道为本

季康子问："仲由可使从政也与?"子曰："由也果,于从政乎何有?"曰:"赐也,可使从政也与?"曰:"赐也达,于从政乎何有?"曰:"求也,可使从政也与?"曰:"求也艺,于从政乎何有?"季氏使闵子骞为费宰。闵子骞曰:"善为我辞焉。如有复我者,则吾必在汶上矣。"

以修道为本,非以从政为本。奉献于社会,乃无为之道,不可求。

伯牛有疾,子问之,自牖执其手,曰:"亡之,命矣夫!斯人也而有斯疾也!斯人也而有斯疾也!"

子曰:"贤哉,回也!一箪食,一瓢饮,在陋巷。人不堪其忧,回也不改其乐。贤哉,回也!"

冉求曰:"非不说子之道,力不足也。"子曰:"力不足者,中道而废。今女画。"

子谓子夏曰:"女为君子儒,无为小人儒。"

君子之儒,以道为本;小人之儒,以名利为本。

(四) 立身处事,文质彬彬

子游为武城宰。子曰:"女得人焉尔乎?"曰:"有澹台灭明者,行不由径。非公事,未尝至于偃之室也。"

此处讲正心。澹台,姓,名灭明,字子羽。径,路之小而捷者。公事,如饮射读法之类。不由径，则动必以正，无见小欲速之意。非公事不见邑宰，则其有以自守，无枉己殉人之私。

> 子曰："孟之反不伐，奔而殿。将入门，策其马，曰：'非敢后也，马不进也。'"

这一段强调诚意。孟之反，鲁大夫，名侧。伐，夸功也。奔，败走也。军后曰殿。策，鞭也。战败而还，以后为功。反奔而殿，故以此言自掩其功也。

> 子曰："不有祝鲍之佞，而有宋朝之美，难乎免于今之世矣。"子曰："谁能出不由户？何莫由斯道也！"

祝，宗庙之官。鲍，卫大夫，字子鱼，有口才。朝，宋公子，有美色。衰世好谀悦色，正道直行难。

> 子曰："质胜文则野，文胜质则史，文质彬彬，然后君子。"子曰："人之生也直，罔之生也幸而免。"子曰："知之者不如好之者，好之者不如乐之者。"子曰："中人以上，可以语上也；中人以下，不可以语上也。"

君子要文质相符，表里如一。

（五）修道之果，仁知"双运"

> 樊迟问知。子曰："务民之义，敬鬼神而远之，可谓知矣。"

远鬼神，则心中无鬼神，心无忧。敬鬼神是世上有鬼神，不可不敬。心存诚敬，无忧无惧，则与道合，非知而何？

> 问仁。曰："仁者先难而后获，可谓仁矣。"子曰："知者乐水，仁者乐山；知者动，仁者静；知者乐，仁者寿。"子曰："齐一变，至于鲁；鲁一变，至于道。"子曰："觚不觚，觚哉！觚哉！"

觚，音孤，指棱，或曰酒器，或曰木简，皆器之有棱者也。不觚者，盖当时失其制而不为棱也。觚哉！觚哉，言不得为觚也。

> 宰我问曰："仁者，虽告之曰：'井有仁焉。'其从之也？"子曰："何为其然也？君子可逝也，不可陷也；可欺也，不可罔也。"

逝，谓使之往救。罔，谓昧。

> 子曰："君子博学于文，约之以礼，亦可以弗畔矣夫！"子见南子，子路不说。

南子，卫灵公之夫人。孔子至卫，南子请见，孔子辞谢，不得已而见之。盖古者仕于其国，有见其小君之礼。而子路以夫子见此人为辱，故不悦。

夫子矢之曰："予所否者，天厌之！天厌之！"

矢，誓也。

（六）仁者的人格

子曰："中庸之为德也，其至矣乎！民鲜久矣。"子贡曰："如有博施于民而能济众，何如？可谓仁乎？"子曰："何事于仁，必也圣乎！尧舜其犹病诸！"

中庸为德，不可以外相观，如以外相观之，尧舜犹有不足。事功乃因缘成就，有此心，未必能成其事。

夫仁者，己欲立而立人，己欲达而达人。能近取譬，可谓仁之方也已。

一心为他人着想，成人之美，此为仁人。

第四节　圣人的教化之道

仁智双运则成为圣人，圣人有教化众生的发心和责任。故自此篇开始阐述圣人的教化之道，包括了言教述内圣之德；行教述外王之用；仁本述无为之道。《述而》篇讲圣人之言教，但实无所言，内修仁德而已；《泰伯》篇讲圣人治世的外王之道，然也并没有什么"道"可言，无为而治，以德为本耳；《子罕》篇讲述孔子的无为之道，无我之境，"毋意，毋必，毋固，毋我"。圣人教化的根本，所谓内充仁德、外示王化、无为为体。

一、言教述内圣之德，《述而》篇第七

道本无形，无可言说，故孔子"述而不作"，无所作也。此处述内圣之德。

（一）述而不作，信而好古

子曰："述而不作，信而好古，窃比我于老彭。"子曰："默而识之，学而不厌，诲人不倦，何有于我哉？"子曰："德之不修，学之不讲，闻义不能徙，不善不能改，是吾忧也。"

子之燕居，申申如也，夭夭如也。子曰："甚矣吾衰也！久矣吾不复梦见周公。"

子曰："志于道，据于德，依于仁，游于艺。"子曰："自行束脩以上，吾未尝无诲焉。"

燕居，闲暇无事之时。申申，容舒。夭夭，色愉。脩，脯也。十脡为束。古者相

见，必执赞以为礼，束脩其至薄者。此处述孔子教化弟子的勤奋态度。

> 子曰："不愤不启，不悱不发，举一隅，不以三隅反，则不复也。"子食于有丧者之侧，未尝饱也。子于是日哭，则不歌。

述孔子教化弟子的方法。

（二）用之则行，舍之则藏

> 子谓颜渊曰："用之则行，舍之则藏，唯我与尔有是夫！"子路曰："子行三军，则谁与？"子曰："暴虎冯河，死而无悔者，吾不与也。必也临事而惧，好谋而成者也。"子曰："富而可求也，虽执鞭之士，吾亦为之。如不可求，从吾所好。"子之所慎：齐，战，疾。

暴虎，徒搏。冯河，徒涉。君子舍之则藏，不会做出暴虎冯河这种事。君子用之则行，合于道，虽执鞭之士也可为之。

齐之为言齐也，将祭而齐其思虑之不齐者，以交于神明也。诚之至。战则众之死生、国之存亡系焉，疾又吾身之所以死生存亡者，不可以不谨。

> 子在齐闻韶，三月不知肉味。曰："不图为乐之至于斯也！"

韶乐合于大道，孔子废寝忘食！

（三）素其位而行，不愿乎外

> 冉有曰："夫子为卫君乎？"子贡曰："诺。吾将问之。"入，曰："伯夷、叔齐何人也？"曰："古之贤人也。"曰："怨乎？"曰："求仁而得仁，又何怨。"出，曰："夫子不为也。"子曰："饭疏食饮水，曲肱而枕之，乐亦在其中矣。不义而富且贵，于我如浮云。"子曰："加我数年，五十以学易，可以无大过矣。"

君子居易以俟命，小人行险以侥幸。

（四）择善而从，显而无隐

> 子所雅言，《诗》、《书》、执礼，皆雅言也。叶公问孔子于子路，子路不对。子曰："女奚不曰，其为人也，发愤忘食，乐以忘忧，不知老之将至云尔。"子曰：我非生而知之者，好古，敏以求之者也。子不语怪、力、乱、神。子曰："三人行，必有我师焉，择其善者而从之，其不善者而改之。"

> 子曰："天生德于予，桓魋其如予何？"

桓魋（音 tuí），宋司马向魋也。出于桓公，故又称桓氏。魋欲害孔子。

> 子曰："二三子以我为隐乎？吾无隐乎尔，吾无行而不与二三子者，是丘也。"

道也者,不可须臾离也,何隐之有!

(五) 为之不厌,诲人不倦

子以四教:文、行、忠、信。

文是言教,行是行教。文、行是表,忠、信是里,文、行以忠、信为心。

子曰:"圣人,吾不得而见之矣,得见君子者,斯可矣。"子曰:"善人,吾不得而见之矣,得见有恒者,斯可矣。亡而为有,虚而为盈,约而为泰,难乎有恒矣。"子钓而不纲,弋不射宿。

子曰:"盖有不知而作之者,我无是也。多闻,择其善者而从之,多见而识之,知之次也。"互乡难与言,童子见,门人惑。

纲,以大绳属网,绝流而渔者也。弋,以生丝系矢而射也。互乡,乡名。其人习于不善,难与言善。

子曰:"与其进也,不与其退也,唯何甚! 人洁己以进,与其洁也,不保其往也。"子曰:"仁远乎哉? 我欲仁,斯仁至矣。"

陈司败问昭公知礼乎? 孔子曰:"知礼。"孔子退,揖巫马期而进之,曰:"吾闻君子不党,君子亦党乎? 君取于吴为同姓,谓之吴孟子。君而知礼,孰不知礼?"巫马期以告。子曰:"丘也幸,苟有过,人必知之。"子与人歌而善,必使反之,而后和之。子曰:"文,莫吾犹人也。躬行君子,则吾未之有得。"子曰:"若圣与仁,则吾岂敢? 抑为之不厌,诲人不倦,则可谓云尔已矣。"公西华曰:"正唯弟子不能学也。"

礼不娶同姓,而鲁与吴皆姬姓。

(六) 君子坦荡荡

子疾病,子路请祷。子曰:"有诸?"子路对曰:"有之。诔曰:'祷尔于上下神祇。'"子曰:"丘之祷久矣。"子曰:"奢则不孙,俭则固。与其不孙也,宁固。"

子曰:"君子坦荡荡,小人长戚戚。"

孙,顺也。固,陋也。

为人坦荡,所以不必祈祷,即无忧亦无惧之义。

子温而厉,威而不猛,恭而安。

言语、形态、诚心,德充于中而符应于外。此句照应述而不作,述而不作是无为之行,此三句体现了圣人之德容。

二、行教述外王之用,《泰伯》篇第八

(一) 无为而治

子曰:"泰伯,其可谓至德也已矣。三以天下让,民无得而称焉。"

三以天下让,示无为之道。

(二) 约之以礼

子曰:"恭而无礼则劳,慎而无礼则葸,勇而无礼则乱,直而无礼则绞。君子笃于亲,则民兴于仁,故旧不遗,则民不偷。"

总述礼之功用,君子行必据礼。

曾子有疾,召门弟子曰:"启予足,启予手。《诗》云:'战战兢兢,如临深渊,如履薄冰。'而今而后,吾知免夫! 小子!"曾子有疾,孟敬子问之。曾子言曰:"鸟之将死,其鸣也哀,人之将死,其言也善。君子所贵乎道者三:动容貌,斯远暴慢矣;正颜色,斯近信矣;出辞气,斯远鄙倍矣。笾豆之事,则有司存。"曾子曰:"以能问于不能,以多问于寡,有若无,实若虚,犯而不校,昔者吾友,尝从事于斯矣!"曾子曰:"可以托六尺之孤,可以寄百里之命,临大节而不可夺也,君子人与? 君子人也。"曾子曰:"士不可以不弘毅,任重而道远。仁以为己任,不亦重乎? 死而后已,不亦远乎?"

此段讲曾子遵礼。礼以布德,君子以弘道为己任,不可不遵礼。如宗教戒律,法师传教,不守戒律,何能取信于人!

(三) 文教之成

子曰:"兴于诗,立于礼,成于乐。"子曰:"民可,使由之;不可,使知之。"子曰:"好勇疾贫,乱也。人而不仁,疾之已甚,乱也。"子曰:"如有周公之才之美,使骄且吝,其余不足观也已。"

诗言志,为口德;礼为行,为外显之德;乐合于心。三者合一,则文艺与道德合一,身、口、意合一。然而,总以仁心为本。

(四) 人生的选择

子曰:"三年学,不至于毂,不易得也。"笃信好学,守死善道。危邦不入,乱邦不居。天下有道则见,无道则隐。邦有道,贫且贱焉,耻也;邦无道,富且贵焉,耻也。

行藏用舍,无为之道。

不在其位,不谋其政。

素其位而行,不愿乎其外。

　师挚之始,关雎之乱,洋洋乎! 盈耳哉。子曰:"狂而不直,侗而不愿,悾悾而不信,吾不知之矣。"子曰:"学如不及,犹恐失之。"

以道为贵!

(五) 圣人之治

　子曰:"巍巍乎! 舜禹之有天下也,而不与焉。"子曰:"大哉,尧之为君也! 巍巍乎! 唯天为大,唯尧则之。荡荡乎! 民无能名焉。巍巍乎! 其有成功也;焕乎,其有文章! 舜有臣五人而天下治。"武王曰:"予有乱臣十人。"孔子曰:"才难,不其然乎? 唐虞之际,于斯为盛。有妇人焉,九人而已。三分天下有其二,以服事殷。周之德,其可谓至德也已矣。"子曰:"禹,吾无间然矣。菲饮食,而致孝乎鬼神;恶衣服,而致美乎黻冕;卑宫室,而尽力乎沟洫。禹,吾无间然矣。"

礼运即国运,圣治即德治。

三、仁本述无为之道,《子罕》篇第九

圣人无私欲,故不言利;不言利则不妄求;不妄求则听从命运的安排,所谓居易以俟命。修为至此,除了仁爱之心,再也没有别的追求了。

(一) 以仁为本

　子罕言利,与命,与仁。达巷党人曰:"大哉孔子! 博学而无所成名。"子闻之,谓门弟子曰:"吾何执? 执御乎? 执射乎? 吾执御矣。"子曰:"麻冕,礼也,今也纯,俭,吾从众;拜下,礼也,今拜乎上,泰也,虽违众,吾从下。"

俗语有"入乡随俗"一语,无害于义,则可随俗;害于义,则不可随俗。

(二) 无我之境

　子绝四:毋意,毋必;毋固,毋我。子畏于匡。曰:"文王既没,文不在兹乎? 天之将丧斯文也,后死者不得与于斯文也;天之未丧斯文也,匡人其如予何?"

　大宰问于子贡曰:"夫子圣者与? 何其多能也?"子贡曰:"固天纵之将圣,又多能也。"子闻之,曰:"大宰知我乎! 吾少也贱,故多能鄙事。君子多乎哉? 不多也。"牢曰:"子云,'吾不试,故艺'。"

　子曰:"吾有知乎哉? 无知也。有鄙夫问于我,空空如也,我叩其两端而竭焉。"

空空,如也,空亦不可得,此处方知孔子是大圣人! 佛法所谓八识清净,如来藏空。此乃无我之境,然亦非境。

(三) 无为之道

子曰:"凤鸟不至,河不出图,吾已矣夫!"

夫子命运不济也。

子见齐衰者、冕衣裳者与瞽者,见之,虽少必作;过之,必趋。

颜渊喟然叹曰:"仰之弥高,钻之弥坚;瞻之在前,忽焉在后。夫子循循然善诱人,博我以文,约我以礼。欲罢不能,既竭吾才,如有所立卓尔。虽欲从之,末由也已。"子疾病,子路使门人为臣。病闲,曰:"久矣哉! 由之行诈也,无臣而为有臣。吾谁欺? 欺天乎? 且予与其死于臣之手也,无宁死于二三子之手乎? 且予纵不得大葬,予死于道路乎?"

夫子虽有至道,而无帝位。

(四) 素位而行

子贡曰:"有美玉于斯,韫匮而藏诸? 求善贾而沽诸?"子曰:"沽之哉! 沽之哉! 我待贾者也。"

韫,藏。匮读音为(kuì),箱子。

子欲居九夷。或曰:"陋,如之何!"子曰:"君子居之,何陋之有?"吾自卫反鲁,然后乐正,雅颂各得其所。子曰:"出则事公卿,入则事父兄,丧事不敢不勉,不为酒困,何有于我哉?"子在川上曰:"逝者如斯夫! 不舍昼夜。"

(五) 自强不息

子曰:"吾未见好德如好色者也。"子曰:"譬如为山,未成一篑。止,吾止也;譬如平地,虽覆一篑,进,吾往也。"子曰:"语之而不惰者,其回也与!"子谓颜渊,曰:"惜乎! 吾见其进也,未见其止也。"子曰:"苗而不秀者有矣夫! 秀而不实者有矣夫!"

子曰:"后生可畏,焉知来者之不如今也? 四十、五十而无闻焉,斯亦不足畏也已。"子曰:"法语之言,能无从乎? 改之为贵。巽与之言,能无说乎? 绎之为贵。说而不绎,从而不改,吾末如之何也已矣。"

巽言者,婉而导之也。绎,寻其绪也。

子曰:"主忠信,毋友不如。"

对每一个朋友都是如此。

己者,过则勿惮改。

诸多版本断句为"主忠信,毋友不如己者,过则勿惮改",义与道违。

(六) 无忧无惧

子曰:"三军可夺帅也,匹夫不可夺志也。"子曰:"衣敝缊袍,与衣狐貉者立,而不耻者,其由也与?'不忮不求,何用不臧?'"子路终身诵之。子曰:"是道也,何足以臧?"子曰:"岁寒,然后知松柏之后凋也。"子曰:"知者不惑,仁者不忧,勇者不惧。"

无思无虑,则更何忧何惧?

子曰:"可与共学,未可与适道;可与适道,未可与立;可与立,未可与权。'唐棣之华,偏其反而。岂不尔思?室是远而。'"子曰:"未之思也,夫何远之有?"

此段叙述修学次第。

偏其反而,翩翩地摇摆。

道不远人,无思无虑,无忧无惧则可入。

文义幽远,曲折往复,勉强罗列文义,可使初学者按图索骥。如有明理者,反复诵读,意义甚明,则不必多此一举。

第五节　教法与修证的结果——儒行,《乡党》篇第十

依教奉行,是谓儒行。何谓教? 仁爱为本、约之以礼、诚敬为心。仁爱为本,本立则道生;约之以礼,心无旁骛,则无忧无惧;诚敬为心,心不离当下,则无思无虑。此礼教之心法大道也,以此行持,必能明道。

此篇也可理解为古代公共关系的礼仪规范。然而,人心惟危,道心惟微;惟精惟一,允执厥中,如有其表而无其里,则为伪君子。

一、儒行

(一) 朝仪

孔子于乡党,恂恂如也,似不能言者。其在宗庙朝廷,便便言,唯谨尔。朝,与下大夫言,侃侃如也;与上大夫言,訚訚如也。君在,踧踖如也。与与如也。君召使摈,色勃如也,足躩如也。揖所与立,左右手。衣前后,襜如也。趋进,翼如也。宾退,必复命曰:"宾不顾矣。"

(二) 行止

入公门，鞠躬如也，如不容。立不中门，行不履阈。过位，色勃如也，足躩如也，其言似不足者。摄齐升堂，鞠躬如也，屏气似不息者。出，降一等，逞颜色，怡怡如也。没阶趋，翼如也。复其位，踧踖如也。执圭，鞠躬如也，如不胜。上如揖，下如授。勃如战色，足缩缩，如有循。享礼，有容色。私觌，愉愉如也。

(三) 衣

君子不以绀緅饰。红紫不以为亵服。当暑，袗绤绤，必表而出之。缁衣羔裘，素衣麑裘，黄衣狐裘。亵裘长，短右袂。必有寝衣，长一身有半。狐貉之厚以居。去丧，无所不佩。非帷裳，必杀之。羔裘玄冠不以吊。吉月，必朝服而朝。齐，必有明衣，布。

(四) 食

齐，必变食，居必迁坐。食不厌精，脍不厌细。食饐而餲，鱼馁而肉败，不食。色恶，不食。臭恶，不食。失饪，不食。不时，不食。割不正，不食。不得其酱，不食。肉虽多，不使胜食气。惟酒无量，不及乱。沽酒市脯不食。不撤姜食。不多食。祭于公，不宿肉。祭肉不出三日。出三日，不食之矣。食不语，寝不言。虽疏食菜羹，瓜祭，必齐如也。

(五) 交往

席不正，不坐。乡人饮酒，杖者出，斯出矣。乡人傩，朝服而立于阼阶。问人于他邦，再拜而送之。康子馈药，拜而受之。曰："丘未达，不敢尝。"

(六) 素其位而行

厩焚。子退朝，曰："伤人乎？"不问马。

(七) 事君

君赐食，必正席先尝之；君赐腥，必熟而荐之；君赐生，必畜之。侍食于君，君祭，先饭。疾，君视之，东首，加朝服，拖绅。君命召，不俟驾行矣。入太庙，每事问。

(八) 交友

朋友死，无所归。曰："于我殡。"朋友之馈，虽车马，非祭肉，不拜。

(九) 荣色

寝不尸，居不容。见齐衰者，虽狎，必变。见冕者与瞽者，虽亵，必以貌。

凶服者式之。式负版者。有盛馔,必变色而作。迅雷风烈,必变。升车,必正立执绥。车中,不内顾,不疾言,不亲指。

二、时哉时哉——子路悟到了什么?

色斯举矣,翔而后集。曰:"山梁雌雉,时哉! 时哉!"子路共之,三嗅而作。

孔子指示子路,子路会心。此段与释迦拈花,迦叶微笑有相通之处。

鸟高飞而止于山丘,犹人之妄心止于礼仪,达无为之境,盛德充于中,而真知现。此非经过者不能知之,然如电光石火,转瞬即逝。此事绝非容易,有时节因缘,故曰:时哉! 时哉! 至此,大道已明,《论语》上半部终。

大道即明,则修身之本已立。到此,儒门教法已经完成。《论语》下半部开始讲悟后真修,是谓行法。

第三章

儒门行法

依教奉行是学道,悟后起修是行道。教法与行法内容并无差别,全在一"心",教法是求仁得仁,而行法是仁者安仁。

第一节 儒门行法的总纲

《先进》篇第十一、《颜渊》篇第十二、《子路》篇第十三,此三篇接《论语》上半部《为政》篇第二、《八佾》篇第三、《里仁》篇第四,上半部讲述教法,故以《为政》始,以《里仁》终。《礼记》曰"三王四代唯其师",教非师不传。教什么呢,内修仁德,外示王化,故以为政始。非天子不制礼,礼仪,今所谓制度,是国家制定的,所以次述八佾。里仁乃教化之果,所以最后讲述。

此下半部讲述行法,从个人修身开始,故先述《先进》篇第十一,讲"礼"。修身从"礼"始,达仁为终,故次讲《颜渊》篇第十二。仁之外用为为政,故最后讲《子路》篇。上半部讲教理,下半部讲行持,明理之后方能如法行持。明理即明道、开悟,故上半部以子路悟道终。行持即悟后真修。仁爱为本、诚敬为心、约之以礼为礼教心法大道。大道即明,悟后真修,全在一个"真"字,诚敬之真心即真诚,即文质相宜,仁者安仁是也。

一、行法的基础"礼",《先进》篇第十一

此篇讲述修身,以"礼"始,述孔门弟子修行,以天下归仁、世界大同为最高理想。

(一) 文质相宜

子曰:"先进于礼乐,野人也;后进于礼乐,君子也。如用之,则吾从先进。"子曰:"从我于陈、蔡者,皆不及门也。"德行:颜渊,闵子骞,冉伯牛,仲弓。言语:宰我,子贡。政事:冉有,季路。文学:子游,子夏。子曰:"回也非助我者也,于吾言无所不说。"子曰:"孝哉闵子骞! 人不间于其父母昆弟之言。"南容

三复白圭,孔子以其兄之子妻之。季康子问:"弟子孰为好学?"孔子对曰:"有颜回者好学,不幸短命死矣! 今也则亡。"

先进后进,言前后。野人,郊外人。后进之于礼乐,文过其质,则虚浮。质过其文则粗野,礼乐之本在导归仁爱、诚敬,虽粗野,然其质朴仍胜虚浮,故"吾从先进"。故知"礼乐"非仪式也,要于仪式中见其"本心"。弟子各有所得,唯颜回文质相宜,不幸早亡,无以传先生之德。

(二) 素位而行

颜渊死,颜路请子之车以为之椁。子曰:"才不才,亦各言其子也。鲤也死,有棺而无椁。吾不徒行以为之椁。以吾从大夫之后,不可徒行也。"

颜渊死。子曰:"噫! 天丧予! 天丧予!"

颜渊死,子哭之恸。从者曰:"子恸矣。"曰:"有恸乎? 非夫人之为恸而谁为!"

颜渊死,门人欲厚葬之,子曰:"不可。"门人厚葬之。子曰:"回也视予犹父也,予不得视犹子也。非我也,夫二三子也。"

文质相宜者何也,进一步引申,"素其位而行,不愿乎外"则可以。颜渊之父、颜渊之门人皆未达此意。

(三) 中庸之道

季路问事鬼神。子曰:"未能事人,焉能事鬼?"敢问死。曰:"未知生,焉知死?"闵子侍侧,訚訚如也;子路,行行如也;冉有、子贡,侃侃如也。子乐。"若由也,不得其死然。"鲁人为长府。闵子骞曰:"仍旧贯,如之何? 何必改作?"子曰:"夫人不言,言必有中。"子曰:"由之瑟奚为于丘之门?"门人不敬子路。子曰:"由也升堂矣,未入于室也。"子贡问:"师与商也孰贤?"子曰:"师也过,商也不及。"曰:"然则师愈与?"子曰:"过犹不及。"

无忧无惧、无思无虑。

文质相宜,素位而行,方合中庸之道,可以求之欤? 非可以求得之,此乃无为之道,无忧无惧、无思无虑乃可也。如加功用则"过犹不及",离道远矣。问鬼神,心有忧,问死有惧。其余訚訚如、行行如等,凡所有相,皆不中的。

(四) 回也其庶乎!

季氏富于周公,而求也为之聚敛而附益之。子曰:"非吾徒也。小子鸣鼓而攻之,可也。"柴也愚,参也鲁,师也辟,由也喭。子曰:"回也其庶乎,屡空。赐不受命,而货殖焉,亿则屡中。"子张问善人之道。子曰:"不践迹,亦不入于室。"

其庶乎,差不多。屡空,则其义深远,是颜回无米下炊呢,还是颜回心空了呢?不知。

　　子曰:"论笃是与,君子者乎? 色庄者乎?"

皆非。

(五) 孔子诱进弟子

　　子路问:"闻斯行诸?"子曰:"有父兄在,如之何其闻斯行之?"冉有问:"闻斯行诸?"子曰:"闻斯行之。"公西华曰:"由也问闻斯行诸,子曰'有父兄在';求也问闻斯行诸,子曰'闻斯行之'。赤也惑,敢问。"子曰:"求也退,故进之;由也兼人,故退之。"子畏于匡,颜渊后。子曰:"吾以女为死矣。"曰:"子在,回何敢死?"季子然问:"仲由、冉求可谓大臣与?"子曰:"吾以子为异之问,曾由与求之问。所谓大臣者:以道事君,不可则止。今由与求也,可谓具臣矣。"曰:"然则从之者与?"子曰:"弑父与君,亦不从也。"子路使子羔为费宰。子曰:"贼夫人之子。"子路曰:"有民人焉,有社稷焉。何必读书,然后为学?"子曰:"是故恶夫佞者。"

不悱不发、不愤不启。

(六) 天下大同

　　子路、曾皙、冉有、公西华侍坐。子曰:"以吾一日长乎尔,毋吾以也。"居则曰:"'不吾知也!'如或知尔,则何以哉?"子路率尔而对曰:"千乘之国,摄乎大国之间,加之以师旅,因之以饥馑;由也为之,比及三年,可使有勇,且知方也。"夫子哂之。"求! 尔何如?"对曰:"方六七十,如五六十,求也为之,比及三年,可使足民。如其礼乐,以俟君子。""赤! 尔何如?"对曰:"非曰能之,愿学焉。宗庙之事,如会同,端章甫,愿为小相焉。"

　　"点! 尔何如?"鼓瑟希,铿尔,舍瑟而作。对曰:"异乎三子者之撰。"子曰:"何伤乎? 亦各言其志也。"曰:"莫春者,春服既成。冠者五六人,童子六七人,浴乎沂,风乎舞雩,咏而归。"夫子喟然叹曰:"吾与点也!"

　　三子者出,曾皙后。曾皙曰:"夫三子者之言何如?"子曰:"亦各言其志也已矣。"曰:"夫子何哂由也?"曰:"为国以礼,其言不让,是故哂之。""唯求则非邦也与?""安见方六七十如五六十而非邦也者?""唯赤则非邦也与?""宗庙会同,非诸侯而何? 赤也为之小,孰能为之大?"

天下大同,人人皆为尧舜,则圣人无所教化,在旅游中享受快乐。这是儒家国学大同世界的理想!

二、行法的果"仁",《颜渊》篇第十二

(一) 仁心

　　颜渊问仁。子曰:"克己复礼为仁。一日克己复礼,天下归仁焉。为仁由己,而由人乎哉?"颜渊曰:"请问其目。"子曰:"非礼勿视,非礼勿听,非礼勿言,非礼勿动。"颜渊曰:"回虽不敏,请事斯语矣。"仲弓问仁。子曰:"出门如见大宾,使民如承大祭。己所不欲,勿施于人。在邦无怨,在家无怨。"仲弓曰:"雍虽不敏,请事斯语矣。"司马牛问仁。子曰:"仁者其言也讱。"曰:"其讱也讱,斯谓之仁已乎?"子曰:"为之难,言之得无讱乎?"司马牛问君子。子曰:"君子不忧不惧。"曰:"不忧不惧,斯谓之君子乎?"子曰:"内省不疚,夫何忧何惧?"司马牛忧曰:"人皆有兄弟,我独亡。"子夏曰:"商闻之矣:死生有命,富贵在天。君子敬而无失,与人恭而有礼。四海之内,皆兄弟也。君子何患乎无兄弟也?"子张问明。子曰:"浸润之谮,肤受之愬,不行焉。可谓明也已矣。浸润之谮肤受之愬不行焉,可谓远也已矣。"

礼者文质相宜,见其本心。本心即仁心,仁者安仁,无忧无惧。克己者,克其思虑、忧惧也;复礼者,合乎中道。中道而行,唯存仁爱,然亦不可强为。克己复礼,无忧无惧,无思无虑,是为仁心。

克己复礼为仁,到此就无话可说了。下面转入仁政的论述,以外相反证其心,表面论为政,实则谈仁德。

(二) 仁政

仁政的三个根本:取信于人,仁心正德,崇德仁贤。政者,正也。

1. 以信为基

　　子贡问政。子曰:"足食。足兵。民信之矣。"子贡曰:"必不得已而去,于斯三者何先?"曰:"去兵。"子贡曰:"必不得已而去,于斯二者何先?"曰:"去食。自古皆有死,民无信不立。"棘子成曰:"君子质而已矣,何以文为?"子贡曰:"惜乎!夫子之说,君子也。驷不及舌。文犹质也,质犹文也。虎豹之鞟,犹犬羊之鞟。"哀公问于有若曰:"年饥,用不足,如之何?"有若对曰:"盍彻乎?"曰:"二,吾犹不足,如之何其彻也?"对曰:"百姓足,君孰与不足?百姓不足,君孰与足?"子张问崇德、辨惑。子曰:"主忠信,徙义,崇德也。爱之欲其生,恶之欲其死。既欲其生,又欲其死,是惑也。'诚不以富,亦只以异。'"

2. 仁心正德

　　齐景公问政于孔子。孔子对曰:"君君,臣臣,父父,子子。"……子曰:"听讼,吾犹人也,必也使无讼乎!"子张问政。子曰:"居之无倦,行之以忠。"子曰:

"君子博学于文,约之以礼,亦可以弗畔矣夫!"子曰:"君子成人之美,不成人之恶。小人反是。"季康子问政于孔子。孔子对曰:"政者,正也。子帅以正,孰敢不正?"季康子患盗,问于孔子。孔子对曰:"苟子之不欲,虽赏之不窃。"……"君子之德风,小人之德草。草上之风,必偃。"……

"夫达也者,质直而好义,察言而观色,虑以下人。在邦必达,在家必达。夫闻也者,色取仁而行违,居之不疑。在邦必闻,在家必闻。"

3. 崇德任贤

子曰:"善哉问!先事后得,非崇德与?攻其恶,无攻人之恶,非修慝与?一朝之忿,忘其身,以及其亲,非惑与?"樊迟问仁。子曰:"爱人。"子曰:"知人。"樊迟未达。子曰:"举直错诸枉,能使枉者直。"……子夏曰:"富哉言乎!舜有天下,选于众,举皋陶,不仁者远矣。汤有天下,选于众,举伊尹,不仁者远矣。"

(三) 以友辅仁

子曰:"忠告而善道之,不可则止,无自辱焉。君子以文会友,以友辅仁。"

三、修行的功用"为政",《子路》篇第十三

《颜渊》篇讲述了仁政的三个根本:取信于人,仁心正德,崇德仁贤。此篇讲述为政的个人操守。

(一) 以身作则,言行一致

子路问政,子曰:"先之、劳之。"请益。曰:"无倦。"仲弓为季氏宰,问政。子曰:"先有司,赦小过,举贤才。曰:"焉知贤才而举之?"子曰:"举尔所知。尔所不知,人其舍诸?"……

子曰:"野哉,由也!君子于其所不知,盖阙如也。名不正,则言不顺;言不顺,则事不成;事不成,则礼乐不兴;礼乐不兴,则刑罚不中;刑罚不中,则民无所措手足。故君子名之必可言也,言之必可行也。君子于其言,无所苟而已矣。"……

子曰:"……上好礼,则民莫敢不敬;上好义,则民莫敢不服;上好信,则民莫敢不用情。夫如是,则四方之民襁负其子而至矣,焉用稼?"子曰:"诵诗三百,授之以政,不达;使于四方,不能专对;虽多,亦奚以为?"子曰:"其身正,不令而行;其不正,虽令不从。"

(二) 以财养民,以德教民

子曰:"鲁卫之政,兄弟也。"子谓卫公子荆:"善居室。始有,曰:'苟合矣。'

少有,曰:'苟完矣。'富有,曰:'苟美矣。'"子适卫,冉有仆。子曰:"庶矣哉!"冉有曰:"既庶矣。又何加焉?"曰:"富之。"曰:"既富矣,又何加焉?"曰:"教之。"子曰:"苟有用我者。期月而已可也,三年有成。"子曰:"善人为邦百年,亦可以胜残去杀矣。诚哉是言也!"子曰:"如有王者,必世而后仁。"子曰:"苟正其身矣,于从政乎何有? 不能正其身,如正人何?"冉子退朝。子曰:"何晏也?"对曰:"有政。"子曰:"其事也。如有政,虽不吾以,吾其与闻之。"

(三) 唯善是从,近悦远来

孔子对曰:"言不可以若是其几也。人之言曰:'为君难,为臣不易。'如知为君之难也,不几乎一言而兴邦乎?"曰:"一言二丧邦,有诸?"孔子对曰:"言不可以若是其几也。人之言曰:'予无乐乎为君,唯其言而莫予违也。'如其善而莫之违也,不亦善乎? 如不善而莫之违也,不几乎一言而丧邦乎?"

叶公问政。子曰:"近者说,远者来。"子夏为莒父宰,问政。子曰:"无欲速,无见小利。欲速则不达。见小利则大事不成。"……孔子曰:"吾党之直者异于是:父为子隐,子为父隐,直在其中矣。"樊迟问仁。子曰:"居处恭,执事敬,与人忠。虽之夷狄,不可弃也。"……子曰:"行己有耻,使于四方,不辱君命,可谓士矣。"曰:"敢问其次。"曰:"宗族称孝焉,乡党称弟焉。"曰:"敢问其次。"曰:"言必信,行必果,硁硁然小人哉! 抑亦可以为次矣。"曰:"今之从政者何如?"子曰:"噫! 斗筲之人,何足算也。"

(四) 中道而行,恒其德心

子曰:"不得中行而与之,必也狂狷乎! 狂者进取,狷者有所不为也。"子曰:"南人有言曰:'人而无恒,不可以作巫医。'善夫! 不恒其德,或承之羞。"子曰:"不占而已矣。"子曰:"君子和而不同,小人同而不和。"子贡问曰:"乡人皆好之,何如?"子曰:"未可也""乡人皆恶之,何如?"子曰:"未可也。不如乡人之善者好之,其不善者恶之。"子曰:"君子易事而难说也。说之不以道,不说也;及其使人也,器之。小人难事而易说也。说之虽不以道,说也;及其使人也,求备焉。子曰:"君子泰而不骄,小人骄而不泰。"子曰:"刚毅、木讷,近仁。"子路问曰:"何如斯可谓之士矣?"子曰:"切切偲偲、怡怡如也,可谓士矣。朋友切切偲偲,兄弟怡怡。"子曰:"善人教民七年,亦可以即戎矣。"子曰:"以不教民战,是谓弃之。"

不恒其德,或承之羞;恒其德心,有始有终。

第二节　人生的进退（儒心），《宪问》篇第十四

教法、行法之后述人生的进退。君子明道之后，人生是唯道是从，行藏用舍，用之则行，舍之则藏。此篇讲君子立身之道，或者说此篇讲述孔子弟子行道也可。

一、人生进退的原则

（一）唯德是从

宪问耻。子曰："邦有道，穀；邦无道，穀，耻也。"

"克、伐、怨、欲不行焉，可以为仁矣？"子曰："可以为难矣，仁则吾不知也。"子曰："士而怀居，不足以为士矣。"子曰："邦有道，危言危行；邦无道，危行言孙。"子曰："有德者必有言。有言者不必有德。仁者必有勇。勇者不必有仁。"

南宫适问于孔子曰："羿善射，奡荡舟，俱不得其死然；禹稷躬稼，而有天下。"夫子不答，南宫适出。子曰："君子哉若人！尚德哉若人！"子曰："君子而不仁者有矣夫，未有小人而仁者也。"子曰："爱之，能勿劳乎？忠焉，能勿诲乎？"

（二）成人之仁

子曰："为命，裨谌草创之，世叔讨论之，行人子羽修饰之，东里子产润色之。"或问子产。子曰："惠人也。"问子西。曰："彼哉！彼哉！"问管仲。曰："人也。夺伯氏骈邑三百，饭疏食，没齿无怨言。"子曰："贫而无怨难，富而无骄易。"子曰："孟公绰为赵魏老则优，不可以为滕薛大夫。"子路问成人。子曰："若臧武仲之知，公绰之不欲，卞庄子之勇，冉求之艺，文之以礼乐，亦可以为成人矣。"曰："今之成人者何必然？见利思义，见危授命，久要不忘平生之言，亦可以为成人矣。"

何谓成人？仁人即成人。仁人难得，退而求其次，见利思义、见危授命，不违初心，可以勉强为成人。

子问公叔文子于公明贾曰："信乎夫子不言、不笑、不取乎？"公明贾对曰："以告者过也。夫子时然后言，人不厌其言；乐然后笑，人不厌其笑；义然后取，人不厌其取。"子曰："其然，岂其然乎？"子曰："臧武仲以防求为后于鲁，虽曰不要君，吾不信也。"

二、在其位,谋其政

子曰:"晋文公谲而不正,齐桓公正而不谲。"子路曰:"桓公杀公子纠,召忽死之,管仲不死。"曰:"未仁乎?"子曰:"桓公九合诸侯,不以兵车,管仲之力也。如其仁! 如其仁!"子贡曰:"管仲非仁者与? 桓公杀公子纠,不能死,又相之。"子曰:"管仲相桓公,霸诸侯,一匡天下,民到于今受其赐。微管仲,吾其被发左衽矣。岂若匹夫匹妇之为谅也,自经于沟渎而莫之知也。"

公叔文子之臣大夫僎,与文子同升诸公。子闻之曰:"可以为文矣。"子言卫灵公之无道也,康子曰:"夫如是,奚而不丧?"孔子曰:"仲叔圉治宾客,祝鮀治宗庙,王孙贾治军旅。夫如是,奚其丧?"子曰:"其言之不怍,则为之也难。"

陈成子弑简公。孔子沐浴而朝,告于哀公曰:"陈恒弑其君,请讨之。"公曰:"告夫三子!"孔子曰:"以吾从大夫之后,不敢不告也。君曰'告夫三子'者。"之三子告,不可。孔子曰:"以吾从大夫之后,不敢不告也。"子路问事君。子曰:"勿欺也,而犯之。"

子曰:"君子上达,小人下达。"子曰:"古之学者为己,今之学者为人。"蘧伯玉使人于孔子。孔子与之坐而问焉,曰:"夫子何为?"对曰:"夫子欲寡其过而未能也。"使者出。子曰:"使乎! 使乎!"

子曰:"不在其位,不谋其政。"曾子曰:"君子思不出其位。"子曰:"君子耻其言而过其行。"

三、不怨天,不尤人

子曰:"君子道者三,我无能焉:仁者不忧,知者不惑,勇者不惧。"子贡曰:"夫子自道也。"子贡方人。子曰:"赐也贤乎哉? 夫我则不暇。"子曰:"不患人之不己知,患其不能也。"子曰:"不逆诈,不亿不信。抑亦先觉者,是贤乎!"

微生亩谓孔子曰:"丘何为是栖栖者与? 无乃为佞乎?"孔子曰:"非敢为佞也,疾固也。"子曰:"骥不称其力,称其德也。"或曰:"以德报怨,何如?"子曰:"何以报德? 以直报怨,以德报德。"子曰:"莫我知也夫!"子贡曰:"何为其莫知子也?"子曰:"不怨天,不尤人。下学而上达。知我者,其天乎!"

四、君子居易以俟命

公伯寮愬子路于季孙。子服景伯以告,曰:"夫子固有惑志于公伯寮,吾力犹能肆诸市朝。"子曰:"道之将行也与? 命也。道之将废也与? 命也。公伯寮其如命何!"子曰:"贤者辟世,其次辟地,其次辟色,其次辟言。"子曰:"作者七人矣。"

五、君子自强而不息

子路宿于石门。晨门曰:"奚自?"子路曰:"自孔氏。"曰:"是知其不可而为之者与?"

子击磬于卫。有荷蒉而过孔氏之门者,曰:"有心哉!击磬乎!"既而曰:"鄙哉!硁硁乎!莫己知也,斯己而已矣。深则厉,浅则揭。"子曰:"果哉!末之难矣。"

六、立于礼

子张曰:"书云:'高宗谅阴,三年不言。'何谓也?"子曰:"何必高宗,古之人皆然。君薨,百官总己以听于冢宰三年。"子曰:"上好礼,则民易使也。"

七、修己以安人

子路问君子。子曰:"修己以敬。"曰:"如斯而已乎?"曰:"修己以安人。"曰:"如斯而已乎?"曰:"修己以安百姓。修己以安百姓,尧舜其犹病诸!"

原壤夷俟。子曰:"幼而不孙弟,长而无述焉,老而不死,是为贼!"以杖叩其胫。

阙党童子将命。或问之曰:"益者与?"子曰:"吾见其居于位也,见其与先生并行也。非求益者也,欲速成者也。"

修己以安人,道业日隆;修己以安百姓,不可求之。无忧无惧、无思无虑,无为之道。

第三节 大 道 之 行

《论语》的《为政》篇第二、《八佾》篇第三、《里仁》篇第四从教法的角度讲述德、礼、仁;《先进》篇第十一、《颜渊》篇第十二、《子路》篇第十三从行法角度谈论礼、仁和为政;《卫灵公》篇第十五、《季氏》篇第十六、《阳货》篇第十七则从孔子修证的果德谈论仁、礼和为政;《述而》篇第七、《泰伯》篇第八、《子罕》篇第九则从孔子的言、行和仁心论述教法和行法。文义循环,然而侧重点和次序各有不同。

君子的人生进退已经明了,但道不远人,无论进退,皆不失其道。从修证的果德谈论仁、礼和为政又暗含了明道君子以仁为本、行必据礼、素位而行的道德操守。教法是学习,行法是修道,大道之行则谈论修证之果,文义互摄,文思高妙。

以下内容亦可与《孝经》的诸侯，卿、大夫，士三部分相互参看。"夫物芸芸，各复归其根"，诸侯之为诸侯、大夫之为大夫、士之为士；教师之为教师，商人之为商人，……天下大道为孝道。《论语》自此进入收尾阶段。

一、诸侯，《卫灵公》篇第十五

此篇以诸侯之德述仁本无为之道。

（一）无为而治

为政以德，譬如北辰。言忠信，行笃敬。

卫灵公问陈于孔子。孔子对曰："俎豆之事，则尝闻之矣；军旅之事，未之学也。"明日遂行。在陈绝粮，从者病，莫能兴。子路愠见曰："君子亦有穷乎？"子曰："君子固穷，小人穷斯滥矣。"

子曰："赐也，女以予为多学而识之者与？"对曰："然。非与？"曰："非也，予一以贯之。"子曰："由！知德者鲜矣。"子曰："无为而治者，其舜也与？夫何为哉，恭己正南面而已矣。"子张问行。子曰："言忠信，行笃敬，虽蛮貊之邦行矣；言不忠信，行不笃敬，虽州里行乎哉？立则见其参于前也；在舆则见其倚于衡也。夫然后行。"子张书诸绅。子曰："直哉史鱼！邦有道，如矢；邦无道，如矢。君子哉蘧伯玉！邦有道，则仕；邦无道，则可卷而怀之。"

（二）宁杀身以成仁

子曰："可与言而不与之言，失人；不可与言而与之言，失言。知者不失人，亦不失言。"子曰："志士仁人，无求生以害仁，有杀身以成仁。"子贡问为仁，子曰："工欲善其事，必先利其器。居是邦也，事其大夫之贤者，友其士之仁者。"颜渊问为邦。子曰："行夏之时，乘殷之辂，服周之冕，乐则韶舞。放郑声，远佞人。郑声淫，佞人殆。"子曰："人无远虑，必有近忧。"子曰："已矣乎！吾未见好德如好色者也。"

（三）义以为质，己所不欲，勿施于人

子曰："臧文仲其窃位者与？知柳下惠之贤，而不与立也。"子曰："躬自厚而薄责于人，则远怨矣。"子曰："不曰'如之何如之何'者，吾末如之何也已矣。"子曰："群居终日，言不及义，好行小慧，难矣哉！"子曰："君子义以为质，礼以行之，孙以出之，信以成之。君子哉！"子曰："君子病无能焉，不病人之不己知也。"子曰："君子疾没世而名不称焉。"子曰："君子求诸己，小人求诸人。"子曰："君子矜而不争，群而不党。"子曰："君子不以言举人，不以人废言。"

子贡问曰："有一言而可以终身行之者乎？"子曰："其恕乎！己所不欲，勿施于人。"子曰："吾之于人也，谁毁谁誉？如有所誉者，其有所试矣。斯民也，三代

之所以直道而行也。"子曰:"吾犹及史之阙文也,有马者借人乘之。今亡矣夫!"

(四) 知之以知,动之以礼,守之以仁

子曰:"巧言乱德,小不忍则乱大谋。"子曰:"众恶之,必察焉;众好之,必察焉。"子曰:"人能弘道,非道弘人。"子曰:"过而不改,是谓过矣。"子曰:"吾尝终日不食,终夜不寝,以思,无益,不如学也。"子曰:"君子谋道不谋食。耕也,馁在其中矣;学也,禄在其中矣。君子忧道不忧贫。"子曰:"知及之,仁不能守之;虽得之,必失之。知及之,仁能守之。不庄以莅之,则民不敬。知及之,仁能守之,庄以莅之。动之不以礼,未善也。"子曰:"君子不可小知,而可大受也;小人不可大受,而可小知也。"子曰:"民之于仁也,甚于水火。水火,吾见蹈而死者矣,未见蹈仁而死者也。"子曰:"当仁不让于师。"子曰:"君子贞而不谅。"子曰:"事君,敬其事而后其食。"子曰:"有教无类。"子曰:"道不同,不相为谋。"

(五) 辞达而已,心尽其诚

子曰:"辞达而已矣。"师冕见,及阶,子曰:"阶也。"及席,子曰:"席也。"皆坐,子告之曰:"某在斯,某在斯。"师冕出。子张问曰:"与师言之道与?"子曰:"然。固相师之道也。"

二、卿、大夫,《季氏》篇第十六

《孝经》曰:"非先王之法服不敢服,非先王之法言不敢道,非先王之德行不敢行。是故非法不言,非道不行;口无择言,身无择行。言满天下无口过,行满天下无怨恶。三者备矣,然后能守其宗庙,盖卿、大夫之孝也。《诗》云:'夙夜匪懈,以事一人。'"此篇以卿、大夫之德论述行必据礼,富而不好礼则为祸。

(一) 素位而行,动之以礼

季氏将伐颛臾。冉有、季路见于孔子曰:"季氏将有事于颛臾。"孔子曰:"求!无乃尔是过与?夫颛臾,昔者先王以为东蒙主,且在邦域之中矣,是社稷之臣也。何以伐为?"冉有曰:"夫子欲之,吾二臣者皆不欲也。"孔子曰:"求!周任有言曰:'陈力就列,不能者止。'危而不持,颠而不扶,则将焉用彼相矣?且尔言过矣。虎兕出于柙,龟玉毁于椟中,是谁之过与?"冉有曰:"今夫颛臾,固而近于费。今不取,后世必为子孙忧。"孔子曰:"求!君子疾夫舍曰欲之,而必为之辞。丘也闻有国有家者,不患寡而患不均,不患贫而患不安。盖均无贫,和无寡,安无倾。夫如是,故远人不服,则修文德以来之。既来之,则安之。今由与求也,相夫子,远人不服而不能来也;邦分崩离析而不能守也。而谋动干戈于邦内。吾恐季孙之忧,不在颛臾,而在萧墙之内也。"

孔子曰："天下有道,则礼乐征伐自天子出;天下无道,则礼乐征伐自诸侯出。自诸侯出,盖十世希不失矣;自大夫出,五世希不失矣;陪臣执国命,三世希不失矣。天下有道,则政不在大夫。天下有道,则庶人不议。"孔子曰:"禄之去公室,五世矣;政逮于大夫,四世矣;故夫三桓之子孙,微矣。"

季氏越礼,冉有失职。道法不传。

(二)邦无道则隐,修德养道

孔子曰:"益者三友,损者三友。友直,友谅,友多闻,益矣。友便辟,友善柔,友便佞,损矣。"孔子曰:"益者三乐,损者三乐。乐节礼乐,乐道人之善,乐多贤友,益矣。乐骄乐,乐佚游,乐宴乐,损矣。"孔子曰:"侍于君子有三愆:言未及之而言谓之躁,言及之而不言谓之隐,未见颜色而言谓之瞽。"孔子曰:"君子有三戒:少之时,血气未定,戒之在色;及其壮也,血气方刚,戒之在斗;及其老也,血气既衰,戒之在得。"孔子曰:"君子有三畏:畏天命,畏大人,畏圣人之言。小人不知天命而不畏也,狎大人,侮圣人之言。"

培养有益爱好、杜绝不良嗜好,会友交君子,养身养心,心存敬畏,俟命而行。

(三)"诚不以富,亦只以异",当志于道,自强不息

孔子曰:"生而知之者,上也;学而知之者,次也;困而学之,又其次也;困而不学,民斯为下矣。"

孔子曰:"君子有九思:视思明,听思聪,色思温,貌思恭,言思忠,事思敬,疑思问,忿思难,见得思义。"孔子曰:"见善如不及,见不善如探汤。吾见其人矣,吾闻其语矣。隐居以求其志,行义以达其道。吾闻其语矣,未见其人也。"

诚不以富,亦只以异。

齐景公有马千驷,死之日,民无德而称焉。伯夷、叔齐饿于首阳之下,民到于今称之。其斯之谓与?

(四)学而知之

陈亢问于伯鱼曰:"子亦有异闻乎?"对曰:"未也。尝独立,鲤趋而过庭。曰:'学诗乎?'对曰:'未也。''不学诗,无以言。'鲤退而学诗。他日又独立,鲤趋而过庭。曰:'学礼乎?'对曰:'未也。''不学礼,无以立。'鲤退而学礼。闻斯二者。"陈亢退而喜曰:"问一得三,闻诗,闻礼,又闻君子之远其子也。"

(五)礼乎礼乎?

《论语》行文,多以事代理,下文似无意义,实际重述本篇宗旨:守之以仁,动之以礼。

邦君之妻,君称之曰夫人,夫人自称曰小童;邦人称之曰君夫人,称诸异邦曰寡小君;异邦人称之亦曰君夫人。

三、士,《阳货》篇第十七

此篇谈为政,然以阳虎始,知孔子志之不达,然德之不废。为政是素位而行,无为之道,非可以求。

(一) 俟命而行,自强不息

此处谈为政与人生进退,即事而言,意在言外。

阳货欲见孔子,孔子不见,归孔子豚。孔子时其亡也,而往拜之,遇诸涂。谓孔子曰:"来! 予与尔言。"曰:"怀其宝而迷其邦,可谓仁乎?"曰:"不可。""好从事而亟失时,可谓知乎?"曰:"不可。""日月逝矣,岁不我与。"孔子曰:"诺。吾将仕矣。"

此处强调自强不息。

子曰:"性相近也,习相远也。"唯上知与下愚不移。子之武城,闻弦歌之声。夫子莞尔而笑,曰:"割鸡焉用牛刀?"子游对曰:"昔者偃也闻诸夫子曰:'君子学道则爱人,小人学道则易使也。'"子曰:"二三子! 偃之言是也。前言戏之耳。"

学而不厌,诲人不倦。

公山弗扰以费畔,召,子欲往。子路不说,曰:"末之也已,何必公山氏之之也。"子曰:"夫召我者而岂徒哉? 如有用我者,吾其为东周乎?"

俟命而行!

(二) 行五德,除六蔽

子张问仁于孔子。孔子曰:"能行五者于天下,为仁矣。"请问之。曰:"恭、宽、信、敏、惠。恭则不侮,宽则得众,信则人任焉,敏则有功,惠则足以使人。"

佛肸召,子欲往。子路曰:"昔者由也闻诸夫子曰:'亲于其身为不善者,君子不入也。'佛肸以中牟畔,子之往也,如之何!"子曰:"然。有是言也。不曰坚乎,磨而不磷;不曰白乎,涅而不缁。吾岂匏瓜也哉? 焉能系而不食?"

子曰:"由也,女闻六言六蔽矣乎?"对曰:"未也。""居! 吾语女。好仁不好学,其蔽也愚;好知不好学,其蔽也荡;好信不好学,其蔽也贼;好直不好学,其蔽也绞;好勇不好学,其蔽也乱;好刚不好学,其蔽也狂。"

行五德,除六蔽,仁政为表、仁德为里。仁政不行,仁德不可废。

（三）仁政不行，退而修其文德

1. 正面述文德教化之功

子曰："小子何莫学夫诗？诗，可以兴，可以观，可以群，可以怨。迩之事父，远之事君。多识于鸟兽草木之名。"子谓伯鱼曰："女为周南召南矣乎？人而不为周南召南，其犹正墙面而立也与？"子曰："礼云礼云，玉帛云乎哉？乐云乐云，钟鼓云乎哉？"

2. 文质相符，合于仁道

子曰："色厉而内荏，譬诸小人，其犹穿窬之盗也与？"子曰："乡原，德之贼也。"子曰："道听而涂说，德之弃也。"子曰："鄙夫！可与事君也与哉？其未得之也，患得之；既得之，患失之。苟患失之，无所不至矣。"子曰："古者民有三疾，今也或是之亡也。古之狂也肆，今之狂也荡；古之矜也廉，今之矜也忿戾；古之愚也直，今之愚也诈而已矣。"子曰："巧言令色，鲜矣仁。"

3. 反面述文德教化之失

子曰："恶紫之夺朱也，恶郑声之乱雅乐也，恶利口之覆邦家者。"

4. 文德为表，礼以为质

子曰："予欲无言。"子贡曰："子如不言，则小子何述焉？"子曰："天何言哉？四时行焉，百物生焉，天何言哉？"

四时行焉，百物生焉，礼者，天理也，非以言宣，但以心会。

孺悲欲见孔子，孔子辞以疾。将命者出户，取瑟而歌。使之闻之。宰我问："三年之丧，期已久矣。君子三年不为礼，礼必坏；三年不为乐，乐必崩。旧谷既没，新谷既升，钻燧改火，期可已矣。"子曰："食夫稻，衣夫锦，于女安乎？"曰："安。""女安则为之！夫君子之居丧，食旨不甘，闻乐不乐，居处不安，故不为也。今女安，则为之！"宰我出。子曰："予之不仁也！子生三年，然后免于父母之怀。夫三年之丧，天下之通丧也。予也，有三年之爱于其父母乎？"

（四）大道无形，无所用心

子曰："饱食终日，无所用心，难矣哉！不有博弈者乎，为之犹贤乎已。"子路曰："君子尚勇乎？"子曰："君子义以为上。君子有勇而无义为乱，小人有勇而无义为盗。"子贡曰："君子亦有恶乎？"子曰："有恶：恶称人之恶者，恶居下流而讪上者，恶勇而无礼者，恶果敢而窒者。"曰："赐也亦有恶乎？""恶徼以为知者，恶不孙以为勇者，恶讦以为直者。"子曰："唯女子与小人为难养也，近之则不孙,远之则怨。"子曰:"年四十而见恶焉,其终也已。"

王阳明有四句教,"无善无恶心之体,有善有恶意之动,知善知恶是良知,为善去恶是格物",此乃有为功用,阳明先生未破根本我执。夫子"无所用心"之论则不见人之恶,己意不动,心亦无恶,则有何物可格哉?

君子不见人之恶,己意不动,心亦无恶,孔子重在勉人"年四十而见恶焉",勉人及时迁善改过。

第四章

儒法的弘传

文明待人而传。士不可不弘毅,任重而道远。

第一节　孔子弘道,《微子》篇第十八

前文所述,多因言会意,教法、行法皆具,理、事兼备。此篇则述孔子立身行道、弘扬国学文明。夫子以仁为己任,无为而自强。因事会意,无需多言。

微子去之,箕子为之奴,比干谏而死。孔子曰:"殷有三仁焉。"

柳下惠为士师,三黜。人曰:"子未可以去乎?"曰:"直道而事人,焉往而不三黜? 枉道而事人,何必去父母之邦。"

正道直行,以德为本。

齐景公待孔子,曰:"若季氏则吾不能,以季、孟之间待之。"曰:"吾老矣,不能用也。"孔子行。齐人归女乐,季桓子受之。三日不朝,孔子行。

孔子周游列国,自强不息而不失其节。

楚狂接舆歌而过孔子曰:"凤兮! 凤兮! 何德之衰? 往者不可谏,来者犹可追。已而,已而! 今之从政者殆而!"孔子下,欲与之言。趋而辟之,不得与之言。

长沮、桀溺耦而耕,孔子过之,使子路问津焉。长沮曰:"夫执舆者为谁?"子路曰:"为孔丘。"曰:"是鲁孔丘与?"曰:"是也。"曰:"是知津矣。"问于桀溺,桀溺曰:"子为谁?"曰:"为仲由。"曰:"是鲁孔丘之徒与?"对曰:"然。"曰:"滔滔者天下皆是也,而谁以易之? 且而与其从辟人之士也,岂若从辟世之士哉?"耰而不辍。子路行以告。夫子怃然曰:"鸟兽不可与同群,吾非斯人之徒与而谁与? 天下有道,丘不与易也。"

子路从而后,遇丈人,以杖荷蓧。子路问曰:"子见夫子乎?"丈人曰:"四体不勤,五谷不分。孰为夫子?"植其杖而芸。子路拱而立。止子路宿,杀鸡为黍而食之,见其二子焉。明日,子路行以告。子曰:"隐者也。"使子路反见之。至

则行矣。子路曰："不仕无义。长幼之节,不可废也;君臣之义,如之何其废之？欲洁其身,而乱大伦。君子之仕也,行其义也。道之不行,已知之矣。"

孔子何不做隐者？此段多有争论,人皆以隐士指道家,认为孔子不识时务,其修证不如道家。持此论者非真"道"者。天下大道,仁爱而已。孔子自强不息,以天下文明传承为己任,孔子是真"道"家。山林里的花草树木、石头、鸟兽等都是"隐者",它们发展出了什么道德文明？它们都得道了吗？"鸟兽不可与同群!"

然而,既然有争论,就可知道法已经不能为一部分人认可,"大一统"的文明已经不能"统一"了。现今文化"统一"的概念已经异化为一"地理"概念,指土地的占有,这是文化发展的可悲处！

逸民：伯夷、叔齐、虞仲、夷逸、朱张、柳下惠、少连。子曰："不降其志,不辱其身,伯夷、叔齐与!"谓："柳下惠、少连,降志辱身矣。言中伦,行中虑,其斯而已矣。"谓："虞仲、夷逸,隐居放言。身中清,废中权。我则异于是,无可无不可。"

天下道德高洁之圣贤甚多,学习谁呢？不必学习谁,"无可无不可",不必拘执,随机应变,无为之道。

大师挚适齐,亚饭干适楚,三饭缭适蔡,四饭缺适秦。鼓方叔入于河,播鼗武入于汉,少师阳、击磬襄,入于海。

大道不兴,贤者退隐。

周公谓鲁公曰："君子不施其亲,不使大臣怨乎不以。故旧无大故,则不弃也。无求备于一人。"

周代立国有平等的王道之德,连时间和空间上都平等了！

周有八士：伯达、伯适、仲突、仲忽、叔夜、叔夏、季随、季骍。

周德已衰,贤者不能见用。

第二节 孔子弟子弘道,《子张》篇第十九

为往圣继绝学。子张未仁,子夏传教,曾子传道,子贡传德,故唯有曾子称"子"。

一、子张未仁

子张曰："士见危致命,见得思义,祭思敬,丧思哀,其可已矣。"子张曰："执

德不弘，信道不笃，焉能为有？焉能为亡？"子夏之门人问交于子张。子张曰："子夏云何？"对曰："子夏曰：'可者与之，其不可者拒之。'"子张曰："异乎吾所闻：君子尊贤而容众，嘉善而矜不能。我之大贤与，于人何所不容？我之不贤与，人将拒我，如之何其拒人也？"

思敬、思哀、执德不弘语，未达仁之境，为何？子曰："丧尽哀。"岂有所思，一言可知矣。问交之语，尊贤而容众，理虽如此，未达无为之道。未若孔子，"主忠信，无友不如"。

二、子夏传教

子夏曰："虽小道，必有可观者焉；致远恐泥，是以君子不为也。"子夏曰："日知其所亡，月无忘其所能，可谓好学也已矣。"子夏曰："博学而笃志，切问而近思，仁在其中矣。"子夏曰："百工居肆以成其事，君子学以致其道。子夏说：小人之过也必文。"子夏曰："君子有三变：望之俨然，即之也温，听其言也厉。"子夏曰："君子信而后劳其民，未信则以为厉己也；信而后谏，未信则以为谤己也。"子夏曰："大德不逾闲，小德出入可也。"

博学而笃志，切问而近思，未仁也，仁者安仁，岂用学？子夏未达此意。

子游曰："子夏之门人小子，当洒扫应对进退，则可矣。抑末也，本之则无。如之何？"子夏闻之曰："噫！言游过矣！君子之道，孰先传焉？孰后倦焉？譬诸草木，区以别矣。君子之道，焉可诬也？有始有卒者，其惟圣人乎！"

子夏明孔子教法之次第，奈何未得之，可传教非可传道。

子夏曰："仕而优则学，学而优则仕。"

未若孔子"修己以安人，修己以安百姓，尧舜岂犹病诸"，仕不可为。

子游曰："丧致乎哀而止。"

未若孔子"丧尽哀"。

子游曰："吾友张也，为难能也。然而未仁。"曾子曰："堂堂乎张也，难与并为仁矣。"

明述子张未仁，子夏、子游亦未仁，可知也。

三、曾子传道

曾子曰："吾闻诸夫子：人未有自致者也，必也亲丧乎！"曾子曰：吾闻诸夫子：孟庄子之孝也，其他可能也；其不改父之臣与父之政，是难能也。孟氏使阳肤为士师,问于曾子。曾子曰:"上失其道,民散久矣。如得其情,则哀矜而勿喜。"

曾子以夫子之言为言,即传夫子之心,故曾子可传道。但,可传道是否已达道呢,亦未可知。颜回之外,不知有何人可达夫子之境,然此亦非境。

四、子贡传德

子贡为相,人皆言子贡贤于仲尼,实非如此。人同此心,古今如此,可悲也哉!故子贡虽难传道,但可传夫子之德,勉强如此吧。

子贡曰:"纣之不善,不如是之甚也。是以君子恶居下流,天下之恶皆归焉。"子贡曰:"君子之过也,如日月之食焉:过也,人皆见之;更也,人皆仰之。"

子贡虽未可弘道,但子贡亦有盛德,此言可知。故子贡能为相,夫子之令德因子贡而传扬。

卫公孙朝问于子贡曰:"仲尼焉学?"子贡曰:"文武之道,未坠于地,在人。贤者识其大者,不贤者识其小者,莫不有文武之道焉。夫子焉不学?而亦何常师之有?"

叔孙武叔语大夫于朝曰:"子贡贤于仲尼。"子服景伯以告子贡。子贡曰:"譬之宫墙,赐之墙也及肩,窥见室家之好。夫子之墙数仞,不得其门而入,不见宗庙之美,百官之富,得其门者或寡矣。夫子之云,不亦宜乎!"

叔孙武叔毁仲尼。子贡曰:"无以为也,仲尼不可毁也。他人之贤者,丘陵也,犹可逾也;仲尼,日月也,无得而逾焉。人虽欲自绝,其何伤于日月乎?多见其不知量也!"

陈子禽谓子贡曰:"子为恭也,仲尼岂贤于子乎?"

子贡曰:"君子一言以为知,一言以为不知,言不可不慎也。夫子之不可及也,犹天之不可阶而升也。夫子之得邦家者,所谓立之斯立,道之斯行,绥之斯来,动之斯和。其生也荣,其死也哀,如之何其可及也。"

子贡为相,虽曰传德,实是"显"而非传也,德岂能传?"仲尼,日月也""夫子之不可及也,犹天之不可阶而升也",则弟子何敢言传?孔子之德唯传文字,别篇另述。

第三节　外王之道,《尧曰》篇第二十

外王之道是弘传道法于天下,非"王者"不能如此。此篇讲述古代德治的核心

"王道"的心法传承。按《孔子家语》等所言,孔子唯传五帝生平,而五帝德实无传。但既然孔子直承古圣贤心法大道,则孔子所言即可理解为五帝德,故儒家实是中华文明传承之根。虽然如此,一者儒门无人居帝位,二者虽传文字,无人能及,故孔子弟子无人敢言继承"王道"。孔子为中国最后一位王者。《尧曰》篇列《子张》篇后另出,示孔门弟子唯传修证的心法之道。

以《尧曰》篇作为最后一篇又有四层含义:一是孔子应继先圣为王之意;二是表达了孔子的王道政治必然发扬光大的自信;三是表明了儒家的政治追求是行王道政治;四是说明孔子的学说与古帝王之学一脉相承。整部《论语》以《学而》始以《尧曰》终,又隐含了儒家从"内圣"到"外王"的道德追求。

孔子之后既无"王者",关于儒家的"王道",则不必理解为具体个人的道德。虽然有人格化的因素在,但是在本质上,"王道"可理解为古代国家的政治精神,或者是古代国家的政治纲领。而三王不同"礼",礼随时代而改变,在现在的政党政治时代,在精神层面,"王道"的实质则是指国家的宪法精神。《尚书》有《洪范》篇,洪就是大,范就是法,古代国家的根本大法不就是古代的宪法吗?

此文通《尚书》,或曰此文乃《尚书》心法。

一、帝尧之道

尧曰:"咨!尔舜!天之历数在尔躬。允执其中。四海困穷,天禄永终。"

(一)信
允者,信也。民无信不立。

(二)中道而行
中道,仁爱平等的中庸大道。"允执其中"者,以信为本,中道而行,世界和平,如此而已。此尧所以教舜。

二、帝舜之道

舜亦以命禹。曰:"予小子履,敢用玄牡,敢昭告于皇皇后帝:有罪不敢赦。帝臣不蔽,简在帝心。朕躬有罪,无以万方;万方有罪,罪在朕躬。"周有大赉,善人是富。"虽有周亲,不如仁人。百姓有过,在予一人。"

(一)以信为本
简在帝心者,心寂然不动,取信于民。

(二)仁爱、平等
"百姓有过,在予一人"者,在我之仁爱未周流天下乎?博爱、平等之至也。"帝心",可释为国家政策。

（三）以平等之法，行四方之政

> 谨权量，审法度，修废官，四方之政行焉。

法度、权量是平等之道的标准，有公平的标准，则废官可用，政令无所不通。

（四）以仁爱治天下

> 兴灭国，继绝世，举逸民，天下之民归心焉。

平等、仁爱之心。

（五）以德教民

> 所重：民、食、丧、祭。

中华民族教化的根本。以财养民，以德教民。德即孝道。

（六）大道之果，得众、民任

> 宽则得众，信则民任焉，敏则有功，公则说。

大公无私，行中庸之道，取得百姓信任，世界人民皆对中国心向往之。平等则包容，包容即宽。公则悦，即无私心也。

三、孔子之道

孔子的仁政大道前文已广述，此为帝王立身大道。现在可理解为组织原则，或可理解为核心机关的组织原则，企业、事业、社会组织皆可。

（一）尊五美

> 子张问于孔子曰："何如斯可以从政矣？"子曰："尊五美，屏四恶，斯可以从政矣。"子张曰："何谓五美？"子曰："君子惠而不费，劳而不怨，欲而不贪，泰而不骄，威而不猛。"

无私利、无私行、无私心，顺而无骄、立身方正。

> 子张曰："何谓惠而不费？"子曰："因民之所利而利之，斯不亦惠而不费乎？"

无私利。

> 择可劳而劳之，又谁怨？

无私行。

> 欲仁而得仁，又焉贪？

无私心。纯一仁心,仁者爱人。

君子无众寡,无小大,无敢慢,斯不亦泰而不骄乎?

随顺众而无骄慢,平等,不分高下。

君子正其衣冠,尊其瞻视,俨然人望而畏之,斯不亦威而不猛乎?

立身方正。身正为表,心正为里。

(二) 屏四恶

无爱心、无制度、无诚信、无公而有私,此四恶当除之。

子张曰:"何谓四恶?"子曰:"不教而杀谓之虐;不戒视成谓之暴;慢令致期谓之贼;犹之与人也,出纳之吝,谓之有司。"

无仁爱之心也;无礼法也,无信也;有私心而无公心,不平等也。

(三) 知天命,立于礼,知人

不知命,无以为君子也。不知礼,无以立也。不知言,无以知人也。

此句照应《学而》篇,"不患人之不己知,患不知人也"。知命以立身,知人以安人,《学而》尽而道法成,道无可论而《论语》终。

附录

《孝经》新判

一、序

大哉孝！

孝可入道。《易传》曰："无思也，无为也，寂然不动，感而遂通天下。"孝顺，以爱为本，心存诚敬，无思无虑，无忧无惧，则近道矣。

孝即大道。《易传》曰："与天地相似，故不违"，孝顺之理；"知周乎万物，而道济天下，故不过"，孝之博爱；"旁行而不流，乐天知命，故不忧"，孝行之诚；"安土敦乎仁，故能爱"，孝即爱；"范围天地之化而不过，曲成万物而不遗，通乎昼夜之道而知，故神无方而《易》无体"，此孝道之大成。

孝通天地。文昌《孝经》曰："乾为大父，坤为大母。含宏覆载，胞与万有。群类成遂，各得其所。赋形为物，禀理为人。超物最灵，脱离蠢劫。戴高履厚，俯仰自若。相安不觉，失其真性。父兮母兮，育我者宏。两大生成，一小天地。"

孝即世界和平。《尧典》曰："帝尧，曰放勋，钦明文思安安，允恭克让，光被四表，格于上下。克明俊德，以亲九族。九族既睦，平章百姓。百姓昭明，协和万邦。"

孝即国家安定。《孝经》曰："先王见教之可以化民也，是故先之以博爱，而民莫遗其亲，陈之以德义，而民兴行。先之以敬让，而民不争；导之以礼乐，而民和睦；示之以好恶，而民知禁。"

孝通一切良善宗教。西方宗教讲博爱、平等、自由。孝即爱；推己及人即博爱、平等；孝悌之至，通于神明，光于四海，无所不通，孝道之成，即心的自由。佛教讲悲智双运。爱即慈悲，博爱与诚敬即智慧。

孝通世间一切善法。善，利他之爱。世间之善，莫大乎孝。

孝是社会文化的道德根本。文以载道，《大雅》云："无念尔祖，聿修厥德。"此德行即孝道。《诗经》云："心乎爱矣，遐不谓矣，中心藏之，何日忘之。"此慈爱之诚，即孝也。

随时代变迁，《孝经》之理不变，然而社会世相变化万端，人们对《孝经》已不甚重视。而今商业社会兴起，如诸侯、大夫之类，社会已无此类事相。为使《孝经》传承不绝，依据孝道之理，笔者对《孝经》重新标章立名，以使人们能够更加易于理解《孝经》的深意。

孝之博爱，必然能促进社会和谐稳定。大孝之忠必然使人更加爱国。博爱之德,也会促进企业更加热爱、关心自己的员工,企业管理也会更加温情。忠孝之德也会促进员工对企业的忠诚,降低现代企业管理成本。"素其位而行,不愿乎外"的道德修为,也必然会促进社会企业、组织的员工担负起其岗位职责,做好本职工作,大大提高工作效率。

大哉孝道!

二、孝之教

(一) 教法之本——孝

孝即慈爱之心。

仲尼居,曾子侍。子曰:"先王有至德要道,以顺天下,民用和睦,上下无怨。汝知之乎?"曾子避席曰:"参不敏,何足以知之?"子曰:"夫孝,德之本也,教之所由生也。复坐,吾语汝。身体发肤,受之父母,不敢毁伤,孝之始也。立身行道,扬名于后世,以显父母,孝之终也。夫孝,始于事亲,中于事君,终于立身。《大雅》云:'无念尔祖,聿修厥德。'"

(二) 素位而行——顺

素,本义是没有染色的丝绸。素其位而行,不愿乎外,做好自己的本职工作,心莫外求。

1. 天子

子曰:"爱亲者,不敢恶于人;敬亲者,不敢慢于人。爱敬尽于事亲,而德教加于百姓,刑于四海。盖天子之孝也。《甫刑》云:'一人有庆,兆民赖之。'"

2. 诸侯

在上不骄,高而不危;制节谨度,满而不溢。高而不危,所以长守贵也。满而不溢,所以长守富也。富贵不离其身,然后能保其社稷,而和其民人。盖诸侯之孝也。《诗》云:"战战兢兢,如临深渊,如履薄冰。"

3. 卿、大夫

非先王之法服不敢服,非先王之法言不敢道,非先王之德行不敢行。是故非法不言,非道不行;口无择言,身无择行。言满天下无口过,行满天下无怨恶。三者备矣,然后能守其宗庙。盖卿、大夫之孝也。《诗》云:"夙夜匪懈,以事一人。"

4. 士

资于事父以事母,而爱同;资于事父以事君,而敬同。故母取其爱,而君取其敬,兼之者父也。故以孝事君则忠,以敬事长则顺。忠顺不失,以事其上,然后能保其禄位,而守其祭祀。盖士之孝也。《诗》云:"夙兴夜寐,无忝尔所生。"

5. 庶人

用天之道,分地之利,谨身节用,以养父母,此庶人之孝也。故自天子至于庶人,孝无终始,而患不及者,未之有也。

(三)孝顺之德——和

曾子曰:"甚哉,孝之大也!"子曰:"夫孝,天之经也,地之义也,民之行也。天地之经,而民是则之。则天之明,因地之利,以顺天下。是以其教不肃而成,其政不严而治。先王见教之可以化民也,是故先之以博爱,而民莫遗其亲,陈之德义,而民兴行。先之以敬让,而民不争;导之以礼乐,而民和睦;示之以好恶,而民知禁。《诗》云:'赫赫师尹,民具尔瞻。'"

(四)国学之本——平等

1. 天下和同

子曰:"昔者明王之以孝治天下也,不敢遗小国之臣,而况于公侯伯子男乎? 故得万国之欢心,以事其先王。治国者,不敢侮于鳏寡,而况于士民乎? 故得百姓之欢心,以事其先君。治家者,不敢失于臣妾,而况于妻子乎? 故得人之欢心,以事其亲。夫然,故生则亲安之,祭则鬼享之。是以天下和平,灾害不生,祸乱不作。故明王之以孝治天下如此。《诗》云:'有觉德行,四国顺之。'"

2. 社会安定

曾子曰:"敢问圣人之德,无以加于孝乎?"子曰:"天地之性,人为贵。人之行,莫大于孝。孝莫大于严父。严父莫大于配天,则周公其人也。昔者,周公郊祀后稷以配天,宗祀文王于明堂,以配上帝。是以四海之内,各以其职来祭。夫圣人之德,又何以加于孝乎? 故亲生之膝下,以养父母日严。圣人因严以教敬,因亲以教爱。圣人之教,不肃而成,其政不严而治,其所因者本也。父子之道,天性也,君臣之义也。父母生之,续莫大焉。君亲临之,厚莫重焉。故不爱其亲而爱他人者,谓之悖德;不敬其亲而敬他人者,谓之悖礼。以顺则逆,民无则焉。不在于善,而皆在于凶德,虽得之,君子不贵也。君子则不然,言思可道,行思可乐,德义可尊,作事可法,容止可观,进退可度,以临其民。是以其民畏而爱之,则而象之。故能成其德教,而行其政令。《诗》云:'淑人君子,其仪不忒。'"

三、孝之行

(一)孝行的根本——诚敬

诚者,无妄;敬者,无我。

子曰:"孝子之事亲也,居则致其敬,养则致其乐,病则致其忧,丧则致其哀,祭则致其严。五者备矣,然后能事亲。事亲者,居上不骄,为下不乱,在丑不争。居上而骄则亡,为下而乱则刑,在丑而争则兵。三者不除,虽日用三牲之养,犹为不孝也。"

子曰:"五刑之属三千,而罪莫大于不孝。要君者无上,非圣人者无法,非孝者无亲。此大乱之道也。"

(二) 推己及人——博爱

子曰："教民亲爱，莫善于孝。教民礼顺，莫善于悌。移风易俗，莫善于乐。安上治民，莫善于礼。礼者，敬而已矣。故敬其父，则子说；敬其兄，则弟说；敬其君，则臣说；敬一人，而千万人说。所敬者寡，而说者众，此之谓要道也。"

子曰："君子之教以孝也，非家至而日见之也。教以孝，所以敬天下之为人父者也。教以悌，所以敬天下之为人兄者也。教以臣，所以敬天下之为人君者也。《诗》云：'恺悌君子，民之父母。'非至德，其孰能顺民如此其大者乎！"

子曰："君子之事亲孝，故忠可移于君。事兄悌，故顺可移于长。居家理，故治可移于官。是以行成于内，而名立于后世矣。"

(三) 择善而从——谏诤

曾子曰："若夫慈爱、恭敬、安亲、扬名，则闻命矣。敢问子从父之令，可谓孝乎？"子曰："是何言欤，是何言欤！昔者天子有诤臣七人，虽无道，不失其天下；诸侯有诤臣五人，虽无道，不失其国；大夫有诤臣三人，虽无道，不失其家；士有诤友，则身不离于令名；父有诤子，则身不陷于不义。故当不义，则子不可以不诤于父，臣不可以不诤于君；故当不义，则诤之。从父之令，又焉得为孝乎！"

(四) 以孝入道——明

子曰："昔者明王事父孝，故事天明；事母孝，故事地察；长幼顺，故上下治。天地明察，神明彰矣。故虽天子，必有尊也，言有父也；必有先也，言有兄也。宗庙致敬，不忘亲也；修身慎行，恐辱先也。宗庙致敬，鬼神著矣。孝悌之至，通于神明，光于四海，无所不通。《诗》云：'自西自东，自南自北，无思不服。'"

(五) 孝德之用——忠于国家和社会

1. 爱单位、爱国家

子曰："君子之事上也，进思尽忠，退思补过，将顺其美，匡救其恶，故上下能相亲也。《诗》云：'心乎爱矣，遐不谓矣，中心藏之，何日忘之。'"

2. 厚德载物

子曰："孝子之丧亲也，哭不偯，礼无容，言不文，服美不安，闻乐不乐，食旨不甘，此哀戚之情也。三日而食，教民无以死伤生。毁不灭性，此圣人之政也。丧不过三年，示民有终也。为之棺椁衣衾而举之，陈其簠簋而哀戚之；擗踊哭泣，哀以送之；卜其宅兆，而安措之；为之宗庙，以鬼享之；春秋祭祀，以时思之。生事爱敬，死事哀戚，生民之本尽矣，死生之义备矣，孝子之事亲终矣。"

心法一门难以表述，知之者如穿衣吃饭一般平常，似无可言说，而于当下总摄教法，随顺问答，平淡如水，却也并非容易。

就哲学而论，康德（Immanuel Kant）认为，人们只能根据在经验之前的先验条件认识世界，这属于"纯粹理性"，而指导人们道德行为的主观思维能力，属于"实践理性"。"实践理性"属于人类主观的道德实践，而"纯粹理性"主要决定了人类对客观的认知。当今关于伦理道德的"理论"研究，其实质是将需要通过主观"实践"去实现的道德法则，异化为"客观"的研究对象。这是当前人文学科研究领域的一种现象。

主观、客观分离的哲学观念、研究思路和研究方法是人类认知无法突破的重要原因。黑格尔（G. W. F. Hegel）认为，"纯粹存在构成开端……绝对的东西最初的定义是：绝对的东西是纯粹的存在；这一纯粹的存在如此便是纯粹的抽象，因而是绝对否定的东西，这种东西同样直接的看来便是无"。这里的"无"就是意识产生之前的状态。通过辩证的方法，黑格尔从"无"的状态发展出了哲学科学基于概念的逻辑体系，而其实质是意识的运动，并非"真理"的"自由王国"。而用意识去突破意识，即当意识去发现自身时，它发现的是它自己，这是哲学的认知局限。但是，以中华文化为代表的东方文化，从"无"反方向达到"真"的实践理性，超越了自我意识，实现了真正主、客观的统一，也突破了哲学的认知局限。

所以，依循传统的方法去学习和理解传统国学思想是真正的文化自信。本书就是一种尝试，如有错谬，欢迎依循学理，加以指正。

感谢我所有的导师和善知识，他们智慧、慈悲和坚韧的品格，为了他人不辞劳苦传播文化的榜样力量，一直在感召我不懈努力。包括孔凡田先生、昌轩法师、五台山妙悟法师、寂昌法师、圣孝法师、成都佛山古寺的广悟法师、周杏梅女士、王淳女士等，指导并帮助过我的善知识不可尽数，唯有不懈努力，方能不辜负一切善缘。感谢我的同事们，如中山大学的高健康博士，广州商学院国际学院的惠耕田博士、刘凌云博士、贾固疆博士，利物浦大学的熊世伟博士、潘安敏教授，广州商学院经济学院的张令骞博士等。他们的学问和经历多为我所不及，跟他们的相处不仅使我获得了无上的快乐，大大开阔了我的视野、提高了我的认知，完善了本书的思想。

感谢广州商学院及经济学院对本书写作和出版的支持！感谢校科研处和经济学院舒珍珠老师为此书出版付出的辛苦。感谢东南大学出版社张绍来编辑的斟字酌句、认真负责的审校并使该书得以面世！

仁者不忧、知者不惑、勇者不惧。路漫漫其修远兮，我将上下而求索！

高西有

二〇二四年一月

参 考 文 献

［1］李学勤.十三经注疏［M］.北京：北京大学出版社,1999.

［2］章太炎.国学概论［M］.上海：上海古籍出版社,1997.

［3］朱熹.四书章句集注［M］.2版.北京：中华书局,2012.

［4］冯友兰.中国哲学史［M］.北京：商务印书馆,2011.

［5］南怀瑾.论语别裁：上、下［M］.上海：复旦大学出版社,2005.

［6］杨朝明,宋立林.孔子家语通解［M］.济南：齐鲁书社,2009.

［7］康德.康德三大批判合集［M］.李秋零,译注.北京：中国人民大学出版社,2016.

［8］黑格尔.精神现象学［M］.贺麟,等译.北京：商务印书馆,1962.

［9］黑格尔.哲学科学全书纲要：1817年版［M］.薛华,译.北京：商务印书馆,2021.

［10］罗尔斯.正义论［M］.何怀宏,等译.北京：中国社会科学出版社,1988.

［11］王海明.新伦理学原理［M］.北京：商务印书馆,2017.

［12］斯玛特,威廉斯.功利主义：赞成与反对［M］.劳东燕,刘涛,译.北京：北京大学出版社,2018.

［13］法里纳,哈恩,万努奇.伦理、理性与经济行为［M］.胡蓉,译.上海：上海财经大学出版社,2021.